跨国经营管理人才培训教材系列丛书

中外基础设施国际合作模式比较

商务部跨国经营管理人才培训教材编写组　编

本书执笔　庞超然　李爱民　王　泽

中国商务出版社
CHINA COMMERCE AND TRADE PRESS

图书在版编目（CIP）数据

中外基础设施国际合作模式比较／商务部跨国经营管理
人才培训教材编写组编. —北京：中国商务出版社，2018.8
（跨国经营管理人才培训教材系列丛书）
ISBN 978-7-5103-2566-3

Ⅰ.①中… Ⅱ.①商… Ⅲ.①基础设施建设—国际合
作—对比研究—中国、国外 Ⅳ.F299.24

中国版本图书馆 CIP 数据核字（2018）第 180740 号

跨国经营管理人才培训教材系列丛书

中外基础设施国际合作模式比较
ZHONGWAI JICHU SHESHI GUOJI HEZUO MOSHI BIJIAO

商务部跨国经营管理人才培训教材编写组　编
本书执笔　庞超然　李爱民　王　泽

出　　　版：中国商务出版社
地　　　址：北京市东城区安定门外大街东后巷 28 号　　邮　　编：100710
责任部门：国际经济与贸易事业部（010-64269744　bjys@cctpress.com）
责任编辑：张永生

总 发 行：中国商务出版社发行部（010-64208388　64515150）
网购零售：中国商务出版社淘宝店（010-64286917）
直销客服：010-64269744
网　　址：http://www.cctpress.com
网　　店：http://shop162373850.taobao.com
邮　　箱：cctp@cctpress.com

印　　　刷：北京密兴印刷有限公司
开　　　本：787 毫米×1092 毫米　1/16
印　　　张：20.25　　　　　　　　　字　数：341 千字
版　　　次：2018 年 12 月第 1 版　　印　次：2018 年 12 月第 1 次印刷
书　　　号：ISBN 978-7-5103-2566-3
定　　　价：68.00 元

丛书编委会

名誉主任　钟　山

主任委员　钱克明

委　　员　王胜文　李景龙　邢厚媛　郑　超

　　　　　张幸福　刘民强　韩　勇

执行主编　邢厚媛

序

党的十九大报告提出，以"一带一路"建设为重点，坚持引进来和走出去并重；创新对外投资方式，促进国际产能合作，形成面向全球的贸易、投融资、生产、服务网络，加快培育国际经济合作和竞争新优势。我们以习近平新时代中国特色社会主义思想为指导，围绕"一带一路"建设，坚持新发展理念，促发展与防风险并重，引导对外投资合作健康有序发展，取得显著成就。截至2017年底，中国在189个国家和地区设立企业近4万家，对外投资存量达1.8万亿美元，居世界第二位，已成为拉动全球对外直接投资增长的重要引擎。

习近平总书记指出，人才是实现民族振兴、赢得国际竞争主动的战略资源。新时期，做好对外投资合作工作，既需要大量熟悉国际市场、法律规则和投资合作业务的企业家和管理人才，又需要"政治强、业务精、作风实"的商务工作者。为贯彻习近平总书记重要指示精神，努力培养跨国经营企业人才，推动对外投资合作高质量发展，商务部委托中国服务外包研究中心对2009年出版的《跨国经营管理人才培训教材系列丛书》进行了增补修订。

本次增补修订后的《跨国经营管理人才培训教材系列丛书》共10本，涵盖领域广，内容丰富，注重政策性、理论性、知识性、实用性相结合，具有很强的可读性和操作性。希望商务主管部门、从事对外投资合作业务的企业家及管理人员利用好此套教材，熟悉跨国经营通行做法，提升合规经营、防范风险的意识，不断提高跨国经营能力和水平，为新时期中国进一步扩大对外开放、推动"一带一路"建设、构建人类命运共同体做出更大贡献。

商务部副部长

2018年11月23日

目　录

图 目 录

表 目 录

第一章 | **全球基础设施国际合作发展趋势**

基础设施（Infrastructure）主要是指在国民经济体系中能够为社会生产和再生产提供一般条件的部门或者行业，又称为基础结构。基础设施包括交通基础设施、邮电基础设施、供水供电基础设施、园林绿化基础设施等技术性工程设施和社会性的服务设施。从社会经济角度观察，基础设施涵盖四个内容，一是用于运输人、货物并实现人和货物位移的交通基础设施；二是用于传递动能、水源和排涝的电力网和供气、供排水等动力和水利基础设施；三是用于传送音像信息的电报、电话、广播和电视等通信基础设施；四是用于把各种数字信息系统连接起来的计算机网络基础上设施。从区域基础设施角度观察，基础设施包括四大系统，一是包括铁路、公路、水运、航空和管道的交通运输系统；二是包括供水水源工程、输水管道、自来水生产和供应等的给水排水系统；三是包括电力生产、燃气、石油液化气等的动力系统；四是包括邮电局所、各种通信手段收发和传输设施的邮电通信系统。

基础设施早期仅用于土木工程专业，代表各建筑物的地基建造情况，并于1927年首次以专业词汇出现在字典中。按照世界银行《1994年世界发展报告》，基础设施主要指永久性工程建筑、设备、设施和其应为居民所用和用于生产的服务，包括公共事业电力、管道煤气、电信、供水、环境卫生设施和排污系统、固体废弃物的收集和处理系统、公共工程大坝、渠道和道路及交通设施铁路、城市、海港、水运和机场。另外，一些学者也指出，广义的基础设施概念还需包括文教、医疗、社会保障、人力开发等有关的设施和服务。因而，世界银行将基础设施分为经济基础设施和社会基础设施两大类。其中，经济基础设施包括公用事业（能源供应、电子通信、供水供电、环保等）、公共工程（大坝、灌溉和道路等）及其他交通部门（铁路、城市交通和机场等）；社会基础设施主要包括科学研究、教育、文化、卫生和社会福利等部门。中国住房和城乡建设部1990年《不同类型城市基础设施等级划分与发展水平的研究报告》指出，基础设施应涵盖能源供给、给排水设施、公共运输体系、交通通信系统、社会安防、生态环境等"六大系统"。随着中国对外经济合作的不断深入，中国对外承包工程企业参与国际基础设施建设活动不断增多，商务部 2015 年《对外承包工程业务统计制度》参照美国《国际工程新闻纪录》（ENR），将中国对外承包工程（基础设施）项目按类别分为十一大类：房屋建筑项目、工业建设项目、制造加工设施建设项目、水利建设项目、废水（物）处理项目、交通运输建设项目、危险品处理项目、电力工程建设项目、石油化工项目、通信工程项目和其他。

从各国发展情况来看，基础设施有以下几项基本特征：一是公共性。基础设施不是为特定的部门、单位、住户及企业设置的，而是为一国或者一地区社会经济整体服务的，大家共同使用、共同享受。同时，基础设施也是社会共同劳动和联合劳动的结果。二是两重性。基础设施既可以为物质生产服务，又能够为人们的生活服务，物质生产服务和生活服务难以截然隔离。路上行驶着火车，也有大量客车；电话输送着商务信息，也传递着亲人的问候；自来水、电力更是工业生产和人民生活必不可少的物质条件。三是系统性。作为国民经济体系的一个重要运载载体，基础设施是一个有机的系统，各个领域的基础设施相互独立但又相互依存和相互影响，这主要表现在基础设施按照自身要求形成独立的网络系统，但同时在布局、规划和建设时间上需要彼此间的相互协调，形成社会经济发展的重要的整体支撑体系。四是长期性。基础设施施工周期长、消费周期长、效益回报期长。基础设施建设一般规模较大、资金较多、建设难度较大、施工周期较长。一旦建成，维护得当，可以运营数十年甚至上百年。投资效益不可能在短期内集中得到反映，需要通过相当长的一段时间才能使经济效益、社会效益和环境效益逐步体现出来，这些效益的影响是深远的、长期的。五是间接性。基础设施具有较大的外部经济性，投资效益体现在其服务对象的效益上，这间接效益远远超过直接效益。

从国际经验来看，基础设施是促进一国经济"起飞"的关键要素。基础设施行业具有强烈的正向外部性特点，对于经济社会产生的间接效应远远大于使用基础设施缴纳的相关费用。因此，基础设施行业具有政府主导定价、规划设计、建设、经营和投融资的特点。在大多数国家，公用事业、交通运输、邮电通信、公共设施、环保卫生及社会福利等基础设施实施政府定价或指导价。与此同时，基础设施是政府短期内稳定经济增长的重要手段，具有逆周期特征。由于基础设施能够给当地经济发展带来巨大的促进作用，政府，尤其地方政府主要依靠土地收入及以土地为抵押的债务融资来扩大基础设施投资建设，同时发达国家主要依靠 PPP 及资产证券化等手段盘活存量基础设施资产，获取资金投入增量基础设施的建设。随着全球经济的快速发展，政府直接主导投融资的基础设施规模逐渐增大，如何帮助政府盘活存量基础设施资产、腾挪资金空间成为各国政府关注的重要问题。另外，发达的资本市场以及对产权的严格保护有助于吸引私人投资者和社会资本参与基础设施投融资，有助于促进原有资产的盘活、投资建设新项目。英国、澳大利亚主导的 PPP 方式逐步得到各国的青睐，在包括中国等发展中国家得到了广泛的应用。

第一节　基础设施国际合作概述

公共选择理论认为，由于基础设施投入资金大、回报周期长、外部效应明显且较难货币化度量，政府成为各国早期基础设施规划、建设、维护和运营主体。但是，政府也是"经济人"，面临财政收支约束、社会公众问责和行政程序规范等外部压力，同时也追求预算分配效用最大化、投资收益稳健安全等目标。在条件允许的情况下，应最大限度地与相关私人部门合作建设、运营和维护基础设施，减少政府负担。在本国财力有限、私人部门能力不足的情况下，一国政府通常会选择采用国际合作的方式，建设、运营和维护基础设施项目。与此同时，不同国家之间基础设施的互联互通也促进了基础设施国际合作的开展。

一、基础设施行业的主要特点

（1）基础设施行业提供公共服务，政府主导性强。基础设施资产既能够满足人们日常生活中的核心公共需求，如供水、能源、交通、通信、教育、安全、文化、环保或理疗等，又是一国经济增长、社会发展的基础性要素，往往列入一国或地方政府的发展规划。

（2）基础设施行业需求弹性低，资产抗通胀性强。一般而言，无论外部经济环境如何，基础设施所提供的服务往往独立于经济周期，需求比较稳定（需求波动率低）、具有稳定的现金流（由于签订了长期合同）。由于基础设施回报条款往往会建立收入盯住通货膨胀的调节机制，其未来资产不会轻易由于通胀而贬值。

（3）基础设施行业初始成本大，准入门槛高。基础设施的初始投资成本较高、投入大，但具有相对较低的可变运营成本，即新增一个服务单元（如供水设施新增一家用户等）的边际成本低。随着用户数量的增加，基础设施的平均使用成本下降，该行业具有自然垄断特点。因此，政府往往对基础设施设置较高的准入门槛，同一地区往往不会重复建设性质和功能相似的基础设施。

（4）基础设施行业服务周期长，政治风险大。由于投入成本巨大，业主一般会给予承包商 10 年或以上的运营期，帮助其回收成本。在投资初期，企业将建设成本在资产的整个经济周期中进行摊销。在整个基础设施建设和运营周期内，尤其是发展中国家政府政权更迭、政策反复、政局动荡、官员腐败、直接或间接征收均会对承建企业造成巨大损失。

二、国际基础设施国际合作的发展历程

1950—1970 年，政府投资、运营的政府主导型或政府投资型的模式，是发展中国家发展基础设施的主要模式。1980 年以后，政府和民间企业合作（"官民合作"）甚至民间企业主导（运营甚至投资）的模式，即 PPP 模式或 PFI 模式（从私人融资角度的说法）开始出现并得到迅速发展。自此，基础设施的国际合作也迅速开展。

（一）政府主导基建时期，国际开发援助主导基础设施的官方国际合作

第二次世界大战后到 20 世纪 70 年代末，政府主导的规划、投资和运营是基础设施建设的主要模式。私人部门只能参与建设及配套服务等有限环节，基础设施国际合作也仅限于私人部门参与的建设环节。

发展中国家在 20 世纪 50 年代至 70 年代就开始重视利用国际合作的模式引入国外资金和技术发展基础设施。当时的主要模式是政府和国际机构（国际援助开发金融机构或国际组织）或外国政府合作模式。通常是外国政府或外国机构提供赠款或低息贷款等，由外国公司或外国公司与当地公司合作建设项目，项目建成后通过培训和技术支援使受援国的公司或机构掌握技术，进行运营。这种模式亦称开发援助模式（ODA）。

在各国政府主导基础设施建设时期，基础设施的官方国际合作主要以国际开发援助为主导，主要表现为发达国家为发展中国家基础设施建设提供资金支持。在建设过程中，一些分包、运营环节会有援助国相关企业参与。国际开发援助的存在主要有以下几个原因：第一，国与国之间存在较大的政治经济发展的差距，而这一差距存在的根源在于长久以来形成的不平等、不合理的国际政治经济秩序。因此，发展程度较高的援助国对不发达的受援国实施援助成为国际间一项通行惯例。第二，国家间存在亲疏远近的非等距关系，通过国际开发援助成为一种政治行为，有助于完成援助国战略和实现自身利益最大化。第三，国际开发援助有助于援助国企业走出国门，参与国际市场，拓宽经营边界。第四，国际开发援助是国际社会实现共同可持续发展的必要条件。

基础设施是解决较不发达国家的贫困和促进包容性增长的关键，有助于连接生产者与市场，创造融入全球经济体系的机会。在通常情况下，一个国家援助规模最多不超过援助国财政预算支出的 10%～20%，不超过被援助国 GDP 的 4%～5%。2005 年，从全世界向发展中国家的资金流向看，政府开发援助占全部资金流入量的 35%，政府开发援助以外的其他公共基金和民间资本占全部资金流入量的 3/5。国际开发范围分为经济领域和非经济领域两方面。

国际机构支持了大批发展中国家的基础设施项目。国际机构（世界银行、亚洲银行等）接受发展中国家政府的援助请求后，委托专门的国际开发咨询公司或项目管理公司对项目各阶段进行项目管理承包，再由项目管理承包商代表业主通过招投标形式，择优选定一个或几个（大型项目）工程公司对项目实施阶段、收尾阶段的工作进行总承包建设。

（二）引入国际私人资本参与基础设施建设时期

事实上，早在 17 世纪，私人资本通过项目融资方式参与国际基础设施建设便已经开始。近代以来，国际上比较知名的项目融资案例就是美国和欧洲投资者参与苏伊士运河、巴拿马运河的建造。20 世纪 30 年代，美国项目融资广泛运用于石油开采领域。大萧条之后，西方各国政府干预经济的作用进一步加强，政府成为主导基础设施的关键角色。20 世纪 80 年代，西方发达国家通过政府退出经济来缓解了滞胀危机，政府对于经济的干预逐步减少。由于各国政府投资基础设施的存量基础较大，为盘活存量资产、获得资金投入新增基础设施建设，各国政府普遍鼓励私人投资者通过 PFI 或 PPP 等模式参与基础设施，也欢迎国际投资者参与投资，但很多国家对关键基础设施（如军方相关的、特大型港口等）的投资有一定限制。

三、基础设施国际合作的发展现状

从价值链的分工体系来看，发达国家主要占据产业链高端位置，中国等新兴市场国家占据产业链（"微笑曲线"）的中端地位，未来向产业链高端发展的空间较大。国际投资者通过投资方式参与基础设施建设，有赖于项目结构设计和金融创新。随着基础设施产业科技化、智能化和信息化的发展，绿色、环保及具有高科技含量的基础设施项目越来越受到人们欢迎。

（一）亚洲国家是建筑业服务主要提供国，资源类国家是建筑业服务贸易主要进口国

基础设施是国际经济合作的重要领域，这不仅对于一国经济发展有重要意义，同时对于帮助一国政府及时开展逆周期宏观调控、服务民生具有重要意义。事实上，各国政府由于财力、规划设计各有不同，基础设施国际合作发展也展现出不同的特点。由图 1-1 可以看到，2005 年以来，全球建筑业服务贸易稳步增长，各国出口额从 805 亿美元增加到 2016 年的 1707 亿美元，增长超过 1 倍。基础设施国际合作进一步加强。2014 年，全球建筑业服务贸易份额达到近期的一个峰值水平，主要得益于经济的恢复和回暖。随着 2015 年和 2016 年两年全球经济的下滑，建筑业服务贸易随后出现下滑态势。基础设施国际合作中，最重要的内容就是建筑施工和设计环节的国际合作。

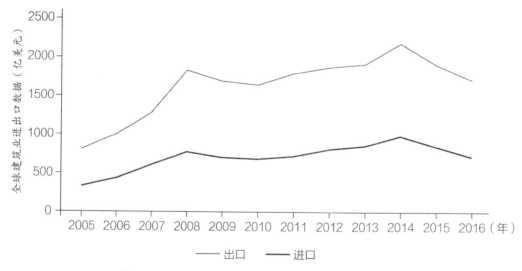

图 1-1　2005—2016 年全球建筑业服务贸易进出口数据

资料来源：世界贸易组织（WTO）。

2016 年，WTO 数据显示，全球各主要资源国是建筑业服务贸易净进口国，其中，中东地区的沙特阿拉伯、科威特、阿联酋等国建筑业服务贸易净进口位居前列。而发达国家是主要服务贸易净出口国，中国建筑业施工实力居各国之首，65 家企业进入 ENR250 榜单，国际市场收入占比超 1/5，成为中国产业的"新比较优势"。由表 1-1 可以看到，建筑业净出口排前三名的国家分别是韩国、中国和丹麦，而净进口排前三位的是沙特阿拉伯、科威特和阿塞拜疆，是主要的资源国家。

表 1-1　2016 年各主要国家建筑业服务贸易进出口情况

国家	建筑业服务贸易净出口额	国家	建筑业服务贸易净出口额
沙特阿拉伯	-55	韩国	87
科威特	-34	中国	45
阿塞拜疆	-29.69	丹麦	27
哈萨克斯坦	-18.8	日本	20
马来西亚	-14	西班牙	15.6
阿联酋	-6	印度	11.5
瑞典	-5	波兰	11
美国	-5	荷兰	9
东帝汶	-2.4	芬兰	7
俄罗斯	-2	法国	7
挪威	-1.4	英国	5
蒙古	-1.14	瑞士	4.9
柬埔寨	-0.8	土耳其	4.9
摩洛哥	-0.8	葡萄牙	4.7
莫桑比克	-0.75	新加坡	4.7
纳米比亚	-0.74	希腊	4.1
泰国	-0.7	意大利	3.79
不丹	-0.57	罗马尼亚	3.2
萨尔瓦多	-0.47	斯洛文尼亚	3

注：负号表示建筑业服务贸易逆差。
资料来源：世界贸易组织（WTO）。

工程设计环节是基础设施建设市场的"龙头"，位于微笑曲线的两端，附加值较高。美国、加拿大、荷兰、澳大利亚和英国为 2015 年国际工程设计市场的主要贡献者。发展中国家企业的收入主要来自于施工建设环节，而施工环节竞争激烈，利润率较低，决定了发展中国家在国际基础设施市场中处于价值链较低水平。在 ENR 国际前 250 名承包商排名中，中国的入围企业数量虽然多，但有半数以上位于 100 名之后，进入前 50 强的企业屈指可数，且排名相对靠后。发展中国家在国际工程设计市场的份额不到 10%，凸显了企业在工程设计环节的薄弱。发展中国家尚处在粗放型发展阶段，价值链地位较低，缺乏具备雄厚设计实力的"龙头"企业。多数企业主业突出，但资源整合能力不足，亟须转型升级，实现产业链向微笑曲线的两端延伸。

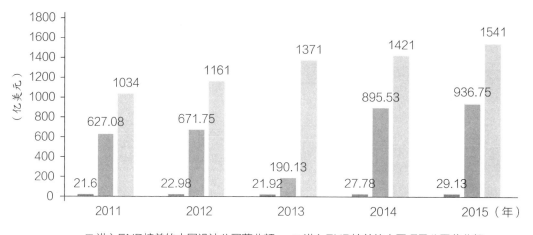

图 1-2　中国企业在基础设施项目不同环节的份额

资料来源：ENR。

（二）欧美投资者不断通过并购整合占据国际基础设施设计/投融资以及运营维护等附加值较高的环节

产业链上的工程咨询、设计、监理、法律咨询、运营维护等环节利润率较高，而设备、材料供应和项目施工处于微笑曲线的中段，附加值较低，如 EPC 的平均利润只有 3% 左右，而 BOT 平均利润可达 15%（见图 1-3）。发达国家企业通过兼并收购方式，不断整合产业链上、下游企业，占据价值链高端环节，提升企业运营效率。西班牙 ACS 集团是全球顶级建筑和服务商，业务遍布五大洲的 50 余个国家，在国际基础设施、能源和环境领域居于行业领先地位，2016 年蝉联 ENR 国际承包商 250 强榜单首位。ACS 集团通过收购国际知名工程承包商德国豪赫蒂夫公司（Hochtief）大额股权，提高了企业运营效率和风险控制能力。2015 年，ACS 集团建筑领域运营利润较 2014 年提高 2%，利润率达 5.7%，较 2014 年提高 20 个基点。国际知名的工程企业往往具有双重身份，既是大型工程咨询企业又是实力雄厚的工程承包企业，如德国的柏克德集团（Bechtel）、法国万喜集团（Vinci）、布依格集团（Bouygues）常年稳居 ENR 国际承包商 250 强前列，着眼于工程项目前期，主抓利润丰厚的设计咨询、运营管理环节，分包利润较低的施工业务。他们依靠自身突出的设计咨询优势，获取丰厚利润。

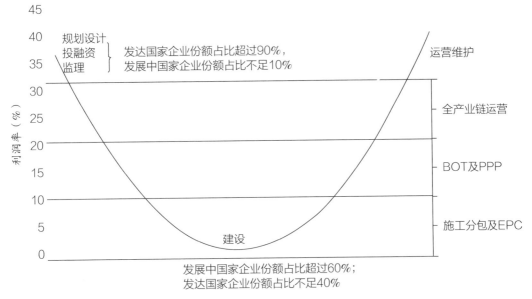

图 1-3 国际建筑市场的环节附加值分布情况

资料来源：作者整理。

发达国家企业通过并购、战略联盟等多种模式的混合式资源整合方式，不断向微笑曲线的两端延伸，实现产业链纵向一体化。通过整合产业链条，将企业与分包商间的外部市场协作关系转变为集团或联盟内部市场各参与者的协同关系，既可高效协调各相关参与者的利益冲突，降低外部市场的交易成本，又可提高服务效率，避免合同不完善、信息不对称、工程工期及质量难以控制等问题；同时，通过高度内部协调和控制，发挥协同效应，既可保障工期、质量，又可增强企业的综合服务能力。美国福陆公司（Fluor）是一家集设计、采购、施工、运营维护和项目管理于一身的国际公司，可为客户提供完整的全生命周期服务。该公司具备对上游供应链资源的专业化整合能力，形成了全球供应链网络，并与全球 80 多个国家的分包商和供应商保持长期合作关系。2015 年福陆公司供应链的招标范围涉及 18000 个分包商和供应商，并以各种形式促进供应商的多元化发展，如建立数据库、参加交易市场、培训讲座、会议等等，以确保行业的公平竞争。公司注重与供应商的合作延续性，利用大数据等智能管理方式，建立记录分包商和供应商表现的数据库，以备后续需要。国际知名承包商 Messer Construction 将分包商和供应商融入项目规划过程，并与其建立合作伙伴关系，成功完成美国俄亥俄州立大学北部学生公寓改造项目，并入围 DiversityInc. 供应商多元化榜单，位列第六，成为榜上唯一一家建筑公司。

（三）涉及多方利益，严谨完善的项目结构设计和金融创新推动国际投资者参与基础设施建设

商业模式的创新（如项目融资，或更广泛意义的 PFI、PPP 模式等）是推动国际私人投资者参与基础设施的关键因素。而引入私人投资者参与基础设施投资和建设需要特别注重项目基本结构的设计。首先，估计投资者偏爱严格时间限制和法律上有较强独立地位的投资项目，产权清晰、政府干预较少及收益稳定的项目能够进一步打包证券化，方便投资者在国际金融市场上融资。针对基础设施项目投资的战略决策，最看重的是项目现金流情况。其次，要形成风险共担、利润共享的合作模式。在 PPP 项目融资模式下，私人部门一般能够承担可转移的风险，而公共部门一般承担保留的留存风险。再次，对项目责任的限制可以吸引更为广泛的私人或国际私人投资者参与。一般而言，现在的项目融资追索权只限于股东（项目发起人）和财务投资者（如有）认缴的资本，以及项目公司自有的资产。一般来说，目前投资者可以接受的追索权限于认缴资本（无追索权，实务中比较罕见），以及超出股本金有限金额（有限追索权，在实务中运用广泛）。最后，投资者占比低于 50% 的项目可以不纳入母公司资产负债表是当前国际项目融资的通行做法，这样做可以避免项目融资的失败拖累投资的母公司，避免风险沿投资链条的传播。一般而言，一个典型的项目融资方式如图 1-4 所示。

如前所述，以 BOT、PPP 模式为代表的带资承包已开始主导国际基础设施建设市场，成为企业在国际竞争中获胜的关键。一方面，项目融资的平均利润可观（可达 15%），是企业实现价值链跃升的内在要求；另一方面，企业可通过自有金融机构孕育市场，实现战略扩张。与发达国家企业相比，发展中国家多数企业往往自身融资能

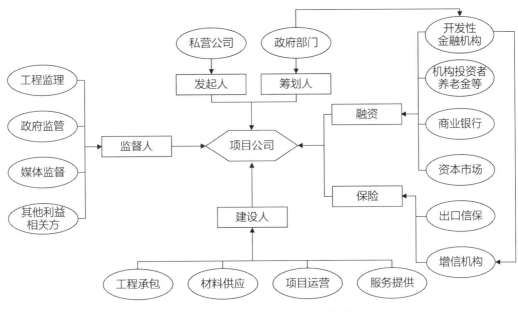

图 1-4　典型基础设施项目结构图

资料来源：作者整理。

力不足，商业银行融资成本较高，削弱了企业获得国际基础设施项目的竞争力。在这种背景下，如何通过资源整合，实现优势互补，取得协同效应，打通资金瓶颈，发挥金融机构在国际基础设施合作中的引领作用，是发展中国家探索解决基建投资问题的共同诉求。

（四）基础设施项目向绿色化、智能化和科技化方向不断发展，对投资者和承包商提出更高的要求

基建项目智能化和人性化水平不断提升，对企业提出更高要求。随着互联网技术的发展，项目业主对承包工程信息化、科技化和智能化的水平不断提升。项目数字化管理程度迅速发展，物联网通信技术的发展为项目的高度综合管理提供了便利。智能化建筑水平不断提升，房屋建筑在空调、电梯、供水、防盗及供配电系统等各个方面都能够通过计算机系统进行有效地统筹规划，智能化建筑不断出现，对工程企业的技术能力提出更高要求。近几年，基础设施项目人性化要求迅速增加，通过通信设备感知人体变化的水平不断提升。技术的进步及企业的不断创新为建筑工程市场带来更多的想象空间，也给工程承包企业带来了压力和挑战。国际基础设施市场竞争日趋激烈，企业要想立于不败之地，必须掌握技术标准的话语权，具备行业引导能力。话语

表 1-2　全球各主要工程承包商 2016 年海外收入情况

国家名称	REVENUE 公司数量	国际收入 收入	国际收入 占比	中东地区 收入	中东地区 占比	亚洲地区 收入	亚洲地区 占比	非洲地区 收入	非洲地区 占比	欧洲地区 收入	欧洲地区 占比	美国 收入	美国 占比	加拿大 收入	加拿大 占比	拉丁美洲 收入	拉丁美洲 占比
中国	65	987.23	21.1	134.19	16	382.64	31.8	345.60	56.2	27.21	2.8	19.86	3.7	0.70	0.4	77.03	22.8
西班牙	11	589.88	12.6	60.03	7.1	119.10	9.9	11.48	1.9	123.42	12.9	166.30	31	20.43	10.9	89.14	26.4
美国	43	418.75	8.9	44.40	5.3	92.63	7.7	15.98	2.6	127.58	13.3	NA	NA	110.33	58.9	27.83	8.2
法国	3	417.37	8.9	13.41	1.6	58.50	4.9	47.14	7.7	211.04	22	37.74	7	20.997	11.2	28.55	8.5
韩国	11	339.39	7.3	153.87	18.3	122.37	10.2	27.09	4.4	9.856	1	4.102	0.8	2.647	1.4	19.45	5.8
意大利	14	266.73	5.7	64.31	7.7	48.21	4	57.82	9.4	41.07	4.3	22.22	4.1	5.575	3	27.53	8.2
土耳其	46	255.91	5.5	76.25	9.1	84.69	7	31.37	5.1	62.10	6.5	1.485	0.3	0	0	0.018	0
日本	13	244.25	5.2	14.33	1.7	112.38	9.3	2.826	0.5	31.83	3.3	76.84	14.3	3.602	1.9	2.441	0.7
德国	2	235.61	5	11.65	1.4	87.92	7.3	1.473	0.2	11.13	1.2	112.04	20.9	9.724	5.2	1.666	0.5
英国	2	88.17	1.9	67.20	8	3.3	0.3	4.27	0.7	12.33	1.3	0.09	0	0	0	0.99	0.3
澳大利亚	3	88.08	1.9	17.97	2.1	54.14	4.5	1.528	0.2	0.89	0.1	0.1	0	12.557	6.7	0.889	0.3
荷兰	3	85.22	1.8	6.314	0.8	8.479	0.7	4.43	0.7	59.80	6.2	0	0	0	0	6.201	1.8
巴西	2	46.16	1	0.915	0.1	0	0	14.69	2.4	0.413	0	0.849	0.2	0	0	29.30	8.7
加拿大	3	35.97	0.8	8.423	1	11.90	1	2.084	0.3	3.39	0.4	9.686	1.8	NA	0	0.488	0.1
总计	250	4679.17	100	840.19	100	1203.06	100	615.40	100	959.85	100	535.95	100	187.18	100	337.54	100

注：收入单位为亿美元，占比单位为%。

资料来源：ENR。

权在谁手里，谁就可以独占鳌头，赢得市场。经过长期积累，发达国家企业不仅形成了自身成熟的先进技术和行业标准，还拥有精通法律、管理、技术、经济的全方位工程监理人才。通过企业国际化扩张，将技术和标准输出，在市场上形成垄断优势；另一方面，通过把控核心技术和标准，抬高市场准入门槛，保障在行业内的领先水平。因此，国际上大多数国家采用欧美标准规范，且工程监理指标化程度很高，通常聘请国际知名监理公司监管项目的全过程，承包商需服从监理公司进行施工，由此跳出低价竞争环节，稳居行业龙头，掌控主导权，提升附加值。

中国技术已崭露头角，但仍有较大的提升空间。对外工程承包企业在多年的国际基础设施合作中，逐步开发出来具有自主知识产权的技术和技术标准。电力企业在最近 5 年中向国际电工委员会提交并被批准的中国技术标准近 30 项，发电设备占据国际市场份额六成以上，占九成非洲电力市场份额。中国高铁已形成具有世界先进水平的技术标准体系和成套工程技术，CRH380 系列高速动车组能耐高寒、耐高温、耐高湿、防风沙，适应性广，超越日本新干线、法国 TGV 和德国 ICE，成功走进东南亚、中东等国家。中国企业在核电站的设计、建造以及运营管理上已达到国际先进水平。自主知识产权的第三代核电技术"华龙一号"，在技术安全性与国际先进水平相当，且具有良好的经济性；核电的"中国造"已经得到国外客户的认可，从巴基斯坦到英国、从埃及到阿根廷，都有项目斩获。值得注意的是，当前中国企业对外承包工程技术仍集中在"硬实力"方面，智能化、人性化等涉及"软因素"的技术和创新发展仍有较大空间。

四、基础设施互联互通发展

基础设施国际合作的一个关键内容在于促进基础设施在国际间的互联互通，促进要素和商品在国际间高效流通，进而促进经济发展、社会交流和共同繁荣。总体来讲，基础设施的国际互联互通主要分为铁路公路、信息设施、管道设施、电网四大领域。

（一）铁路公路互联互通，促进陆上贸易繁荣

铁路和公路都是国民经济发展的关键动脉性设施，是陆上贸易发展和繁荣的关键。铁路和公路的互联互通，能够有效促进资源流动，为乘客短途出行提供保障。对于发展中国家，铁路和公路都是目前基础设施体系中服务范围最广、承担运量最大、

发展速度最快的交通工具，在地形复杂、人口集聚度不高、经济欠发达地区，是最便捷、最经济的，甚至是唯一的运输方式。中国的铁路建设形成内部八纵八横的总体格局，高速铁路发展水平居世界第一位，成为中国铁路基础设施建设企业参与国际项目的坚实基础。

铁路和公路的国际互联互通关键在于国家政府间基础设施规划的配合协作。目前中国已经规划了从西南、西北和东北三个方向出境的六大经济走廊，建设完善了 11 个边境铁路口岸与 7 个内陆口岸，包括阿拉山口铁路口岸、霍尔果斯铁路口岸、满洲里铁路口岸、二连浩特铁路口岸、河口铁路口岸和凭祥铁路口岸。铁路间互联互通促进了中欧班列的开通运行，为中亚内陆型国家的经济繁荣做出了重要贡献。在公路方面，中国—东盟方向已经形成或规划建设的高速公路通道 8 条。云南的中老泰公路、中越公路、中缅公路以及中印公路国内段大部分已经建成。在中国—中亚方向，形成了北中南三段陆路运输通道，包括 6 条跨境公路。

（二）信息设施互联互通，促进信息的高效传播

各国间信息基础设施互联互通的主要途径和建设重点是骨干网的互联互通，即跨境海缆、跨境光缆建设。在信息设施互联互通方面，私人投资者热情较高。各运营商国际公司通过租用、购买和建设相结合的方式，促进了信息基础设施互联互通的建设。中国大湄公河次区域信息高速公路、上海合作组织信息高速公路、中国—东盟信息港、亚欧信息高速公路、中阿网上丝绸之路和非洲信息高速公路等基础设施建设不断推进。

（三）管道网路建设，促进油气资源跨境高效传播

政府间的合作是保证管道网络国际互联互通的前提，目前中国形成了陆上的西北、东北、西南和海上四大油气进口通道大格局。中俄两国在 2014 年底签署了《关于通过中俄西线管道自俄罗斯联邦向中华人民共和国供应天然气领域合作的备忘录》和《中国石油天然气集团公司与俄罗斯天然气工作公司关于经中俄西线自俄罗斯向中国供应天然气的框架协议》。起始于土库曼斯坦和乌兹别克斯坦边境至中国南疆乌恰县的中亚天然气管道 D 线已经开工，预计 2016 年可建成通气，其他 ABC 三条线路已经建成完工。

（四）电网互联互通建设，促进电力资源的共享

由于发电地点与用电地点在地理上分布的不均衡，电网建设能够有效促进电力资源的互联互通，跨境电网建设仍处于起步阶段。亚洲各国家电网发展较不平衡，各自都形成独立的电网，跨国互联线路较少。欧洲电网覆盖的国家普遍较小，工业发达、负载压力发达、电网结构密集，这是全球在电网建设互联互通最高的区域，主要由欧洲大陆电网、北欧电网、波罗的海电网、英国电网和爱尔兰电网等 5 个跨国互联电网组成。非洲电网发展较为落后，各国之间联系较弱，各国电力以自平衡为主。目前，中国国内已经形成大型能源基地与主要负荷中心的"三纵三横"特高压骨干网架和 12 项直流输电工程，形成了大规模"西电东送""北电南送"的能源配置格局。

五、如何应对当前基础设施国际合作的机遇与挑战

针对当前国际基础设施国际合作的新形势和新要求，企业需要在以下几个方面加强自身能力建设。

（一）提升融资能力，拓展带资业务

自 2008 年全球金融危机爆发后，主要国家政府均采取了积极的财政政策和宽松的货币政策，从而导致政府负债上升。资金缺乏成为制约基础设施建设的最大瓶颈。目前发达国家经济复苏仍呈不均衡状况，欧盟仍受到债务危机拖累，日本经济受通缩影响、回升乏力；西方国家凭借其资本市场为基础设施融资的能力明显下降。2015 年以来，大宗商品价格下跌导致资源型国家财政紧张；美联储加息后，国际资本市场热钱回流造成一些新兴市场国家财政收支困难、资本外流。资金投入量大、工程周期长、投资风险大是国际基础设施项目的主要特点。尽管基础设施建设对于拉动一国经济增长、提高社会福利具有重要意义，但单纯依靠政府财力已无法推动基础设施建设的高速发展，企业融资能力是竞争国际基础设施项目的重要因素。为增强其自身投融资实力和国际竞争力，国际承包商逐渐从单一承担施工任务向资本经营方向发展，通过采取上市募股、与银行等金融机构相互持股、与世界主要出口信贷机构、多边金融组织、商业银行及资本市场建立业务合作关系等多种资本运作方式开展产融合作，推动其海外投资业务创新和发展。

（二）加强整合能力，实现并购价值

对外并购实现国际资源的整合，形成"1+1>2"的积极效应是企业对外投资的基本初衷。但随着商业形势复杂多变，一些企业投资风险意识淡薄、缺乏相应的专业人才和经验，出现盲目跟风投资、支付高额溢价、贸然进入陌生领域、将大量资金投入到投机类项目上等行为。并购后资产的对接和整合不到位，被并购企业的真正价值无法体现，严重影响海外企业经营效率。对于收购方而言，一个项目的交割意味着关键性的工作刚刚开始。

提高企业的整合能力，首先，在并购之前就应明确投资的战略意图，充分做好整合计划，在交易文件的起草、谈判阶段充分执行战略计划，贯穿项目的交易始终。其次，考虑到整合阶段涉及业务、品牌、市场、人力资源、企业文化等方面，企业应充分事先准备好有组织、有执行力的管理团队或是通过聘请具有国际化经验的团队。最后，企业整合阶段应协调各个利益相关方，积极邀请并购标的管理层、当地人才参与和配合境内外资产整合，充分调动员工积极性。尝试通过增加管理层控股、明确国外并购基金退出路径等方式，借助境外资源帮助中国投资企业在过渡期内掌握境外企业运营，实现投资双赢。

（三）苦练自身内功，加强能力锻炼

中国企业自 20 世纪 70 年代末才开始以援外项目建设的形式步入国际工程市场，90 年代后中国对外承包工程行业才开始快速发展。企业参与国际工程市场竞争的时间较短，经验较少。同时，中国国内工程类企业的一些做法与国际工程通行规则并不完全一致，一些企业的公司治理、项目管理等仍然与市场经济要求不相适应。很多企业参与国际工程市场，需要不断学习，甚至要为自己的一些错误"交学费"。

未来进一步提升自身的竞争力，企业应继续加强能力锻炼。第一，积极转变，加强项目管理和风险管控。一些企业契约观念不强，重拿项目不重风险防范，在海外经营仍然套用国内传统的工作模式。同时，国内工程建设行业过分强调专业分工、归口管理和资助管理，工程建设业务条块分割，甲方业主过于强势，企业从事业务较为单一，全流程项目管理和风险管控能力亟待提升。第二，整合资源，加强承包模式多元化运作。随着国际市场的不断变化，企业应转变单纯的项目承包、劳务合作、成套机电设备出口等模式，积极尝试建营一体化、资源换工程等模式，突破性发展区域规划、勘探设计、管理咨询、运营维护一体的大型综合项目。第三，努力跨域，提升价值链地位。中国企业在参与国际基础设施建设过程中，不但要带动中国产品"走出去"，还应努力促进技术和标准的"走出去"。努力学习和研究国际标准，提升自身的技术能力，积极参与国际标准制（修）订，实现更高层次的国际合作，努力打造中国品牌和中国名片。

（四）注重当地合作，提升属地化经营能力

属地化经营意识是经营海外基础设施资产的关键，企业投资国际基础设施需要做到主动为当地发展服务、树立良好的品牌形象、积极落实企业社会责任、采取实际行动回报当地社区，努力实现机构本土化、经营本土化、员工本土化。

一方面，企业应尊重当地社会风俗习惯，按照当地法律法规和政策开展工作。基础设施企业运营周期长、涉及环节多、雇佣员工数量较大，企业应针对不同地区的文化风俗法律情况，建立本土化工作部门、文化冲突协调部门和合规部门，做好本土化工作；加强与当地机构和利益相关方合作，严格按照当地标准执行工程建设、加强环境保护、注重施工安全、认真履行企业社会责任。

另一方面，企业应通过制度性措施激励员工提升对当地文化的理解与认同，安心扎根东道国开展工作，不断贴近当地市场，熟悉当地议事规则。努力做到机构本土化和经营本土化，加强开展分包业务、加强与当地企业合作、促进与当地企业共同发展；努力提高东道国员工比例，提升对本土员工的福利待遇与能力建设，加强企业在当地本土化经营的可持续发展。

（五）积累人力资本，培养国际化人才

项目管理起源于20世纪50年代西方国家的国防和竣工项目。欧美发达国家通过近60年的工程实践才积累了现代比较完善的人才培训体系与储备。当前对外承包工程企业普遍缺乏适应国际市场需要的各种人才，已经成为制约企业发展的重要因素。企业应充分认识到对外承包工程对人才要求的特殊性，逐步建立职业化的对外承包工程人才队伍，保证业务发展的需要。要重视企业中高级经营管理和技术干部的培养，特别是具有丰富实践经验的技术干部和管理干部。

人力资源的管理模式很难被固化，企业应随着国家环境、管理形式，因地制宜，有效地进行人才的组织与管理。总体来说，有以下几点比较通行的规则可供企业借鉴：第一，加强制度建设，完善公司治理透明度。一个透明、高效的公司治理能够让专业的人才专注于专业的工作，避免由于管理混乱、体制僵化影响工作的效率。第二，优化人员素质，招聘国际化人才。企业不应拘泥于在母国人才市场上招揽人才，更应放眼国际，招聘高素质国际化人才，满足国际化业务的需求。第三，尊重人才，公平对待。企业对人才的管理不能仅限于合法合规，要做到切实尊重人才、互利平等，尊重本外籍人才，尊重每一个人的文化习俗和宗教信仰。第四，完善考核体制，建立激励体系。加强考核与激励的协调，充分调动员工的积极性，才能以合理的成本发挥最大化的效益，形成人才优势。

（六）主动应对纠纷，合理解决争端

首先，考虑到国际基础设施合作涉及环节多、周期长，企业在长期经营中难免会在合同管理中出现疏漏，遭遇纠纷。由于经验不足，一些中国基础设施企业在施工过程没有严格按照合同要求、不重视合同管理、忽略支持性文件和细节，一旦发生纠纷会非常被动。其次，一些企业不重视、不熟悉纠纷解决方式，甚至把国际仲裁条款当作谈判筹码从业主处获得短期实惠，却丧失保障性机制。再次，企业"走出去"过程借用外部资源能力不足，不习惯或不愿意购买国际工程律师、咨询机构及投资银行等外部专业资源，在处理法律纠纷时捉襟见肘。最后，企业对于仲裁并没有充分的认识，不重视合同的仲裁条款规定、不熟悉国际仲裁机构，往往丧失最佳仲裁时机。

通常而言，海外工程项目纠纷解决方式包括监理工程师或业主决定、友好协商、专家裁决及国际仲裁等。国际工程合同中，友好解决（Amicable Settlement）是最常采用的、首选的解决纠纷方式；只有无法友好解决的纠纷，才能进行下一步仲裁或上诉。根据 FIDIC 条款，在纠纷双方开始法律途径之前，双方可以通过共同任命专家居中调节、解决涉及工程专业方面的技术纠纷。最后，外国投资者可以选择通过东道国法律寻求救济，也可以通过国际仲裁方式解决纠纷。仲裁裁决一般具有最终的法律效力，非特殊情况不得撤销。考虑到一些东道国法律法规体系尚不完善、司法效率较低，国际仲裁能够快捷、高效和公平地解决双方纠纷。

（七）注重技术能力，践行绿色标准

未来新基础设施项目将越来越多地使用新技术，基础设施的定位不单单是一块"硬资产"，而是成为向消费者提供的一种服务。随着信息科技和智能制造的发展，企业逐渐广泛利用技术改进项目规划、设计和建造过程。通过广泛采用新技术，企业可以在基础设施建设期内，提高生产效率、节约成本、保证工程的绿色和环保。整合智能科技，企业可以在基础设施运营期提高管理效率，为使用者提供更多方便。

几十年全球范围基础设施建设的快速发展，"灰色"基础设施开发模式造成环境破坏、污染，严重影响设施周边的生态系统，为基础设施使用者和邻近居民造成诸多困扰。在经济利益主导下，"灰色"基础设施建设造成了大量自然景观的人为阻断和基质破碎化，乡土植物生态和生物栖息地被阻隔、摧毁。自 20 世纪 80 年代，"绿色"

基础设施的理念开始流行，重点是促进人与自然和谐相处。在尊重和爱护大自然前提之下，遵循大自然的机理和地貌，合理使用土地空间。"绿色"基础设施要求设计者和建造者要注重节能和环保的概念，实现基础设施与当地生态环境可持续发展，与自然生态系统更好地融合而非破坏，遵循自然机理合理使用土地，保护生态系统，维持清洁的空气、水和其他资源。首先，在基础设施设计规划环节践行节能、环保等绿色理念。在规划过程中，充分考虑避让具有重要生态意义的枢纽和关键性景观，最大限度减少对动物迁徙和水资源流动的干扰，保持自然物种带、整体山水格局的完整性和连续性。在设计中，还要从审美、体验和功能角度出发，提升设施与环境的视觉品质和景观价值。其次，在基础设施建造环节践行节能、环保等绿色理念。在建造过程中，尽量减少污染性材料的使用，减少对当地自然环境的破坏，通过系统性规划减少不必要的能源消耗和物资浪费，注重建造生产性垃圾的搜集和统一处理。最后，树立基础设施的运营维护环节践行节能、环保等绿色理念。在运营维护过程中，通过增添相关设施，减少设施使用中的噪声污染和光污染，营造可持续发展的空间。

（八）提升风险意识，提高应对能力

总体来看，国际投资环境比国内更为复杂，企业有时很难准确、全面识别潜在风险。国外基础设施投资及建设运营与国内项目的区别不仅限于地理位置和语言差别，而且体现在政治体制、政策环境、外汇管制、社会治安、标准规范、税收法律、宗教风俗、医疗疾病状况、本土供应商情况等方面。

从区域看，撒哈拉以南的非洲地区，随着资源能源价格的持续走低，政府财政资金和当地经济运行均面临一定的困难，政府违约、政策反复、司法混乱及基础设施回报率预期下调等因素都会对企业的长期投资运行带来一定风险。东南亚地区市场保护主义情绪不断上升，企业在当地运营的社会成本不断加重。近年来，中东欧地区宗教文化、地区局势等问题不断出现，同时随着入盟步伐加快，准高端市场特征显现，企业需加强法律风险应对能力。

从项目阶段看，在基础设施的投融资环节，企业做好风险和收益分配，做好融资的期限匹配，防止市场利率波动造成企业还款困难；做好融资的币种匹配，防止汇率波动对于企业收益造成侵蚀。在基础设施的建造环节，企业应合理做好工期规划及设备、材料的供应计划，防止市场波动对于正常生产造成影响，增加建造成本。在基础设施的运营阶段，企业应充分考虑竞争性项目对于投资回收的影响，考虑一些欠发达地区政府征收和间接征收的影响，充分利用合同及保险等工具维护自身正当权益。

第二节　国际基础设施合作的发展趋势

近五年来，全球经济缓慢复苏，复苏过程较为曲折困难。发达国家不断实施较为宽松的货币政策，刺激国内经济复苏回暖。政府主要资金用于救助国内主要金融企业，避免系统性金融风险的爆发。新兴经济体快速发展，但出口导向型国家面临外需不足的压力，内部市场成长较为缓慢。大宗商品价格下降，资源型国家政府收入快速下降，对基础设施建设的支持力度逐步降低。在这一背景下，各地区基础设施发展出现较大波动，地区之间也存在较大的不平衡。从整体来看，五年间各国基础设施国际合作基本保持在比较稳定的水平上，国际市场份额保持一个较为平稳的状态。其中，亚洲地区国际基础设施合作业务规模居各地区之首，近24%。随后，比较重要的地区有欧洲地区、中东地区、非洲地区及美洲地区。

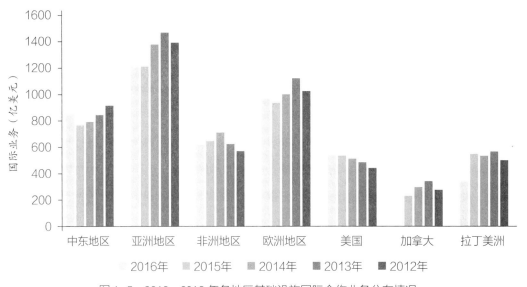

图1-5　2012—2016年各地区基础设施国际合作业务分布情况

资料来源：ENR。

国际基础设施合作是一项双赢的工作，既能够为有实力的基础设施承包商开拓新

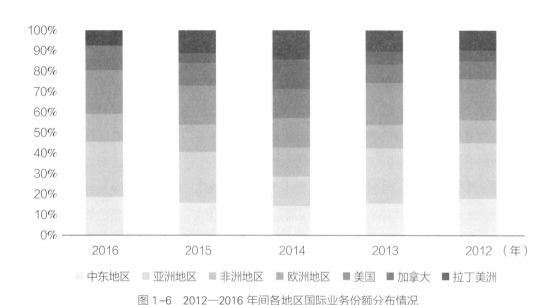

图 1-6　2012—2016 年间各地区国际业务份额分布情况

资料来源：ENR。

的市场，又能够为各国政府提供基础设施建设、协助落实逆周期的宏观政策。美国曾是全球基础设施起步最早的国家，也是引入国际投资者共同参与基础设施建设最早的国家。西方国家普遍积极引入私人投资者，作为基础设施建设中打破政府垄断、提高生产效率的重要手段。值得注意的是，虽然西方国家基础设施建设主要是引入私人投资者、基础设施的国际合作主要是引入跨国公司，但要真正提高基础设施效率，关键还是要加强市场竞争。总体来看，各国开展基础设施合作各有特色。在基础设施工程承包环节，发达国家大多引入国际工程承包公司，降低建设成本。在投资环节，英国多采用 PPP 模式、法国采用委托管理模式，而美国充分依靠资本市场进行市政债券融资，日本主要依靠股权融资模式开展国际合作。

与此同时，各国开展基础设施建设及国际合作存在不同的特点。除中国外，其他主要提供基础设施投资和建设的国家（地区）主要有美国、欧洲（包括英国、法国、德国、荷兰、意大利等）、日本和韩国。各国开展基础设施建设和国际合作的特点各有不同。

一、美国基础设施建设与国际合作历程与启示

美国基础设施早期主要依靠私人投资，但第二次世界大战后政府对于基础设施的干预力度不断加大，私人投资者逐步退出基础设施建设。20 世纪 80 年代之后，政府管制的放宽吸引私人投资者重新回到基础设施市场，国际投资者也加大对美国基础设施的合作力度。

（一）第二次世界大战之前美国基础设施的建设与国际合作

早在19世纪20年代，美国开始大力发展铁路建设，主要鼓励私人投资。早期美国政府在基础设施建设管理采取的自由放任政策导致了一系列问题的出现，价格歧视、贿赂丑闻、恶性竞争、虚假炒作等现象频发。19世纪70年代，政府开始对铁路进行限价等管理措施。19世纪末，一系列反垄断法律的出台主要为解决铁路建设存在的问题。20世纪初，联邦政府组建州际商业委员会（ICC）加强对铁路的管制，但效率低下、贪腐严重等问题导致铁路经济效益大大下降。1920年，联邦政府将铁路管理权归还私人公司，但对铁路运输实施统一的收费标准。铁路建设与发展为美国基础设施的建设提供了宝贵的经验。

私人投资转向政府投资，后期基础设施投资建设逐步成为政府逆周期管理的主要手段。美国采取以市场为主导的基础设施投资建设模式。20世纪30年代以前，美国奉行自由放任的经济政策，私人公司对基础设施投资较多。但30年代出现大萧条之后，政府对经济领域、特别是对基础设施的投资迅速增加。20世纪30—60年代，私人公司对基础设施的投资比重从70%下降至48%。但在20世纪70年代美国经济发生滞胀之后，政府逐步退出经济干预，私人公司对基础设施投资的力度逐步加强。2015年，美国政府对基础设施投资比重仅为35%。基础设施逐步成为美国政府使用财政稳定经济增长的主要手段，在2001年互联网危机和2007年次贷危机爆发后，政府随后加大对基础设施建设的投入，在经济发展平稳后，政府投资逐步撤出。

·专栏1.1·

美国早期铁路建设的经验与教训

1830年，美国第一条铁路建成通车到2009年奥巴马政府宣布修建横跨美国的高速铁路网，美国铁路基础设施发展经历了初期的发展、繁荣、衰退及再繁荣各个阶段。早期，由于当时美国各州政府参与内陆水运基础设施建设大多严重亏损、管理混乱，在兴建铁路之初，民众呼吁由私人部门进行高效投资和修建，克服资金筹集是当时美国私人部门的最大问题。后来，商人们发现利用铁路沿线土地升值能够进行有效融资。企业大多成立城镇开发公司，通过自行设计铁路线路同时开发沿线土地，吸引了移民流入、带来巨额土地收入，铁路兴建成为当时一个热门的生意。

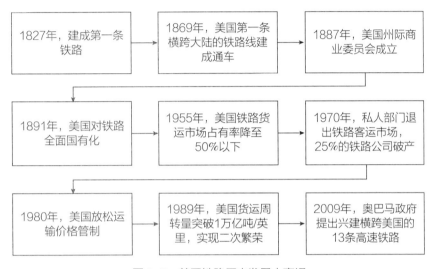

图1-7 美国铁路历史发展大事记

资料来源：北美铁道协会。

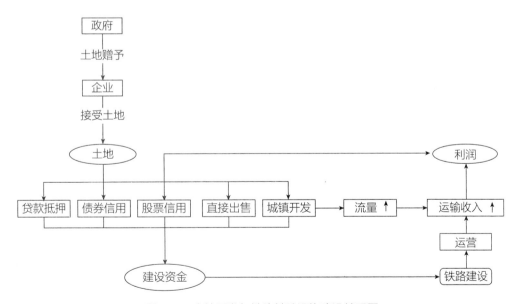

图1-8 土地开发与铁路基础设施建设关系图

资料来源：林晓言等《土地与私人双导向下美国早期铁路投资体制再剖析：弊端与警示》。

早期美国兴建铁路充分利用外国投资，通过直接投资（外国投资者直接控制和管理美国铁路）、间接投资（外国投资者购买美国铁路公司的股票和债券）、购买政府债券（美国各级政府出售债券筹集基础设施修铁路资金）及购买企业债券（外国投资者购买铁路公司债券）获得铁路建设资金，良好的资本市场成为美国铁路建设吸引内资和外资的重要因素。与此同时，联邦政府通过承担勘探任务、统一技术标准为外国投资创造了良好的政策环境，通过土地赠予、设备货物进出口关税减免及贷款援助给予外资一定的经济支持。

然而，土地成就了美国早期铁路建设的同时，也引发了一系列问题。由于"土地+移民+铁路建设"模式收益丰厚，引来国内外大批私人投资者。由于缺乏规范，早期铁路建设铁轨间距并不统一，私人公司为进行利益保护，人为创造出11种规格不同的铁轨，造成资源浪费。一些私人投资者相互恶性竞争，导致铁路重复建设问题突出。土地价格波动引发铁路公司的铁路投机行为，造成了一定的社会混乱。而美国地方政府土地管理不规范造成严重的"寻租"问题，引发了公众的反感。

（二）第二次世界大战之后美国基础设施建设与国际合作

联邦债券和地方政府债券是基础设施建设的主要资金来源，发达的资本市场成为私人投资基础设施的主要投融资渠道。美国政府主要通过赤字等方式获得资金，投资基础设施。随后为减轻财政负担、提升基础设施的资金效率及腾挪财政资金用于福利性支出，美国政府逐步退出基础设施的管理，加大基础设施的私有化程度。20世纪30年代，美国政府先后成立联邦海运委员会、联邦电讯委员会、联邦铁路局、联邦公路局等机构，加强对基础设施的投资。但在1978—1982年，美国撤销民航局，通信市场和有线电视的投资准入被取消。1989年，美国取消天然气管道建设的管制。目前，美国所有基础设施的建设、运营和服务全部向私人开放。美国政府退出基础设施运营后，私人可以通过合同承包制、凭单制参与公益性项目的运营。对于经营性项目，私人公司主要通过特许经营收费及获得政府财政补贴等方式获得收益。私人参与投资基础设施主要依靠在美国资本市场进行融资，在发达的资本市场上，私人公司可以通过债权融资、股权融资、银行贷款、获得养老金投资等方式获得基础设施建设、运营资金。较长期限的直接和间接市场融资是鼓励私人公司投资基础设施项目的主要手段，避免了期限错配问题的出现。

私人投资导致美国基础设施分布失衡，大批基础设施老化问题非常严重。美国的基础设施老化程度非常严重，急需修护更新。世界经济论坛的《全球竞争力报告》指出，在基础设施质量方面，美国位居全球第 19 位，排在西班牙、葡萄牙和阿曼之后。美国土木工程师协会（ASCE）在 2013 年发布美国基础设施综合评测报告，整体评测结果为 D+，并估算至 2020 年，为升级交通基础设施，美国需投资 3.6 万亿美元，相当于每年用于维修、更换或扩建的花费将高达数千亿美元。而根据荣鼎公司为美国商会所做的研究，保守预测美国 2013—2030 年在基础设施领域总计需要投资 8.2 万亿美元，每年平均为 4550 亿美元。美国州际公路大多建设于 20 世纪 50—80 年代，而混凝土和沥青路面的使用寿命为 30~50 年。有关调查发现美国的公路系统已严重透支，2008 年由于交通拥堵导致美国人均遭受延迟的时间为 38 小时，而 1980 年该数字仅为 12 小时，美国为此每年多耗费的燃料等于近 1000 亿美元直接经济损失。从表 1-3 可以看出，美国收费效果较好的基础设施水平普遍高于公用基础设施，这与美国基础设施产业投资结构密切相关。

表 1-3 美国基础设施总体评价

基础设施类别	2001 年评价	2005 年评价	2009 年评价	2013 年评价	2017 年评价
航空	D	D+	D	D	D
桥梁	C	C	C	C+	C+
大坝	D	D+	D	D	D
净化水设施	D	D-	D-	D	D
能源	D+	D	D+	D+	D+
危险物处理	D+	D	D	D	D+
内陆水运设施	D+	D-	D-	D-	D
防洪堤坝	—	—	D-	D-	D
公园和娱乐设施	—	—	D-	D-	D
港口	—	—	—	C	C+
铁路	—	C-	C-	C+	B
道路	D+	D	D-	D	D
学校	D-	D	D	D	D+
固体废物	C+	C+	C+	B-	C+

基础设施类别	2001 年评价	2005 年评价	2009 年评价	2013 年评价	2017 年评价
公共交通	C-	D+	D	D	D-
废水	D	D-	D-	D	D+

资料来源：美国土木工程协会《2017 年基础设施评价》。

（三）当前美国基础设施建设与国际合作

美国公司国际基础设施建设市场的份额逐年萎缩。从数据来看，2012—2016 年间，美国公司国际基础设施建设的份额逐年萎缩，这与美国基础设施公司的国际竞争力逐步下降密切相关。由于美国本土对于基础设施建设的需求也在逐年提升，公司业务从海外逐步转向美国本土，从而导致国际竞争力出现下滑态势。亚洲地区仍是美国公司海外基础设施合作业务的主要收入来源，其次为加拿大。在加拿大和拉丁美洲地区的国际基础设施合作中，美国公司占据最大份额。

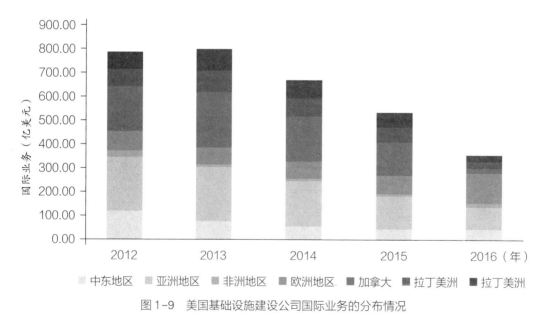

图 1-9　美国基础设施建设公司国际业务的分布情况

资料来源：ENR。

美国基础设施投资需求极大，亟待国内外私人资本参与。美国基础设施亟待全面的改善提升，需要长期的、可持续的私人投资参与。未来 10 年，美国基础设施投资缺口将达到 2 万亿美元，政府和私人部门投资占 GDP 比重将提升至 2.5%～3.5%。因此，美国各级政府应成立各类专项资金支持基础设施建设，同时要严格按照预算管理，基础设施基金须投入新建基础设施项目中，而不能挪用别处。多个参众两院议员呼吁要增加汽车燃油税，为基础设施建设募集资金。目前，美国是世界上最大的资本流入国，大批外资主要流入到美国的金融业、制造业和能源产业，而对于基础设施产业投资严重不足。因此，一方面，美国政府努力构建合理的投资回报机制，吸引外国投资者参与基础设施建设；另一方面，美国政府也在努力推行基础设施的私有化，减轻政府负担，盘活存量资金。

美国设计公司占国际市场份额近 1/3，中国是美国建筑公司最大海外市场。美国建筑公司以承担高质量的工程任务而知名，美国设计公司的海外业务在 2015 年占全球份额的 31.5%，排全球第一；其他份额较大的国家依次为加拿大（12.6%）、荷兰（9.9%）、澳大利亚（9.0%）和英国（7.4%）。美国设计公司的海外业务量是排第二至第五名的总和，在该领域获得绝对的优势。值得注意的是，国际上采用欧式合同的倾向不断加强，美国本土对于建筑设计的需求不断增加，美国设计公司的海外业务份额增长将面临一定的挑战。中国是美国建筑行业出口的第一大国，其次是墨西哥；加拿大和英国是美国建筑业服务进口的主要来源地。

表 1-4　全球前十大设计公司及海外业务收入

序号	公司名称	国家	国际业务收入（亿美元）
1	WSP Global Inc.	加拿大	40.27
2	Arcadis NV	荷兰	34.66
3	WorleyParsons	澳大利亚	34.56
4	Jacobs	美国	29.30
5	AECOM	美国	27.12
6	Fugro NV	荷兰	24.64
7	Dar Al-Handasah Consultants（Shair & Partners）	埃及	24.13
8	Fluor Corp.	美国	21.20
9	Mott MacDonald	英国	15.64
10	Técnicas Reunidas	西班牙	15.10

资料来源：美国国际贸易委员会。

二、欧洲基础设施国际合作历程与启示

从欧洲各国基础设施国际合作开展情况来看，英、法、德各国各有侧重。其中，英国企业主要开拓中东地区基础设施合作，法国企业主要开拓欧洲市场的基础设施合作，而德国企业基础设施合作主要集中在亚洲地区。从合作模式来看，英国自身在国内大力推行 PPP 等私人部门参与基础设施合作模式，而德国和法国的企业经历从承包商到综合服务商角色的转变，更关注基础设施国际合作建设及上下游一体化的服务提供。

英国首提 PPP 理念，形成完整的私营企业参与公共建设的合作体系。1992 年，英国在全球率先提出并推广 PPP 模式，推动民间投资参与公共基础设施建设。PPP 模式的提出主要是帮助政府盘活存量基础设施资产，提升资金的运营效率。1997 年，英国工党推动设立专门机构组织和推动 PPP 模式。2000 年，英国成立合作伙伴关系组织，专门从事公共部门的 PPP 项目运作，为政府和私营部门搭建合作平台。2011 年，英国财政部设立基础设施局全面负责 PPP 项目。目前，英国已经形成一套完整体系，共同运作 PPP 合作项目：英国财政部负责制定和批准纲领，英国合伙经营机关向公共部门提供项目及培训、协助公共部门落实和运作 PPP 项目，公私营机构合作署为地方政府开展 PPP 项目提供支持。目前，英国各级政府普遍支持 PPP 合作模式，PPP 项目的价值额和数量占全球三成以上。在发达国家中，英国 PPP 项目发展大幅领先；1990—2006 年间，英国在交通基础设施领域通过 PPP 模式融资额高达 500 亿美元，是同期美国的 50 倍。

英国公司国际业务收入主要来源于中东地区，法国公司收入主要来源于欧洲市场。早在 20 世纪初，英国政府与英国大型公司共同开发中东市场，奠定了良好的基础。19 世纪 70 年代，英国基本控制了埃及财权，1882 年直接进行军事占领。第二次世界大战之后，相应地，早期英国公司在中东地区就开始布局建设大量的基础设施。2013 年以来，英国公司在中东业务收入逐年增长，已经成为其海外最大业务收入来源。由于法国较为深入地融入欧洲一体化进程，法国公司将基础设施的国际合作重点放在欧洲地区。值得注意的是，2000 年以后，法国公司主要通过投资的方式开展国际基础设施合作。法国工程承包巨头 Vinci 公司半数的业务收入来自 BOT 模式和基础设施的维护。法国 Vinci 公司在巩固施工业务以获取稳定收益的同时，以增强盈利能力

为核心，扩大高附加值的服务范围、最大程度地获取高利润环节收益。维持长期高增长的动力来自于特许经营业务（包括项目设计、成套工程、项目融资、工程管理、BOT 项目运作等）的迅速成长。

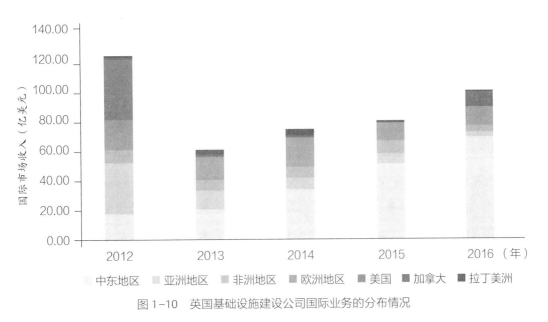

图 1-10　英国基础设施建设公司国际业务的分布情况

资料来源：ENR。

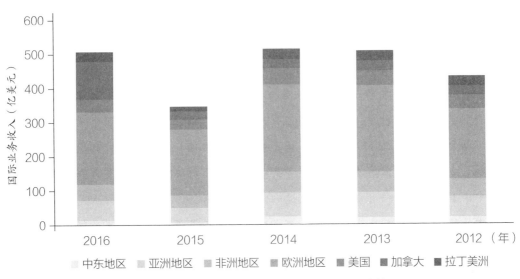

图 1-11　法国基础设施建设公司国际业务的分布情况

资料来源：ENR。

· 专栏 1.2 ·

法国 Vinci 公司一体化路径

万喜（Vinci）是法国一家具有 118 年历史的工程承包商。Vinci 公司的发展是经过一系列的并购和战略重组而来。Vinci 公司管理体制上的一个明显特色是尽量保持各业务部门的独立性，总部通过其执行委员会、投资委员会和协调委员会的运作着力于资源的分配、风险的控制及提供必要的帮助。由于不断并购，加上公司一贯分散经营的策略，依旧保持业务部门无计划叠加，包括数以百计的地方分部，各自保持独立的身份。Sogea 和 GTM 在巴黎并肩竞争，但共享 Vinci 的标识。

自 2005 年以来，Vinci 公司就提出要做"世界上最赚钱的建筑工程承包商"的战略目标。公司的发展策略开始从经营重点向高利润区域转移。在巩固施工业务以获取稳定收益的同时，以增强盈利能力为核心，扩大高附加值的服务范围、最大程度地获取高利润环节收益。维持长期高增长的动力来自于特许经营业务（包括项目设计、成套工程、项目融资、工程管理、BOT 项目运作等）的迅速成长。

Vinci 的一体化战略实现了核心业务的互补性发展：特许经营业务占用资金多、回报周期长、业务活动集中在项目的前期组织和后期的运营。建筑业务占用资金少，回报周期短，产生的现金能迅速地投入到特许经营业务中。且业务活动集中在建筑与设备安装领域，与特许经营项目刚好形成互补。扩展了服务外延：不仅是销售收入的增加，而且通过这些服务活动，使万喜公司的业务向下游延伸，获得了高额的附加值，赢得了客户的忠诚与信赖。成为提供全面解决方案的服务商：提供全面解决方案是很多大公司傲视中小型承包商的一大资本。而在这一方面，万喜公司又可以称得上是大公司中的翘楚。在一些大型项目上，万喜公司均具备很强的一体化运作能力。通过后向一体化，提供工程项目的公司设计、项目规划、项目管理、原材料供应、融资安排、工程总承包等一揽子服务。待工程完工后，万喜公司对项目进行运营管理。

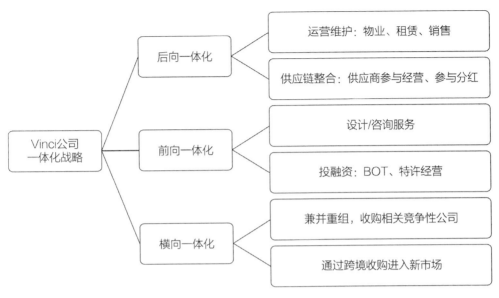

图1-12　Vinci 公司一体化战略

资料来源：作者整理。

德国公司更专注亚洲业务。亚洲地区的基础设施业务收入占德国基础设施公司国际收入的四成以上。德国拥有强大的轨道交通建设实力，国内轨道交通发达，高速铁路技术领先，中国上海浦东机场磁悬浮列车线路是德国西门子和蒂森克虏伯公司联合

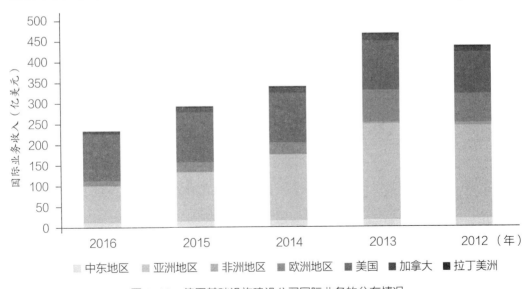

图1-13　德国基础设施建设公司国际业务的分布情况

资料来源：ENR。

开发的，也是世界上唯一一段投入商业运营的磁浮路段。与法国 Vinci 公司相似，德国领先建筑商豪赫蒂夫在国内建筑市场饱和之后，积极开拓海外工程市场。为基础设施国际合作提供开放（包括项目的策划、设计、融资，例如房地产项目整体开发，从设计、融资到市场销售，既可以提供单项服务，也可以提供整体一揽子服务）、建筑（指在基础设施建设、市政工程、房屋建筑中传统建筑业务和建筑管理服务）、特许经营和运营（主要包括机场的特许经营，PPP 模式下的收费公路和公用建筑的特许经营，以及其他的一些运营管理）和服务（如勘探设计、采购、资产管理、物业管理和保险，也包括新兴的按收费方式所提供的建筑管理服务）。

三、日本基础设施国际合作历程与启示

日本基础设施国际合作主要采用"金融+建设"模式，从早期的"援助+建设"转变为目前的"开发性金融+建设"模式，开发性金融公司在日本基础设施国际合作中占有重要地位。日本国内企业发展的主要特征表现为大型财阀为核心的企业集团，在基础设施国际合作中，日本企业间合作关系密切，共同开发特征明显。

日本的开发援助支持国际基础设施建设，"援助+建设"模式推动日本建筑公司快速融入国际市场。外务省作为对外窗口，负责与申请援助方政府进行协调和签署合作协议，经济产业省负责项目指导，财务省负责项目审批预算。专门的援助实施机构国际协力机构（负责技术支持）、国际协力银行（负责日元贷款）负责项目管理和监督。一般情况下，开发咨询公司负责项目的具体实施。项目的招投标分工明确。国际协力机构负责组织项目前期调查、可行性研究、方案设计的招标，国际开发咨询公司等参加投标。项目工程建设在法律上应由当地政府负责招标，但实际中，很多情况是当地政府委托国际开发咨询公司或当地政府与国际开发咨询公司一起招标，日本大型综合建筑商等参加投标。

日本企业抱团出海，成立合资公司共同开发海外项目。这是 20 世纪 90 年代中期以后在日本出现的新合作开发模式。如电力管制放松后，综合商社开始积极介入海外电力开发市场。深谙亚洲市场的日本商社与本国或国外的跨国电力设备供应商及电力公司共同成立合资公司。合资公司实质上是项目联盟，内部分工协作，综合商社主要负责政府公关、挖掘项目、筹集资金、组织建筑分包企业，电力公司负责电力运营维护，设备商负责提供设备。这种开发模式集中了综合商社和电力公司的优势，利用各

自资源和技术优势，形成了集项目挖掘、设计、实施等一体化功能的综合性电力开发公司。丸红、三菱商事是其中最活跃的两家商社。

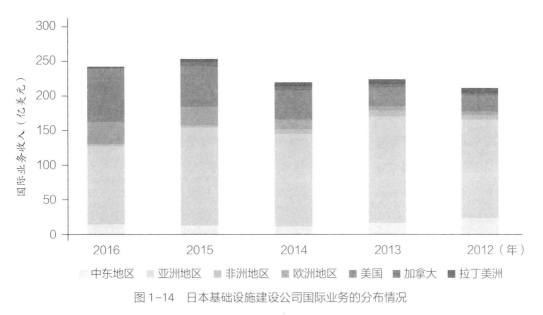

图 1-14 日本基础设施建设公司国际业务的分布情况

资料来源：ENR。

日本基础设施企业与日本企业海外投资密切配合，开发性金融机构支持日本企业开展基础设施国际合作。20 世纪 80 年代开始，日本企业对外投资迅速增加，以"雁型模式"在东亚和东南亚地区开展投资合作，进而拉动当地基础设施建设需求。为帮助日本企业开展基础设施国际合作，日本国内开发性金融机构给予了大量的资金支持。2016 年 5 月，日本政府通过调整相关法规来推动企业的基础设施出口。将日元贷款的手续所需时间从目前的 5 年左右缩短到 1 年半，还将解禁在非洲需求较高的日本国际协力机构（JICA）基于欧元的海外投融资。在未来 5 年，日本政府针对基础设施出口的资金供应额度将增至 20 万亿日元，为现行目标的近 2 倍。这将有助于在北美和亚洲获得高铁、发电站等大型项目的订单。

· 专栏 1.3 ·

日本国际协力银行

国际协力机构（JICA）是日本政府设立的专职负责实施对外援助项目的

准官方机构。1962 年 6 月，日本政府将此前所有执行技术合作任务的机构合并，设立了"海外技术合作事业团"（OTCA），这是 JICA 的最早起源。1974年 8 月，OTCA 与负责海外移民事务的海外移住事业团合并成立了"特殊法人国际合作事业团"（JICA）。2008 年，由日本国际协力银行（JBIC）的海外经济协力部门负责的日元贷款业务，以及外务省负责的无偿资金援助业务（为满足外交政策需要由外务省直接实施的除外）被并入 JICA。除向国际组织出资的多边援助及由外务大臣直接掌握的双边援助外，其余所有双边援助业务都被统一整合到了 JICA。JICA 从原来专职负责执行技术合作项目，转变成为在外务省指导下统筹实施技术合作、有偿资金和无偿资金三大援助机制，业务覆盖从基础设施建设到民生项目各个领域的发展援助和国际合作机构。

对外投资为主要形式的开发合作重要性日益凸显，国际合作发展要求统筹安排官方发展援助和开发合作事务。日本作为一个资源短缺国家，获取资源一直是早期对外援助的主要经济目标。在建立起强大的制造业体系之后，为拓展市场、促进出口贸易增长就成为对外援助的主要经济目标。从 20 世纪 80 年代后期开始，由于日元大幅度升值严重影响了日本产品的国际竞争力，日本国内的出口型企业大量将产业转移到成本较低的发展中国家，为此，配合制造业的海外投资，为日益增多的企业海外投资营造有利环境，逐渐取代促进贸易特别是出口增长，成为对外援助的主要经济目标。通过发展援助、投资、贸易"三位一体"的经济协力战略，加大对官方发展援助和开发合作的统筹力度，为日本企业不断扩大境外投资提供了重要支撑保障。

四、 韩国基础设施国际合作历程与启示

早在殖民地时期（1911—1938 年），日本在韩国开始建造和经营基础设施，主要集中在铁路、公路、港口和发电站等领域。5 条主要铁路线路及 7 个水电站在日据时期完成建设，日据政府用于基础设施的建设资金超过其政府开支的 60%。朝鲜战争破坏了超过 2/3 的韩国基础设施，进而影响了韩国国内的生产。20 世纪 50 年代初期，韩国基础设施的破败、资源的贫乏、有限的市场及高生育率导致了韩国的贫困。

　　早期韩国基建投资的资金主要来自美国援助。朝鲜战争之后，在韩国从一个较为落后的农业国迅速实现工业化和现代化的进程中，基础设施发挥了重要的作用。20 世纪 50 年代开始，韩国历届政府高度关注基础设施建设，从 1962 年韩国总统朴正熙推动的第一个"五年计划"开始，基础设施都是历届政府关注的重要内容。推动韩国基础设施建设的主力是政府和国有企业，早期基础设施的投融资主要来源于美国及其他国际组织提供的优惠贷款和援助资金。但事实上，早期美国及国际组织对韩国的援助中，70% 以上是生活用品，韩国政府将这些援助物资以商品的形式售卖给本国民众，从而筹集到大量资金用于基础设施建设。60 年代之后，随着韩国经济的迅速恢复，韩国政府则主要依靠政府从海外借贷来获取资金支持基础设施建设。

　　集中优势资金在单一领域先行开发，后期注重投资的可持续性。在 20 世纪 60 年代，韩国政府将主要资金集中用于铁路建设，建设了一批大城市之间互联互通的铁路网线，促进韩国工业的发展及国内消费市场的成长。在同一时期，公路建设及发电厂

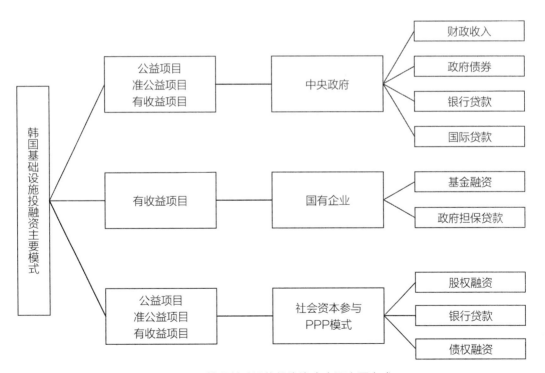

图 1-15　韩国基础设施投资资金来源主要方式

资料来源：亚洲开发银行。

建设也在迅速增加，但集中有限资金用于单一领域的基础设施建设成为韩国 20 世纪 60 年代基础设施发展的主要特征。70 年代和 80 年代韩国的基础设施投资开始重视长期的收益和可持续性，主要在重工业、高速公路、铁路和航空领域进行投资建设，同时注重安全能源的开发和利用。90 年代之后，韩国政府加强对高科技领域基础设施的投资，民间资本在 1997 年东南亚金融危机后开始参与基础设施建设。2010 年，韩国基础设施中国家投资占比高达 86%，私人仅占 14%。

政府和国有企业是韩国基础设施建设的主体，国内基建发展培育出一大批具有竞争力的跨国基础设施企业。1998 年之前，韩国的基础设施建设市场的投资主体仅为中央政府，政府资金主要来源于税收收入、政府债券、银行贷款和国际贷款。1994 年，韩国政府通过 PPI 法案，允许采用 PPP 模式加强基础设施建设。1998 年，韩国基础设施建设投资对国有企业和政府开放。2010 年最新数据显示，韩国政府投资的基础设施比重为 66%，国有企业投资比重为 20%。

第三节　中国参与基础设施国际合作的发展

20 世纪 70 年代后期开始，中国企业开始进入国际基础设施建设市场。随着经验的积累，中国企业对外承包工程业务模式不断成熟，历经了劳务分包（包清工）、施工分包、施工总承包、建设＋采购、EPC 总承包及 BOT 等过程。根据商务部数据显示，中国对外承包工程完成营业额从 1980 年的 123 亿美元增长到 2016 年的 1594 亿美元；新签合同额从 1979 年的 3300 万美元增长到 2016 年的 2240 亿美元。对外承包工程行业规模快速增长，新签合同额从 0 到 1000 亿美元的规模，用了 30 年；从 1000 亿美元到 2000 亿美元，仅用 7 年。同时，对外承包工程的单项规模不断扩大，大项目对业务拉动效应突出。2015 年，中国企业新签单项合同金额在 1 亿美元以上的项目 434 个，比 2014 年增加 69 个，合计 1558.5 亿美元，占新签合同总额的 74.2%，平均单项合同金额 3.6 亿美元。其中，10 亿美元以上项目 28 个，比 2014 年增加 4 个，主要集中在交通、电力、电信、水利及能源资源项目。在承包商中，具有对外承包工程经营资格的企业超过 3200 家，2015 年度跻身美国《工程新闻纪录》（ENR）250 家国际最大承包商的中国企业有 65 家。

一、中国企业通过对外承包工程参与国际基础设施合作

中国企业通过对外承包工程方式参与国际基础设施合作历经分包参与、总承包（EPC）、EPC+、运营维护、建营一体化（BOT/PPP 等）、工程管理输出、综合开发及对外投资收购等模式。随着 20 世纪 80 年代中国企业随中国对外援助发展而开展海外工程承包业务，中国政府对中国企业在海外开展工程承包业务给予了大量的支持。1979 年，国务院提出"出国办企业"，第一次把发展对外投资作为国家政策。1984 年国务院出台《关于改革建筑业和基本建设管理体制若干问题的暂行规定》、1987 年发布《关于设计单位进行工程建设总承包试点有关问题的通知》，这些规定为中国建筑企业开展国际工程业务给予了重大支持。

1995 年之后，党中央和国务院开始鼓励企业"积极开拓国际市场"。

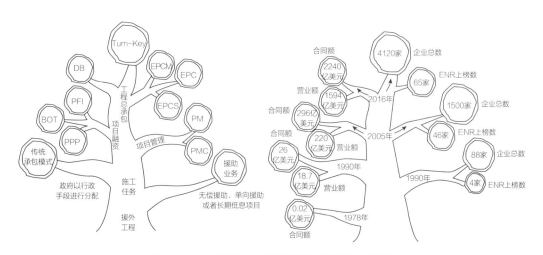

图 1-16　中国企业工程承包模式发展变化情况

资料来源：赵振宇等《我国国际工程承包业的发展脉络和成长路径》。

（一）分包参与模式

20 世纪 70 年代末，随着中国国内基础设施建设快速发展，国内基建产业不断成熟，带动对外承包工程业务的发展。中国工程企业在劳动力成本和制造材料及设备具有较为明显的价格优势，这决定了中国企业在国际基础设施分包建设的竞争优势。

中国企业最早从事境外工程承包业务，是随着中国对外援助的发展，帮助部分国家建设一些小的项目。从 1978 年十一届三中全会提出"对外开放"，中国企业才开始

正式迈入国际承包工程市场。这一时期中国承包商在非洲的市场主要集中在北非的埃及、阿尔及利亚、利比亚，以及中、东部地区的卢旺达、布隆迪和索马里等国。特别值得一提的是 20 世纪 70 年代末，阿拉伯石油输出国凭借巨额石油外汇收入掀起建设高潮，项目多为公路、桥梁建设、打井等，但数量和规模并不大。据统计，1983 年以前中国从事对外工程承包和劳务合作的企业尚不足 30 家，累计签订合同额 12.5 亿美元，完成营业额 5.6 亿美元，对外承包工程主要是劳务分包和施工分包，这是中国对外承包工程发展的初始阶段。

（二）总承包模式

20 世纪 80 年代初，经历数年的施工分包之后，中国企业在非洲和中东市场获得了以施工总承包的模式参与国际基础设施建设的机会。当时中资企业主要还是凭借低成本、"成建制"、高效率的优势作为英法企业整合资源的对象。

1984 年，中建海外在伊拉克承建"库发坝"工程，这是中国公司首次实施国际 EPC 项目。但由于早期中国企业海外经验尚浅，EPC 模式并未很好地推广。2004 年，中建海外中标阿尔及利亚国际机场项目。为了能够中标该项目，中建海外组建了由国际承包商排名第一、第二的德国豪赫蒂夫、瑞典斯堪斯卡，以及欧洲大型设备供应商为主要成员的投标顾问团，最终以商务、技术、材料采购等集成优势一举获胜，赢得了该 EPC 合同。该项目标志着中国企业大规模使用 EPC 模式参与国际基础设施项目，具有明显的示范效应。当前中国企业参与国际基础设施合作中，EPC 已经成为业务主流模式。

随着中国企业 EPC 模式不断成熟，"EPC+"模式开始不断出现。2013 年，中国电建中标巴基斯坦 TAPAL 风电项目，合同内容在 EPC 总承包基础上还包括运行维护，实际上是"EPC+O&M"。2013 年，中石化炼化工程以"EPC+C"（调试运行）模式获得哈萨克斯坦石化公司 18.5 亿美元合同。2016 年，中国能源建设采取"EPC+F"（融资）模式中标越南燃煤电厂项目。

随着中国企业通过 EPC 模式参与国际基础设施合作，中国产品、技术和标准也不断"走出去"。中国技术和标准在海外的推广有助于整体提升中国装备制造业的水平、化解优势富余产能、提升海外管理团队和施工队伍的技术能力水平。2009 年，中国水电与中地海外联合体中标埃塞俄比亚风电项目，是中国首个采用中国标准、技术、管理、设备整体"走出去"的风电项目。2014 年，中铁建与中非建设联合体中标尼日利亚沿海铁路技术，是中国首个采用中国技术和标准海外铁路项目；2016 年 7 月，该铁路开通运营。

（三）运营维护类模式

中国企业在海外仅承担运营环节的项目还比较少见。但随着中国国内基础设施运营商的不断发展，一些企业也开始凭借自己的成熟技术和管理优势，在海外投标一些运维类项目。

1995 年，由中国冶金建设集团全部采用中国技术标准和设备以总承包方式建成投产的巴基斯坦山达克铜金矿项目移交巴方。1996 年，因巴方经营管理能力不足的原因项目停产。2001 年，巴基斯坦决定重启该项目并进行国际招标，中冶建集团凭借自身实力和综合优势中标获得了为期 10 年的租赁经营合同。这也是中国企业首次以运营商的身份参与国际基础设施合作。2003 年 8 月，山达克铜金矿成功投产，连年取得经济效益，既赢得了可观的投资回报，也直接拉动了当地经济和社会发展，尤其在增加就业、带动运输、提升技术水平和冶金产业链等方面贡献突出。同时，山达克铜矿项目积极履行社会责任，坚持向周边社区居民送水供电、捐资助学、医疗救治、赈济灾区等，赢得了当地政府、部族长老、周边民众的广泛支持，营造出一个安全、稳定、和谐的生产和生活环境。2011 年 5 月，在中、巴两国总理见证下，中冶集团与巴基斯坦山达克金属有限公司续签了 5 年的山达克铜金矿租赁经营合同。

2009 年，国家电网获得菲律宾国家输电网 25 年特许经营权，这是中国在海外电力行业获得的首个运营类项目。该项目促进了国家电网公司和菲律宾当地合作方密切合作，充分发挥国家电网公司在管理、人才、技术等方面的优势和运营国家级大型输电网络的经验，为菲律宾提供专业技术和管理的有力支持，有助于提高菲律宾国家输电网的运行、管理水平，为菲律宾社会经济发展提供坚强的电力能源支持。2016 年 9 月，国家电网斥资近 600 亿人民币收购巴西最大私营电力公司 23.6％股权，这是截至目前中国公司在海外通过收购获得基础设施运营的最大项目。

（四）"建营一体化"模式

中国企业以 BOT、PPP 等"建营一体化"模式开发国际基础设施项目是 21 世纪的重大突破。2006 年，中国水电集团投资柬埔寨的甘再水电站项目是中国公司首次实施国际 BOT 项目；该项目于 2006 年 4 月开工，总投资 2.6 亿美元，特许经营期为 44 年，其中建设期为 4 年，经营期为 40 年。2015 年，中国港湾工程中标哥伦比亚马道斯政府 PPP 公路项目，总合同金额约 8.7 亿美元，项目周期为 25 年，是中国企业在美洲第一个 PPP 基础设施项目等。2016 年 3 月，中国交建投资并承建的牙买加南北高速公路项目竣工通车，该项目是中国在海外完成的第一个大型基础设施投资项目，更是牙买加最大的基础设施项目。

随着中国国际基础设施建设企业不断成熟，企业从单独发起 BOT 项目逐渐向联合投标发起项目转变、或与东道国企业合资发起项目（中方企业提供资金、技术，外方企业提供项目保障等工作）、或联合发达国家企业共同开拓第三方市场（英国欣克利角核电项目）。2015 年，中国企业新签和在建（包括运营）的特许经营类项目共 30 个（包括 BOT、BOO、PPP 等），涉及合同金额超过 100 亿美元。目前企业正在跟踪推动及实施的"建营一体化"项目有 18 个，项目金额约 201.8 亿元人民币，以电力、轨道交通项目为主。

（五）工程管理输出模式

随着中国企业基础设施合作能力不断增强，企业从单一建设角色逐渐向为业主规划、管理、设计、运营等多重角色发展。中海油能源发展股份有限公司安全环保公司在安全监理方面优势突出，2014 年 9 月，中标中海油伊拉克有限公司在伊拉克米桑油田的外围水系统 PMC 项目，2015 年 8 月续签外围水系统二期 PMC 项目。该公司已有 60 名现场安全监督被派驻乌干达、卡塔尔、澳大利亚等石油开发及工程建造项目。

（六）综合开发模式

中国基础设施企业不断尝试转型升级，一方面，进行纵向延伸，不断试水"建营一体化"模式；另一方面，企业谋求横向扩展，在海外积极尝试集基础设施、能源资源和配套工业项目为一体的综合开发，行业业务不断多元化。隶属于中国机械工业集团的中工国际最早由 EPC 模式起家，但现在将区域综合开发作为转型升级主要方向，成功开发老挝万象滨河综合开发项目、加拿大普康公司收购、中白工业园等一批投资项目。其中，中白工业园项目具有很强的代表性，园区内不止有企业和厂房，还包括配套的住宅、酒店、教育等设施，预计将建成一个小型规模的城市。此外，中国企业预计将不断开拓农业综合开发、房地产及矿产资源开发等项目。

（七）对外收购兼并

对外并购是企业实现跨越式发展、开展多元化经营重要的战略举措。随着中国企业对外并购日益活跃，基础设施企业并购海外优势资产的业务明显增多。

2010 年，中国交通建设股份有限公司收购世界著名海上钻井平台设计公司 Friede Goldman United，Ltd（F&G）100% 股权，将 F&G 的自主知识产权体系与自身强大的装备制造能力有效整合，在市场信息共享、项目执行、技术创新等方面优势互补，进一步向价值链高端发展，实现并购后的市场协同效应。2014 年，中建美国收购美国知名承包商 Plaza，不仅使中建美国的经营规模翻倍，增加在手合同额超过 30 亿美元，而且提升了其在美经营资质，顺利进入私人建筑及地产领域的高端建筑市场。同年，中交建并购澳大利亚 John Holland 建筑公司，此次收购为中国企业进入澳大利亚建筑、交通基础设施建设市场提供了便利，提升了中国交建在城市综合开发运营等方面的综合实力，为中国交建拓展轨道交通业务提供有力支撑，甚至为中国交建开拓全球市场尤其是发达国家市场创造良机。2014 年，中国电建集团收购德国 TLT 公司，使得中国电建装备制造一跃成为全球最大的电站风机供应商，有助于提升公司装备技术水平，拓展国际市场。2010 年和 2012 年，国家电网先后从西班牙 ACS 集团手中收购了巴西 12 家输电特许经营权公司 100% 股权，成功进入拉丁美洲市场。上海现代建筑设计（集团）有限公司成功完成了对世界顶级室内设计企业美国威尔逊室内设计公司的收购，从而成为首个进入世界顶级酒店室内设计公司名单的中国企业。

（八）资源融资模式

20 世纪 90 年代，渣打银行、法国巴黎银行和德国商业银行率先在安哥拉试行资源融资的基础设施建设（RFI）。该模式在非洲资源型国家得到广泛应用。进入 21 世纪，随着安哥拉内战结束，中国企业同安哥拉开展了"资源换贷款换工程"的一揽子基础设施合作模式。2002 年，中国企业在安哥拉投资修建基础设施取得巨大成功，形成独特的"安哥拉"投资模式，这一成功模式被世界银行总结为资源融资模式（Resource Finance Initiative）。最早开展"安哥拉"模式的企业是中国石油化工集团。中石化将购买安哥拉原有的贸易款项汇入安哥拉政府在中国进出口银行的托管账户，进而获得石油资源。随后，安哥拉政府以这批款项为偿贷保证，给中国的建筑企业的出口买方信贷提供主权担保。中国的建筑进而获得资金，在当地开展基础设施建设。

（九）绿地投资模式

合作区模式是中国企业通过绿地投资参与海外基础设施建设的重要载体。2006 年

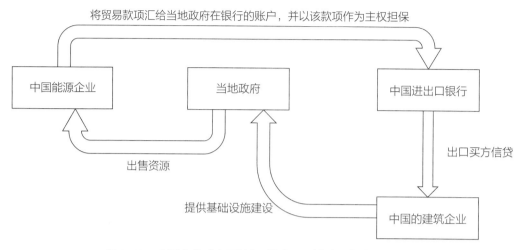

图 1-17　中国企业"安哥拉"模式开展基础设施合作模式图

资料来源：作者整理。

11 月，在中非合作论坛北京峰会上，时任国家主席胡锦涛提出在非洲设立 3~5 个经贸合作区的设想。在经贸合作区的开展建设中，建区的中国企业为当地提供园区的基础设施，包括六通一平、污水处理等环保设施、公共绿地、变电站、加油站及厂房等。入区企业根据自身业务修建相关的厂房、工厂及其他基础设施，形成"生产加工基地、区域总部基地、政策优惠和交通便利的枢纽"，将中国产业园区的成功经验推广到海外。截至 2017 年底，中国企业在建初具规模的境外经贸合作区 99 个，累计投资 307 亿美元，入区企业 4364 家，上缴东道国税费 24.2 亿美元，为当地创造就业岗位 25.8 万个。其中，2017 年新增投资 57.9 亿美元，创造产值 186.9 亿美元。中白工业园、马中关丹产业园、埃及苏伊士经贸合作区等投资建设和招商工作积极推进，投资聚集效应和产业辐射作用进一步发挥。

（十）并购投资模式

截至 2015 年底，中资企业以投资方式开展基础设施合作的项目主要分布在交通运输/仓储和邮政业 399 亿美元，电力/热力/燃气及水的生产和供应业 157 亿美元，信息传输/软件和信息技术服务业 78 亿美元，水利/环境和公共设施管理业 25 亿美元。企业在境外投资 271 亿美元设立分支机构，或并购其他工程企业，以便更好地为当地基础设施建设服务。

截至 2015 年底，中企海外投资基础设施单项金额 1 亿美元以上的项目有 178 个，5 亿美元以上的项目 37 个，10 亿美元以上的项目 18 个。2015 年，企业新建和在建

图 1-18　早期 13 个海外合作区分布情况

资料来源：商务部。

（包括运营）的特许经营类工程项目（包括 BOT、PPP 等）共 30 个，涉及合同金融超过 100 亿美元，占当年新签合同总额的 5% 左右。2015 年 10 月，哈尔滨电气国际工程公司与沙特电力联合体预中标迪拜清洁煤电站项目为该领域最大投资类项目，涉及合同金额 18 亿美元，特许经营期为 25 年。2016 年，三峡集团 37.7 亿美元获取巴西朱比亚水电站和伊利亚水电站 30 年经营权成为基础设施运营维护类最大项目。

二、中国企业对外承包工程发展现状

2017 年，对外承包工程业务进一步转型升级，带动了一批中国国内设备、技术、服务和标准"走出去"，进一步刺激中国实体经济的发展，服务国内相关行业由高速度向高质量阶段迈进。2017 年底，中国对外承包工程业务累计新签合同额突破 2 万亿美元大关，成为影响全球工程承包市场的重要力量。

（一）对外承包工程业务处于增速换挡期，新特点新趋势不断涌现

在国际工程市场的份额持续逆势上升，"中国建造"成为新的比较优势。根据美国《工程新闻纪录》（ENR）发布的最新数据，2016 年，250 家全球最大的国际工程承包公司的国际市场营业额继续下跌至 4681.2 亿美元，降幅达 6.4 个百分点，仅为 2013 年的高点（5439.7 亿美元）水平的 86.1%。中国企业份额连续三年上升，持续

位列世界第一。2016 年，上榜的中国公司市场占有率达 21.1%，较上年又增加 2.3 个百分点。中国的市场份额较西班牙（第二位）高出近一倍，较美国/法国（并列第三位）高出近两倍，市场相对优势地位基本稳固，"中国建造"成为中国企业参与对外经济合作的新比较优势。

对外承包工程业务快速发展，新动能逐渐显现。据商务部最新数据，2017 年，中国对外承包工程业务完成营业额 1685.9 亿美元，同比增长 5.8%；在 2016 年增速的基础上又增加了 2.3 个百分点，反映中国企业参与全球基础设施建设的热度进一步上升。新签合同额 2652.8 亿美元，同比增长 8.7%；较 2016 年的增速下滑 7 个百分点。从完成项目情况来看，中国企业承接马来西亚东部沿海铁路、印尼美加达卫星新城等上百亿特大项目能力进一步加强，合同额上亿美元大项目超过 400 个，反映中国企业在全球同业竞争力的上升；巴基斯坦瓜达尔港完成升级并扩大运营，斯里兰卡汉班托塔港实现运营移交。

新签合同/完成营业额增速处于明显的增速换挡期，中国对外承包工程业务更加注重高质量发展。2003—2010 年间，中国对外承包工程业务发展基本保持在 20% 左右的高速增长阶段，中国企业利用国内机械设备及工程材料的制造优势、高素质低成本的国内劳动力优势及大型/特大型企业集团产业链一体化的优势等，在海外市场规模

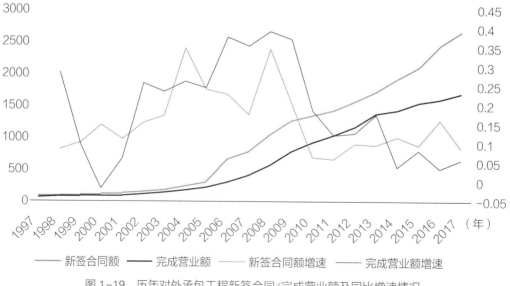

图 1-19　历年对外承包工程新签合同/完成营业额及同比增速情况

资料来源：商务部、国家统计局。

的扩大上，实现了高速度的增长。随着当前中国国际市场份额接近或正在接近上限、前期发展积累的高基数效应及对外承包工程比较优势的转变，2014 年以来，对外承包工程完成营业额增速处于 5% 左右，新签合同额增速在 10% 的水平上，国际工程承包业务从高速增长阶段转变为中高速增长，呈现 L 型走势特征，与国内经济增长情况相一致。当前及今后一段时期，中国企业参与全球工程承包市场将更体现高质量发展特征。一是中国企业技术能力不断加强，特高压输变电技术、高速铁路技术、核电技术等优势产业成为中国企业参与国际工程承包市场的新名牌。二是中国企业向高附加值两端不断延伸，在立足传统的建造优势基础上，不断向产业链两头延伸，投资、设计和运营能力迅速上升。三是品牌国际化程度进一步提升，中资企业在菲迪克等国际工程界奖项评选中连续多年获得优异成绩，业界对中国项目、中国标准、中国方案和中国质量的认可度不断提升。四是服务国内实体经济能力显现，对外承包工程带动装备材料等货物出口额 153.9 亿美元，同比增长 15.7%，高于同期货物贸易出口增幅，有效带动国内相关产业发展。值得注意的是，2017 年底，国内天然气供应缺口扩大时，中石油土库曼阿姆河天然气等项目"最大限度为国内安全平稳供气"，平稳国内天然气价格波动，满足经济发展与社会民生需求。

（二）传统市场持续稳步推进，高端市场开拓有亮点

从传统市场来看，亚洲市场份额占比过半，非洲市场份额继续下滑。受"一带一路"倡议的推动、出口导向型国家经济复苏及大宗商品价格上涨推动的资源国政府收入增加的影响，亚洲市场占中国企业对外承包工程完成营业额的份额由 2015 年的低点 44.83% 持续回升至 52.37%。巴基斯坦、马来西亚及沙特阿拉伯等亚洲重要市场完成营业额表现突出。值得注意的是，2017 年，中国企业在亚洲市场完成营业额首次超过 800 亿美元，增速达 14.9%。尽管非洲各国发展受益于这一轮经济复苏，但发展速度仍低于预期。加上前几年政府为刺激经济发展高额举债支持基建与投资，南非、安哥拉等国家外债存量迅速攀升，2016 年，安哥拉外债达到 433.69 亿美元的历史高位。接下来几年，非洲国家恐需要加强财政纪律、限制政府支出，对基建市场将产生不利的影响。2017 年，中国企业在非洲完成营业额达 511.9 亿美元，较 2016 年同期下降 1.8 个百分点。

从高端市场开拓程度来看，欧洲大洋洲市场表现优秀。其中，中国企业在欧洲市场新签合同额增长七成，新签合同额主要来源于俄罗斯。中石油工厂建设公司中标俄阿穆尔天然气工厂项目、葛洲坝集团签署的俄罗斯阿木尔天然气工厂工程项目等 10 亿美元以上的大单相继签署，中国在俄罗斯最大单体项目 AGPP 项目于 2017 年 4 月建设启动。中俄两国长期友好关系及俄罗斯本身经济复苏推动在俄罗斯承包工程的发展，进而为中国企业在欧业务份额提升的主要动力。中国企业在大洋洲新签合同额快速增长，主要受益于中国建筑 50 亿澳元中标西澳省基础设施一揽子项目的影响。中国建筑在 20 世纪 80 年代便开始布局美国等发达国家基建市场，近几年通过并购 Plaza 公司等项目进一步增加在高端市场的竞争力。此次开拓大洋洲高端市场，也主要得益于通过并购整合资源提升竞争力，以及其多年的海外经验。

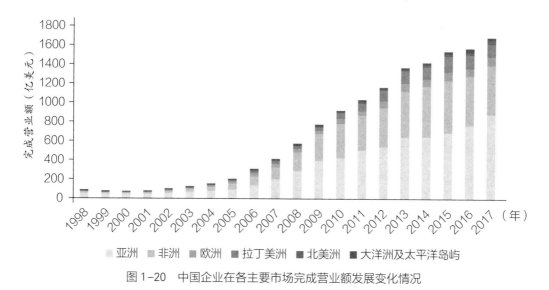

图 1-20　中国企业在各主要市场完成营业额发展变化情况

资料来源：国家统计局。

（三）传统产业市场开拓保持快速发展，大项目数量持续增加

传统优势产业持续发力，交通运输和一般建筑类增速近三成。从新签合同额的行业分布来看，交通运输建设类项目新签合同额 716.4 亿美元，较 2016 年增长 28.5%，占当年对外承包工程新签合同额 27% 的份额。其中，中国交建集团 460 亿马币（约合 110 亿美元）承揽的马来西亚东部沿海铁路 EPC 项目成为当年交通运输类最大项目，这也是中马迄今为止最大的经贸合作项目。一般建筑类项目新签合同额 592.3 亿美元，较 2016 年增长 28.3%，占当年对外承包工程新签合同额 22.3% 的份额。其中，中建总公司超百亿美元承揽印尼美加达项目成为当年该行业最大项目，项目金额超 100 亿美元。

电力工程建设平稳发展，输配电工程合同额快速上升。电力工程建设是当年对外承包工程第三大行业，完成营业额达281.2亿美元，较2016年增长6.2%。但该行业新签合同额较2016年下滑10.5个百分点。由于OECD组织在全球范围内推广限制火电电站发展的倡议及世界各国对绿色能源和可持续发展要求的提升，传统化石燃料电厂新签合同额出现下滑，降幅达15.6个百分点。值得注意的是，受中国特高压输配电等先进技术的带动，海外输配电工程新签合同额出现13.6个百分点的提升。技术进步带动中国企业在传统电力工程领域持续发力，一定程度上弥补了火电及水电厂合同份额的下滑。同时，受到大宗商品价格波动的影响，石油化工项目完成营业额和新签合同额出现双下滑。通信工程建设新签合同额较2016年也有所下滑，但仍处于历史高位水平。

大项目投资持续推进，中资企业运筹能力持续提升。2017年，新签合同额在5000万美元以上的项目达782个，占新签合同总额的3/4。尽管项目数量较2016年有所减少，但其中突破百亿规模的项目有2个，而2016年最高合同额项目仅不足50亿美元。中资企业不断突破自身及东道国已有的项目规模上限，其中，中国化学工程集

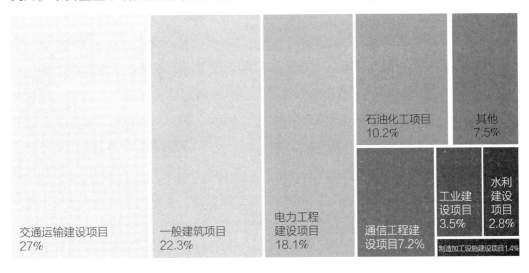

交通运输建设项目 27%
一般建筑项目 22.3%
电力工程建设项目 18.1%
石油化工项目 10.2%
其他 7.5%
通信工程建设项目7.2%
工业建设项目 3.5%
水利建设项目 2.8%
制造加工设施建设项目1.4%

交通运输建设项目　一般建筑项目　电力工程建设项目
石油化工项目　其他　通信工程建设项目
工业建设项目　水利建设项目　制造加工设施建设项目

图1-21　2017年对外承包工程新签合同额行业分布

资料来源：商务部。

团承揽哈萨克斯坦天然气化工综合体项目成为公司历史上单个合同额最大的海外承包项目，中建公司承揽了马尔代夫历史上最大保障房项目。

（四）投资并购助力承包工程业务高质量发展

跨境并购成为中国企业实现跨越式发展，进入高端市场的重要举措。欧美等高端市场准入门槛高、法律制度完备、环保劳工标准严格、注重企业社会责任实践、注重工程企业的品牌声誉，中国企业在高端市场"水土不服"情况严重，很难适应当地基建市场的发展要求。欧美当地承包工程企业往往具有较为悠久的发展历史、品牌知名度高、综合性业务能力较强。经过多年发展，中国工程承包企业往往积累了较为丰厚的资本，通过并购发达国家工程类企业进入当地市场可以有效节约公司品牌推广、客户网络培养、营销宣传成本，成为中国国内企业实现跨越式发展的便捷途径，增强企业在高端成熟市场的竞争力。2017 年 10 月，中交国际签署收购加拿大 Aecon 公司股权协议，为中交集团全面进入北美市场赢得实质性突破。该公司在加拿大建筑工程企业位列三甲，是加拿大的知名上市公司、业务成熟、公司治理规范、透明度较高，与国内公司业务互补性强，有助于帮助中交集团进一步借助自身优势，赢得大型综合性复杂项目，成为在北美业务立足和发展的重要平台。

投资业务推动企业向高附加值两端发展。2017 年，中国企业对外投资并购迅速发展，各类主体充分利用国际资本市场资源，境外融资迅速增长。在全球经济复苏伊始，中国资本推动中国企业提升价值链地位，向高附加值两端发展。其中，三峡集团、国电集团对巴西多个水电站项目特许经营权投资、国网对多国电网输电项目投资等推动中资企业向前期的设计规划及后期的运营维护等高附加值方向发展。海外项目投资推动企业综合性经营能力的提升，帮助企业适应多国复杂的经营环境，提升企业竞争能力。中国企业的海外投资已逐步从资源能源投资、技术收购寻求逆向溢出效应等转变为企业全要素生产率提升推动的"走出去"，帮助国内企业将高端技术、高效率的管理能力对外输出，寻求市场规模的扩大、寻求合作共赢的机遇，帮助各国共享中国经济发展红利。

三、中国政府通过援助项目支持和鼓励受援国基础设施建设

根据最新《中国的对外援助（2014）》，2010—2012 年，中国对外援助金额为 893.4 亿元人民币。对外援助资金包括无偿援助、无息贷款和优惠贷款三种方式。其

中，469.7 亿元优惠贷款主要用于帮助受援国建设有经济社会效益的生产型项目、大中型基础设施项目，提供较大型成套设备、机电产品等，占对外援助总额的 55.7%。完成项目建设 516 个，主要集中在社会公共设施（360 个，其中医院 80 个、学校 85 个、民用建筑 80 个、打井供水设施 29 个、公用设施 86 个）、经济基础设施（156 个，其中交通运输 72 个、广播电信 62 个和电力项目 22 个）。中国政府通过援助项目开展基础设施国际合作的主要特点如下：

（1）与多边和区域开发性金融机构的合作，共同支持受援国基础设施建设。中国加强与亚洲开发银行、非洲开发银行、泛美开发银行、西非开发银行、加勒比开发银行等地区性金融机构的合作，促进更多资本流入发展中国家的基础设施、环保、教育和卫生等领域。截至 2012 年底，中国向上述地区性金融机构累计捐资约 13 亿美元。继 2005 年中国出资 2000 万美元在亚洲开发银行设立减贫和区域合作基金之后，2012 年中国再次出资 2000 万美元续设该基金用于支持发展中成员的减贫与发展。截至 2012 年底，中国累计向亚洲开发银行的亚洲发展基金捐资 1.1 亿美元。此外，中国利用在非洲开发银行、西非开发银行和加勒比开发银行设立的技术合作基金，支持上述机构的能力建设。

（2）贸易型基础设施建设得到快速发展，中国资金有力支持受援国经济能力建设。三年中，中国援建与贸易有关的大中型基础设施项目约 90 个，有效改善了受援国贸易运输条件，扩大了与其他地区的互联互通。中国积极提供商品检测设备、交通运输工具等与贸易相关的物资设备，如向柬埔寨、老挝、缅甸、埃塞俄比亚、埃及、乍得、佛得角、赞比亚、塞尔维亚等国提供集装箱检测设备，为提升上述国家贸易产品检验水平和通关能力、有效打击走私行为发挥了重要作用。

（3）对非洲援助成效显著，一大批示范项目相继投入运营。坦赞铁路是中国早期支持非洲跨国基础设施建设的标志性项目，建成后，中国不间断地开展技术合作，为铁路运营管理提供帮助。《中国的对外援助（2014）》白皮书数据显示，2010—2012 年，中国在非洲援建了 86 个经济基础设施项目。2012 年，中国宣布同非洲国家建立跨国跨区域基础设施建设合作伙伴关系，为项目规划和可行性研究提供支持，鼓励有实力的中国企业和金融机构参与建设。中国积极支持非洲联合自强和一体化进程，援建了非洲联盟总部大楼和会议中心，同时支持"非洲发展新伙伴计划"，帮助非洲加强能力建设。

四、中国企业参与"一带一路"基础设施互联互通合作

2013 年 9 月，习近平主席在哈萨克斯坦讲演时提出了共建丝绸之路经济带的倡议，同时提出了"政策沟通、道路联通、贸易畅通、货币流通、民心相通"（简称"五通"）的建设路径。在"一带一路"建设中，设施联通是"一带一路"倡议优先领域，需要推动沿线各国加强基础设施建设，共同推进交通运输、电力通信等国际骨干通道建设。自 20 世纪 70 年代末起开始，中国企业以对外承包工程方式参与全球基础设施工程项目，为中国服务贸易出口赢得了长期的部门（行业）顺差。21 世纪以来，一些优势企业开始以投资的方式参与全球基础设施项目，实现从产品、服务出口转变为标准、技术的输出。中国企业在国际基础设施领域具备了相当的优势，成为中国参与对外经济合作的新亮点。在"一带一路"基础设施建设中，中国政府应充分发挥基础设施企业的优势和特长，合理规划并使之符合中国在"一带一路"的整体战略规划并服务沿线国家发展需求。

（一）中国企业对海外基础设施投资年均增长率近二成，具有技术和资本优势

对海外基础设施投资保持两位数增长。2008 年金融危机以来，中国企业对海外基础设施投资稳步增长，2011—2015 年投资年均增长率达 18.7%，高于整体对外直接投资增长率 5 个百分点。其中，对通信类海外基础设施投资出现快速增长。信息传输/软件和信息技术服务业投资年均增长率达 54.4%，2015 年对该行业投资占海外基础设施总投资的 40.6%。其中，中国企业对海外基础设施投资存量的半数份额集中在"一带一路"沿线国家（以下简称"沿线国家"），央企投资多个沿线国家高速铁路和电网大型项目。

对沿线国家基础设施投资的开发性基金总规模超 500 亿美元。较强的投融资能力成为近一段时间内中国企业参与沿线国家基础设施建设的重要优势。2014 年以来，中国政府和相关机构先后成立丝路基金、中国—欧亚经济合作基金和中国—中东欧基金等开发性投资基金，主要针对"一带一路"沿线国家基础设施及相关产业进行投资。加上中国东盟基金（2009）、中国—东盟海上合作基金（2011），开发性基金总规模超过 500 亿美元。此外，2015 年成立的多边开发性金融机构亚洲基础设施投资银行，其可投资本规模达到 1000 亿美元。相比于沿线国家平均超过 13% 借贷利率（世界银行数据），中国企业投融资能力成为参与沿线国家基础设施产业链的重要优势。

对沿线国家经贸合作区的投资拉动当地基础设施建设。商务部最新数据显示，截

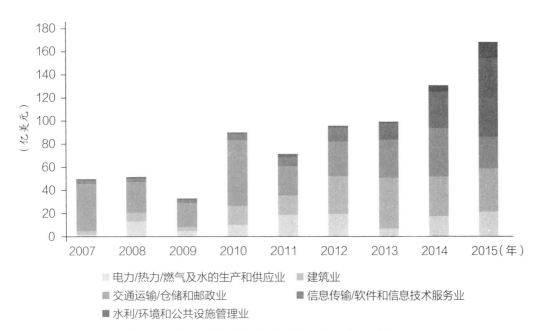

图 1-22　2007—2015 年中国企业对海外基础设施投资情况

资料来源：商务部。

至 2016 年底，中国企业在海外投资建设共 99 个境外经贸合作区，其中 75 个分布在
"一带一路"沿线国家。这些合作区占地面积合计超过 950 万平方公里，基础设施得
到极大改善。

（二）工程承包是中国企业参与基础设施建设的新比较优势，"一带一路"沿线国家成为最大的区域市场

工程承包成为中国基础设施企业的新比较优势，业务额占全球近两成。从全球范围
看，中国基础设施企业国际竞争力持续增强。在工程承包方面，承揽工程的新签营业额
和完成营业额都持续上升，大型承包工程项目不断增多。2015 年，共 24 家中国咨询设
计公司入选 ENR 前 225 家设计公司表单（包括 3 家中国香港、中国台湾公司），完成海
外营业额 29 亿美元，占当年 ENR 入选企业海外设计咨询类市场份额的 1.9%；共 65 家
中国工程项目公司入选 ENR 前 250 家国际承包商榜单，完成海外营业额 936.8 亿美元，
占当年中资企业海外工程类项目完成营业额的 60.8%，占 ENR 入选全球企业市场份额
的 19.3%。

融资能力带动海外工程承包业务快速发展。20 世纪 70 年代后期开始，中国企业
对外承包工程业务模式不断成熟，经过劳务分包、施工分包、施工总承包、建设+采

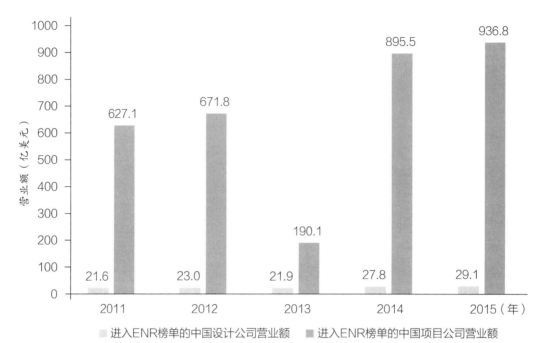

图 1-23 进入 ENR 榜单的中国设计公司与项目承包公司营业额对比情况

资料来源：作者根据 ENR 整理。

购、EPC 总承包及 BOT 等过程。中国对外承包工程完成营业额从 1980 年的 123 亿美元增长到 2015 年的 1540.7 亿美元；新签合同额从 1979 年的 3300 万美元增长到 2015年的 2100.7 亿美元。2006 年，中国对外承包工程企业新签合同额出现跨越式增长（增长近 1 倍），主要受益于当年中国对外承包商在世界经济低迷期较强的融资能力。

沿线国家成为中国基础设施工程承包项目最大的海外区域市场。自 2004 年以来，非洲地区基础设施工程承包项目营业额长期稳居 40% 左右，是中国相关企业最大且最重要的区域市场，其中，阿尔及利亚东西公路项目和尼日利亚现代化铁路项目连续创造中国企业在海外工程单项规模最大的记录。自"一带一路"倡议提出以来，该区域工程承包市场超越非洲成为中国基础设施企业工程项目的最大区域市场，项目营业额占比近五成。2015 年，中国企业在"一带一路"沿线国家完成营业额 692.6 亿美元，占同期总额的 45%，同比增长 7.6%；2016 年，中国企业在沿线国家完成营业额759.7 亿美元，占同期总额的 47.7%，同比增长 9.7%。

沿线国家工程项目新签合同额增速完成营业额增速近 30 个百分点，区域市场呈现扩张状态。基础设施工程承包项目周期在 1~5 年，当年新签合同额是未来 1~5 年完成营业额的先行指标。2016 年，中国基础设施企业在沿线国家新签合同额 1260.3 亿美元，较 2015 年增长 36.0%；完成营业额 759.7 亿美元，较 2015 年增长 9.7%。新签合同额增速较完成营业额增速高出近 30 个百分点，可预计未来几年海外基础设施承包项目营业额还有快速增长。作为基础设施工程承包的先行指标，2015 年，企业新签合同额比当年完成营业额高出 33.8%，2016 年高出 65.9%；这表明随着中国"一带一路"倡议的不断推进，沿线国家市场的工程项目市场呈现扩张状态。

（三）政府各项支持政策支持企业参与"一带一路"沿线国家基础设施建设

中国政府与沿线 12 个国家完成自由贸易协定谈判，为企业贸易和投资提供便利条件。截至 2016 年底，中国与东盟、新加坡和巴基斯坦签署自由贸易协定，与格鲁吉亚完成谈判；自由贸易协定覆盖 12 个国家。与东盟的自由贸易协定升级版实现 90% 以上的货物贸易零关税，与巴基斯坦的协定将建筑等 10 个部门的中资占股比例从 50% 放宽到 99%，与格鲁吉亚的协定便利中资企业在当地投资、为产品和服务进入周边独联体国家和欧盟市场打通渠道。

政府间金融安排保障中国与沿线国家资金结算便利。第一，与沿线国家开展双边本币互换。2014—2016 年间，中国人民银行先后与超过 20 个"一带一路"沿线国家签署货币互换协议，促进国家间资本流动，便利双边贸易和投资，规避汇兑风险。第二，与沿线国家建立人民币清算安排。中国人民银行先后与匈牙利、阿联酋和泰国央行签署关于建立人民币清算安排的合作备忘录，促进离岸人民币业务的开展，满足沿线国家与中国企业贸易和投资结算的需求。第三，与沿线国家推进人民币直接交易。截至 2016 年第三季度，人民币与新加坡元、马来西亚吉特、俄罗斯卢布、阿联酋迪拉姆和沙特里亚尔在银行间货币市场开展直接交易，极大程度上降低市场主体的汇兑成本。

（四）沿线国家具有良好的经济发展潜力，适宜中国企业开展基础设施建设

沿线国家经济增长潜力对基础设施的引致需求巨大，处于外国资本净流入阶段。沿线国家经济发展大多处于起步阶段，工业增加值占 GDP 比重平均值仅为 32.2%，落后中国 8 个百分点，工业化水平不高。长期来看，对基础设施的需求与经济增长存在双向关系，经济增长会拉动对基础设施的需求，增加对基础设施的供给。同超过 1 万美元的世界人均 GDP 相比，"一带一路"沿线国家的人均 GDP 仅为世界平均水平的 46.4%。按照邓宁外国直接投资周期理论，这些国家正处于外国资本净流入阶段。

总体来看，随着经济的发展和人均收入的提高，当地人民对更舒适生活的追求，会引发对基础设施建设进一步的需求，吸引外国投资者参与基础设施建设。

沿线国家外汇储备较为合理，平均覆盖 6 个月的进口，有利于外国投资进入。总体而言，沿线国家外汇储备较为合理，根据世界银行最新数据，沿线国家 2015 年外汇储备占外债比重均值为 99.8%，中东欧较富裕国家和西亚北非国家的外汇储备比较丰富，占外债比重均值分别为 121.7% 和 125.5%；南亚、东南亚及中亚地区国家的比重低于 100%，分别为 78.4%、60.7% 和 29.9%。从外汇储备覆盖进口月份数来看，"一带一路"沿线国家外汇储备平均可覆盖 6.2 个月的进口，西亚北非资源型国家覆盖值最高，达 10 个月；东南亚、南亚、中东欧和中亚地区覆盖值分别为 6.0、5.9、4.3 和 3.5 个月。总体来看，沿线国家外汇储备处于合理区间，短期内不会发生突然性国际支付风险。

沿线国家具备支持经济发展的人口红利，人口抚养比均值达 50%，过半数劳动力集中在农村地区。沿线国家人口总数超过 40 亿，占全球总人口数的 63%，人口增长率平均值达 1.1%。其中，西亚北非地区人口增长率普遍达 2 个百分点以上。沿线国家大多处于支持经济发展的红利时期，南亚国家（44.7%）和中东欧国家（47.7%）人口抚养比最低；西亚北非、东南亚和中亚地区人口抚养比均值超过 50%，但最高值（中亚地区）不超过 52.9%。从国别看，东帝汶（17.8%）、巴基斯坦（20.1%）等 37 个国家人口抚养比均值 50% 以下，人口红利优势明显，经济发展潜力巨大。从人口分布看，沿线国家中 52.6% 的人口分布在农村地区；其中，斯里兰卡（81.6%）、尼泊尔（81.4%）、柬埔寨（79.3%）等 22 个国家农村劳动力占人口比重超过 50%。沿线国家劳动力供给充足，社会负担相对较轻，有利于经济的快速发展，也有利于中国企业属地化开展项目运营，降低基建成本。

（五）沿线国家基础设施建设存在较大缺口，未来市场前景广阔

沿线国家与中国交通设施联通有待进一步加强。基础设施互联互通是开展"一带一路"建设的优先领域，目前仅有俄罗斯和哈萨克斯坦两国与中国设施联通比较顺畅。近七成国家设施联通有待进一步发展，波黑、不丹两国与中国尚未实现直航、海路联通和铁路联通中任一项。

沿线国家近 5 亿人无法用电，周边国家电力基础设施有广阔的发展空间。据世界银行最新数据显示，2012 年，沿线国家平均可用电人口占比为 92.3%，14 个国家

(巴基斯坦、蒙古、斯里兰卡、菲律宾、印度、尼泊尔、文莱、老挝、孟加拉国、缅甸、也门、阿富汗、东帝汶、柬埔寨)用电人口占比低于平均值;其中,也门、阿富汗、东帝汶和柬埔寨四国平均可用电人口占比低于 50%。经测算,"一带一路"沿线国家尚有近 4.6 亿人无法用电,低于平均值的 13 个国家中 4.4 亿人无法用电,占比达 95.7%。

沿线国家近半数人口无法接触互联网,通信及网络基础设施发展潜力巨大。2015 年,沿线各国互联网接触人数比例的平均值为 52.6%,近半数人口由于通信及网络基础设施发展落后而无法接触互联网信息。从区域分布看,中东欧和西亚北非国家表现良好,分别有 66.6% 和 58.0% 的国民能接触互联网;东南亚、中亚及南亚地区国家发展较为滞后,土库曼斯坦、孟加拉国、东帝汶及阿富汗等 4 国接触互联网的人数占国民比重不超过 15%。

(六)谨防沿线国家政治风险

基础设施建设具有投资周期长、涉及环节多、收益率相对较低等特点,容易受到东道国政治风险的影响。"一带一路"沿线国家容易因政治动乱影响企业参与沿线基础设施建设。亨廷顿指出一国政治风险产生的根源在于政治制度化与政治参与两个方面,提出政治动乱公式:政治参与程度/政治制度化水平=政治动乱指数。长期以来,"一带一路"沿线国家的政治参与方众多,国内不同政见的党派团体、民族、宗教矛盾及外国势力严重影响外国投资流入;与此同时,沿线国家政治制度化水平相对较低,政局动荡、政府更迭、政府毁约等因素给中国企业参与基础设施建设带来了严峻挑战。

沿线国家内部政治势力间矛盾隔阂较深,政局较动荡。"三股势力"风险——恐怖主义、极端民族主义和分裂主义三股势力长期在沿线国家,特别是中亚地区肆虐。近年沿线国家地区秩序动乱、地缘政治冲突不断,中东乱局、欧洲及周边国家难民危机、一些国家和地区的恐怖袭击等问题根源在于东道国内部不同部族、宗教派别之间的矛盾难以调和,而中国企业需要支付更高的成本应对各种突发问题。2013 年,利比亚政局内乱,中国在利比亚的 75 家企业、3 万余人的撤离造成的经济损失高达数百亿美元,其中包括了人员撤离的巨额费用,也包括固定资产、原材料的损失及相关应收账款的损失。此外,巴基斯坦恐怖分子和宗教极端势力向大中城市渗透,教派、党派和种族之间流血冲突时有发生;沙特阿拉伯受恐怖主义威胁和国内政治变革的因素影响,政治仍然存在一定的风险；泰国曼谷、普吉岛等地成为恐怖主义袭击的高发地区。

沿线国家制度化水平有限，大型项目易受政权更迭冲击。许多沿线国家政府当局一些决策并未受到国内各种派别的广泛认同，政治体制运行的稳定性较弱，政策的连贯性不强。新任政府对前任决策的否定，对持续周期较长的投资型基础设施建设带来较大的不确定性。2013 年末至今，乌克兰政权更迭后该国的法律法规和经济政策正在进行大幅调整，基础设施合作项目受到严重影响。近年来泰国政权更迭频繁，对外合作连续性不强，已达成的合作意向屡遭变故，一些合作大项目受多重势力影响，决策和建设周期缓慢。斯里兰卡新政府上台，多个项目前景不明，中国投资者的合法权益受到威胁。

此外，国家间关系的稳固程度也影响企业参与当地基础设施建设。由于历史遗留问题，越南、菲律宾等国与中国互信不足，尽管两国政府在基础设施建设和吸引投资方面有较大举措，但企业在当地的投资和经营的基建项目进展缓慢。2014 年，越南发生排华事件，印度惧华、戒华、防华的心理仍然存在，马里、吉尔吉斯斯坦等地近一年来先后有数起针对中国人的恐怖袭击发生；一些沿线国家与中国由于战争历史、边境和发展差距等原因，彼此互信度不够高，给企业在这些国家推进基础设施合作带来困难。

（七）做好在沿线国家社会问题的处理和防范

基础设施建设对东道国经济和社会发展具有明显的正向溢出效应，但建设过程中涉及环节众多、对当地影响较大、容易产生公共性事件。社会系统往往给基础设施长期性建设造成一定压力，产生危机性的具体紧急事件。沿线国家国情差异较大、宗教文化和社会习俗与国内存在较大不同、中国企业经营理念和行为模式受到误解、经济低迷造成的保护主义情绪上升等问题导致中国企业在当地投资、建设基础设施项目遭遇了诸多挑战。中国企业与当地社会文化风俗的差异导致属地化经营困难，长期性经营面临诸多不确定性因素，常常被所在国的政府、投资者、媒体、雇员、媒体所怀疑。

文化习俗差异大，企业行为容易遭遇误解。尽管中国企业进入国际基础设施市场已经有近 40 年的历史，但始终面临陷入"跨文化休克症"的风险。特别是沿线国家覆盖四大文明古国和世界四大宗教发源地，沿线许多国家与中国的宗教信仰、语言文化、风俗习惯、思维方式、价值观等诸多方面存在巨大差异。UNDP、国资委和商务部研究院联合发起的《中国企业海外可持续发展报告》指出，中国企业海外经营面临的劳资冲突中，近三成是因文化差异造成；在社区问题上，近半数也是因与当地文化习俗融合不足导致。

信息披露有限，与利益相关方沟通不足。中国企业对于利益相关方的重视程度，主要还是取决于与核心业务的关联程度。《中国企业海外可持续发展报告》显示，中国企业在海外最为重视的前5位利益相关方分别为客户、股东（投资者）、投资国政府、中国政府当地常驻机构及供应商。位于末5位的利益相关方为当地社区、行业协会、新闻媒体、国际组织及非政府组织（NGO）。中国企业参与沿线国家基建项目往往忽略与当地社会及民众进行沟通，造成民众对中国的误解、曲解、歪曲和夸大事实，有时企业尚未进入便受到抵制，根源就在于沟通不足。

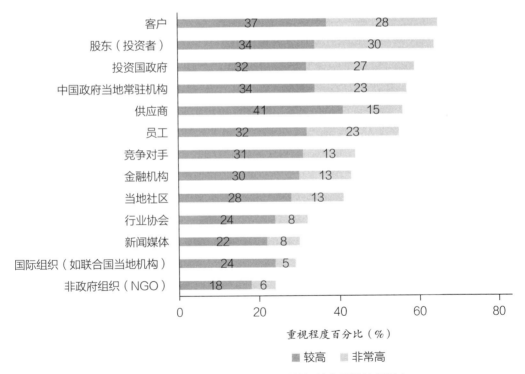

图1-24 中国企业海外经营对利益相关方重视情况调查

资料来源：UNDP、国资委和商务部研究院《中国企业海外可持续发展报告2015》。

沿线国家生态环境系统脆弱，参与企业要提高可持续发展意识。陆上丝绸之路所经过的欧亚大陆，主要是内陆的亚洲地区，其地理特征是气候异常干燥、降雨量稀少、土地荒漠化严重。其中，哈萨克斯坦有 66% 的土地（近 1.8 万亿公顷）逐步退化，面临沙漠化风险。而海上丝绸之路相关面临的是气候变暖风险，沿线岛国土地面积不断被大海侵蚀。一方面，企业参与沿线国家基建项目要遵守环境标准严苛于国内的法律法规，如俄罗斯饮用水标准、大湄公河流域国家关于排放水体重金属的要求；另一方面，企业规划沿线国家基建项目要重视生态治理，保护当地生物多样性，在当地国家工业化、城镇化快速发展的进程中构建绿色基础设施体系，提供绿色产品和服务。

（八）克服当地法律"水土不服"状况

中国基础设施企业往往只重视施工和技术为主的"硬实力"，针对东道国法律、税务及其他制度研究能力时有不足，应对相关风险的能力较弱。沿线国家法律制度往往差异较大，中东国家法律规定与当地习俗密切相关；而中东欧国家制度和标准与欧盟相近，呈现准高端市场特征，法律制度复杂、风险较大。企业在承担项目、投资前，需要做好预案，进行详细的尽职调查和充分的事前准备。

宗教色彩浓厚，法律上存在"双轨制"。22 个沿线国家以伊斯兰教作为国教，14 个国家属于伊斯兰法系国家，主要以伊斯兰教经典作为立法渊源和依据。传统伊斯兰法理不承认公法私法的分别，不存在宪法、刑法和民商法等部门。一些国家在人身和婚姻领域实施伊斯兰法，而在民商法领域采用西方法律制度，存在法律的"双轨制"。其中，阿联酋等国家并存有宗教法庭和现代法庭。而在沙特、伊朗等国，一旦合同条款违反古兰经教义，则该条款自然失效。

沿线国家营商环境排名分化，西亚北非国家排名普遍靠后。2016 年，世界银行《营商环境报告》数据显示，"一带一路"国家营商环境居全球前 50 位的有 23 个，多为中东欧区域国家；新加坡营商环境居全球第二，中东欧国家中仅波黑、乌克兰、土耳其、阿塞拜疆、阿尔巴尼亚和黑山排名在全球前 50 名之外。中亚地区及西亚北非国家营商环境排名普遍偏后，孟加拉国、也门和阿富汗营商环境排名位于最后三位。

沿线国家对外开放意愿有限，全球四成投资者—东道国争端案件集中在该区域。据商务部统计，中国与 56 个沿线国家签署《双边投资保护协定》，与 51 个国家签署《避免双重征税协定》，与 20 个国家签署《司法互助协定》。沿线国家在全球产业链分工、贸易结构及全球经贸规则的制定上地位不高，对经济全球化及外国投资者的热情有限，以及对外开放意愿有限。2014 年，印尼政府宣布将终止 67 项 BIT，严重打击当地外国投资者的信心。截至 2016 年底，全球共有 562 个投资者—东道国投资争端提交 ICSID，389 个案件完结。210 个争端涉及 "一带一路" 沿线国家，埃及（28 件）为被诉案件最多的国家，乌克兰（15 件）、哈萨克斯坦（12 件）、匈牙利（10 件）被诉次数均超过 10 起。

不遵循国际惯例，合同文件随意性强。东道国业主有时不采取国际通行的 FIDIC 文本，侵害企业利益。例如，在中东地区，卡塔尔国内的合同文本质量较差，合同条款往往偏向于业主，一些总价合同基本不参考工业参评价格指数。波兰某高速公路项目中，中方企业为拿下项目，签订总价锁定合同，最终在成本上升、工程变更等外界因素影响下，造成项目管理失控，最终导致投资失败。

五、中国企业参与基础设施国际合作的主要优势

随着中国工程承包企业参与国际基础设施合作项目经验的积累，中国企业的业务及合作模式不断成熟，在此过程中，逐渐形成了中国企业参与国际竞争的独特优势。

（一）技术人才资源丰富

中国劳动力资源丰富，人力资源优势突出。首先，由于国内经济建设的需要，中国形成了约 3500 万人的建筑大军，建筑施工从业人数约占世界建筑从业人数的 1/4。建筑施工人员不仅总体工资成本低于发达国家同岗位人员，而且中方人员吃苦耐劳、技术技能过关、劳动效率较高。其次，中国更拥有众多优良的专业人才，各类建造师、工程师、设计师等数量居全球前列，且具备良好专业技能和素质，项目经验丰富。最后，在 "走出去" 的过程中，中国企业也不断学习借鉴成功企业的经验和做法，加强人才培养，优化人才结构，尤其注重国际化高层次管理人才的培育和引进。

近年来，尽管中国的劳动成本不断上升，已经远远高于印巴和非洲工人成本，而且中资企业在国际商务、法务、税务方面存在人才紧缺的问题，但专业技术人才的综合成本相对欧美等发达国家仍非常低廉，性价比依然很高，尤其在技术人才密集型的基础设施项目建设中，中国企业具有明显优势。中交建集团、中铁建集团、华为技术公司、中国电建集团、中信建设集团等行业龙头企业之所以能够在国际市场处于领先地位，正是因为企业拥有了一批优秀的工程技术和管理人才。

（二）技术和品牌优势

中国对外工程承包企业已经在房屋建设、交通运输、电力工程、电信等行业领域

形成了世界领先的工程施工、装备制造和运行管理经验，全产业链的技术和品牌优势已经形成。中国海外工程承包企业的社会责任报告显示，中国公司对工程质量与安全的严格把关，通过建立健全质量管理体系和制度、加强员工培训和供应链管理、合规施工，对原材料、工艺设备、员工、工程分包等开展全面管理，保证工程质量。一系列的举措保证了项目的顺利完成，中国海外工程承包企业单位工程合格率与单位工程竣工验收优良率均处于较高水平，为中国对外承包企业赢得了口碑，树立了良好的品牌形象。

中国对外工程承包企业在多年的国际基础设施合作中，通过引进、消化和创新，已经开发出来具有自主知识产权的技术和技术标准。如中国电力企业在最近 5 年中向国际电工委员会提交并被批准的中国技术标准高达近 30 项，中国发电设备占据国际市场份额的 60% 以上，中国在非洲承建的电力项目市场占有率高达 90%。中国高铁已形成了具有世界先进水平的中国高速铁路技术标准体系和成套工程技术。中国自主设计开发的 CRH380 系列高速动车组能耐高寒、耐高温、耐高湿、防风沙，适应性广，表明中国高速列车技术已超越日本新干线、法国 TGV 和德国 ICE 的水平，已成功走进东南亚、中东等国家。中国核电在核电站的设计、建造及运营管理上已达到国际先进水平。具备自主知识产权的第三代核电技术"华龙一号"，技术安全性与国际先进水平相当，且具有良好的经济性；核电的"中国造"已经得到国外客户的认可，中国核电在国际市场开拓上也取得了很好成绩，从巴基斯坦到英国、从埃及到阿根廷，都有项目斩获。

（三）综合竞争实力较强

中国对外工程承包企业经过多年的发展和积累，已经具备了相当强的实力，也具备了较强的综合管理能力，技术能力和上下游集成管理水平也不断提高。

中国工程承包企业在亚洲、非洲和拉丁美洲等市场积累下了丰富的项目经验，能够在高寒、缺氧、热带雨林等极端环境和复杂地质环境下完成各种高难度的工程。

中国工程承包企业从最早的援助建设开始，在亚非拉国家参与建设多年甚至几十年，非常了解当地市场环境，熟悉当地法律法规、商业规则和文化，擅长与当地政府、当地员工打交道，近年来注重雇佣本地员工，当地雇员占比通常达到 70% 左右，本土化管理水平显著提高。

中国工程企业不仅能够独立完成施工建设，更能够通过专业化的协作集成管理上下游各企业，整合设计、材料装备采购、施工建设、运营维护等各环节，从而高效完成各类工程项目。同时，中企在国际市场业务的广泛分布还为更低成本完成配合创造了更好的条件。目前，工程总承包已成为中国对外承包工程的主要方式，并逐步向BOT方式等更高层次发展。

美国《工程新闻纪录》（ENR）2015年度250家国际最大承包商中，有65家中国企业上榜，其中，中国交通建设集团有限公司近三年排名持续提升，并首次跻身第三名。中建、中铁、国机、中化等20多家中企排名均有不同程度上升，这显示中国企业综合实力显著提升。

（四）完善的产业体系

经过30多年的发展和积累，中国企业在能源、电信、公路、铁路、桥梁、隧道、港口等方面的工程设计和建造能力已首屈一指，而且在基础设施发展所需的技术标准、装备制造、维护运营等方面已经形成完整的产业链。

自2010年起中国成为全球第一制造业大国，制造业产出占世界比重超过20%。在500余种主要工业产品中，中国有220多种产量位居世界第一，其中，钢铁、建材、机械、铁路、航空航天、电力、汽车、化工等诸多制造业在国际享有盛誉，具备全产业链的竞争优势。各种原材料、配件等品种齐全、质优价廉。2013年，中国装备制造业规模约占世界总量的1/3，稳居全球第一。其中，发电设备约占全球总量的60%，造船占全球比重41%，汽车占全球比重25%，机床占全球比重38%，海洋工程装备接单量占世界市场份额29.5%。这些都为中国企业参与国际基础设施合作提供了坚实的物质基础。截至2016年9月，中国高铁运营里程已经超过2万公里，成为世界上高铁发展最快、系统技术最全最新、集成能力最强、产品性价比最优的国家，占世界高铁运营总里程的50%以上，拥有最新、最丰富的高铁建设和运营经验，为中国工程承包企业走向世界开展基础设施合作提供了强大支撑。由中国铁路总公司牵头，中国中铁股份有限公司、中国电力建设集团、中国中车、中国通号集团组成的中方联合体，与印尼维卡公司牵头的印尼国企联合体，组建中国印尼合资公司，负责建设和运营印尼雅万高铁项目，实现了中国高铁从技术标准、勘察设计、工程施工、装备制造、物资供应到运营管理、人才培训、沿线综合开发等全产业链"走出去"。

完善的产业配套和产能优势有利于中国企业在参与国际基础设施合作中，利用两个市场、整合两种资源，不断提高自身竞争能力。

（五）资本和融资资源丰富

国际基础设施建设有着广阔的市场空间，但巨大的投资需求资金缺口也不容忽视，融资能力和水平成为竞争的焦点。据经济合作与发展组织预测，到 2030 年，全球基础设施投资需求高达 90 万亿美元，资金缺口巨大。亚洲开发银行估计，未来 5 年亚洲国家基础设施建设资金缺口高达 8 万亿美元。中国企业可以凭借的金融资本优势主要体现在以下几方面：

第一，外汇储备充裕。中国拥有超过 3 万亿美元的巨额外汇储备（截至 2016 年 8 月末为 3.18 万亿美元），稳居全球第一，为参与国际基础设施合作建立了雄厚的资金实力。

第二，本币国际化有助于降低企业汇兑成本和汇率风险。人民币国际化进程加快，并已被成功纳入国际货币基金组织特别提款权（SDR）货币篮子，将有效降低中国企业的汇率风险和汇兑成本。

第三，政策性和商业银行的支持。长期以来，中国工程承包企业利用国际融资渠道，积极参与世界银行、亚洲开发银行融资项目取得较好成效。中国政策性银行，如国家开发银行、中国进出口银行提供的开发贷款、优惠出口买方信贷、商业银行贷款等融资方式为中国工程承包企业"走出去"提供了重要的金融支持。

第四，随着中国资本市场逐渐成熟，中国工程承包企业直接融资方式也日益丰富。一批行业骨干企业开始探索通过上市、增发、发行企业债等筹集发展资金。

第五，国家股权投资基金也已成为中国企业对外投资的有益的融资补充。中国首支对非投资股权基金，规模为 100 亿美元的中非发展基金已成为中国对非投资的主力平台，累计决定对非洲 36 个国家的 84 个项目投资近 32 亿美元，也为中国工程承包企业参与国际竞争并带动中国标准和装备制造"走出去"提供融资支持。

第六，亚投行和丝路基金的设立及中国加入欧洲复兴开发银行，为中国企业参与国际基础设施合作提供了新的融资支持和保障。2015 年底，亚洲基础设施投资银行成功运营，重点支持交通、能源、电信等基础设施建设，尽管亚投行是一个多边开发机构，但是中国持有的股份最大、影响力较强。规模为 400 亿美元（不设上限）的丝路基金是另一个重要金融支持，重点支持"一带一路"地区基础设施建设的股权融资。中国政府于 2015 年末成功加入欧洲复兴开发银行，为中国企业参与欧洲基础设施建设提供了融资渠道。此外，中国等发起的金砖国家开发银行，也将对中国企业参与和投资发展中国家基础设施建设提供巨大的金融支持。

（六）政府对外协调力度大

中国政府支持中国企业"走出去"，多方面创造和营造有利的发展环境，鼓励和支持中国工程承包企业通过国际基础设施合作，带动中国的产品、服务和资本共同"走出去"，提升中国企业的国际竞争力。

第一，中国政府积极推动区域合作机制。截至 2016 年 9 月，中国已签署并实施了 14 个自贸协定，涉及 22 个国家和地区，包括中国与智利、东盟、巴基斯坦、新西兰、新加坡、秘鲁、哥斯达黎加、冰岛、瑞士、澳大利亚、韩国的自贸协定，以及内地与香港、澳门的更紧密经贸关系安排（CEPA），以及大陆与台湾的海峡两岸经济合作框架协议（ECFA）。

第二，创新机制打造平台。随着中国国际地位提升，中国政府积极推进与其他国家的合作平台及机制建设，为推进合作并解决合作过程中的困难和问题提供了沟通平台和机制保障。中国与俄罗斯、哈萨克斯坦等国建立的上海合作组织发展顺利并实现扩围，中国—中东欧领导人峰会，大湄公河流域次区域合作机制，中非合作论坛，以及中国—东盟区域合作机制等，为进一步促进与这些地区经贸合作提供了更为开放的平台。2013 年，中国政府提出"一带一路"倡议，将基础设施互联互通作为优先发展领域，更是体现了中国政府推动"和平合作、开放包容、互学互鉴、互利共赢"的丝绸之路精神，并将为推动中国企业整合资源引领"一带一路"基础设施合作，营造了有利的外部环境。

第三，商签双边协议提供法律保障。截至 2015 年底，中国已与 132 个国家签订了双边投资保护协定，与 100 多个国家建立了经贸混委会或者联委会的机制，协商对外投资合作中的问题，同时也与 90 个国家签署了避免双重征税协定。所涉及的投资保护、市场开放、税收减让等内容有助于保护中国企业境外商业利益，增强企业开展合作的积极性，为中国企业参与国际基础设施合作提供了重要的保障。

第四，注重多边合作倡导基础设施合作。中国政府积极开展国际经贸谈判，致力于降低关税及非关税壁垒、降低市场准入门槛，加强多元开放、促进互惠互利。2016 年，中国作为 G20 峰会主席国，开创性地推动制定了全球第一个多边投资规则框架——《全球投资指导原则》，成立"全球基础设施互联互通联盟"，以促进跨国、跨区域的基础设施建设，推动发达国家和发展中国家迈上互联互通的共赢之路。

中国政府积极协调，与重点国别市场加强合作磋商，就劳务合作、签证办理等事宜达成简化协议；致力于加强信息服务、领事保护，协助企业有效防范和应对各种政治风险，保障境外中国企业和公民的财产和人身安全。此外，中国政府还通过高访等各种渠道，积极推广中国技术、中国产品和中国标准，助力中国企业开展国际基础设施投资合作。

中国政府还努力协助将中国资本优势转化为融资优势，积极拓展中国企业"走出去"的融资渠道和担保方式，尤其是适合对外承包工程市场的项目融资方式；鼓励国内金融机构提供适合对外承包工程的创新金融产品，不断完善出口信用保险；鼓励银保合作，提供一体化综合化金融服务。

· 案例 1.1 ·

中土集团尼日利亚沿海铁路项目

【案情介绍】

2014 年，中国铁建下属中土集团与尼日利亚交通部在尼日利亚首都阿布贾正式签署沿海铁路项目商务合同，合同总金额为 119.7 亿美元。这是中国对外工程承包历史上单体合同金额最大项目。尼日利亚沿海铁路项目西起拉各斯，东至卡拉巴，横跨尼日利亚 10 个州，贯穿尼日尔河三角洲产油区。全长折算单线里程达 1402 公里，设车站 22 座，标准轨距，设计时速 120 公里。2016 年 7 月 1 日，经过尼日利亚政府核准，尼日利亚交通部与集团公司

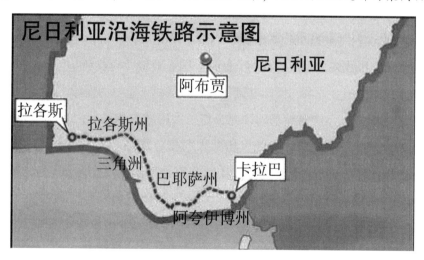

图 1-25 尼日利亚沿海铁路示意图

资料来源：香港《文汇报》。

正式签署沿海铁路项目一号补充协议，并就沿海铁路项目合同生效、开工日期、价格调整、工程变更等内容进行了清晰地界定。一号补充协议的签署使沿海铁路项目合同更具可实施性和可操作性。

【特点和启示】

1. "产业+资本输出"模式带动中国技术和标准"走出去"

铁路项目的背后，少不了中国资金的支持。据悉，该项目合同金额的85%由中出口银行提供长期贷款。尼日利亚作为新兴市场，近几年经济总体发展迅速，但总体来说政府的财政并不充裕，投资基础设施建设必须依靠外来资金，因此项目业主对承包商的要求越来越高，承包商不仅仅要负责项目的建设，还需负责项目的融资，承包商的融资能力已成为能否中标的重要因素。

尼日利亚的早期铁路大多是英美国家企业修建，铁路标准自然就沿用了英美标准。这为中国企业的技术和标准"走出去"带来了一定困难和挑战。近几年，中国企业的技术能力迅速上升，在国内完成了"八纵八横"的高速铁路建设，克服了各种艰难地形挑战。目前，中国铁路技术已经形成。但受制于外部因素，中国铁路的技术和标准"走出去"并不容易。此次借助尼日利亚沿海铁路项目，中国的资本输出支持了尼日利亚政府的基础设施建设，同时也更容易让尼日利亚接受中国的技术和标准方案。

2. 项目用工本土化，为尼日利亚带来直接经济效益

尼日利亚沿海铁路合同规定用工本土化，建设期间会给尼日利亚创造直接就业机会5万个和相关行业就业机会15万个，运营期间预计还能为本地提供固定就业岗位2万~3万个，这极大地促进了尼日利亚失业人员就业。此外，该项目的很多材料设备将从中国购买，初步估计将带动中国施工机械、铁轨、火车车厢、机电相关产品等近40亿美元的产业和一定劳务出口。

3. 中土尼日利亚在当地有超过30年的经营历史，对当地情况比较熟悉

该工程的承包商为中土尼日利亚有限公司，已经在尼日利亚工程承包市场历了30多年的风风雨雨，对各地区的情况都比较熟悉，交通基础设施建设管理经验丰富，能够采取有效的措施进行项目管理。同时，在基础设施建设领域取得了显著的成绩，建立了良好的品牌，得到了业内伙伴和当地人们的广泛认可，为尼日利亚的建设做出了伟大贡献。目前，已修建完成了阿布

贾城铁、尼铁现代化铁路和拉各斯轻轨项目，承建还未完工的有奥贡州城铁和沿海铁路项目。

4. 建立风险评估矩阵，及时衡量基础设施项目的风险并提早准备应对措施

为了更合理地评价风险因素，在 2015 年 6 月至 10 月通过对中铁建和铁四院熟悉该项目的技术人员及某省电力院、监理单位、中建钢构和中建五局的相关专家发放 7 类调查问卷共 92 份，收回 74 份，根据岗位、工作年限和职称对他们的评价打分并归一化赋予权重，最后对问卷结果进行整理，构成以下的多维度风险评价图。

施工人员罢工风险较低，可以通过维护良好的工会关系、鼓励劳资双方沟通、建立合理的绩效评价和薪酬体系等方式规避。恐怖袭击风险发生概率中等偏下，但可预测性和可控程度较低，带来重大损失。对此，应加强安保工作，配合一定的商业保险，保障人员财产安全。政府腐败风险发生概率低，但可预测性较好，能够通过政府一系列政策变化及办事人员态度变化及时察觉，可做好事先防范。

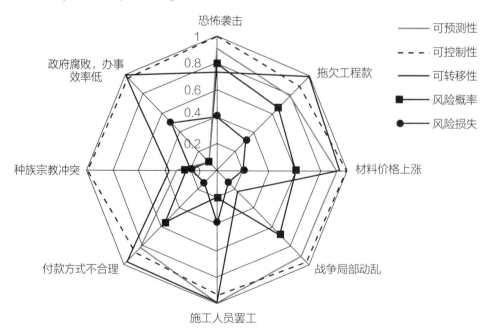

图 1-26　多维度风险评价体系

资料来源：王建雄《尼日利亚 EPC 铁路工程风险管理研究》。

·案例 1.2·

印度电力 EPC 项目

【案情介绍】

印度是全球第三大电力生产国和第四大消费国。截至 2016 年 9 月底，印度全国总装机容量 314.6 兆千瓦，其中，化石燃料发电占 68.3%，再生能源发电占 29.9%，核能发电占 1.8%。按所有制结构划分，中央政府、邦政府、私营部门的装机容量比例分别为 27%、37%、36%。目前，印度已有 16 个省邦实现了 100% 的农村电气化，但印度总体供电状况仍不太稳定，电厂燃料供应不足，上网电价低，电网输送损耗大。风能和太阳能前景光明，但成本较高。

【特点和启示】

1. 印度地区电力供应缺口较大，电力 EPC 项目发展前景看好

尽管印度电力行业快速发展，但电力供应仍然面临较大缺口，除部分经济发达地区如古吉拉特邦、马哈拉施特拉邦可以保障 24 小时供电外，其他各邦用电高峰期间断电的情况时常发生，制约印度经济发展。2014—2015 财年，印度峰值供电缺口约为 3.1 兆千瓦，约占当年供电总量的 2%；其中，南部、东北部及北部地区电力缺口较为明显，分别为 22.2%、12.9% 和 1.4%；西部地区与东部地区电力供应较为充沛。投资体量较大的产业园区大多计划自备电站，部分企业特别是制造业企业配置小型发电机组和断电保护系统等，建议欲前往印度北部及南部邦进行投资的中资企业自备发电设备。

2. 印度电力市场与周边邻国互联互通发展机遇较大

2005 年，印度政府提出南亚地区电网互联设想，并分别与斯里兰卡、尼泊尔和孟加拉国政府进行谈判，具体项目由印度电网公司主导实施。截至目前，印度电网与不丹和孟加拉国电网已经实现同步互联，与尼泊尔实现输电互联，与斯里兰卡直流输电互联项目仍然在协商。2014 年 10 月 17 日，印度电力和煤炭部部长呼吁建立南亚区域联合电网，希望通过协商建立连接巴基

斯坦、孟加拉国、不丹、斯里兰卡、阿富汗和尼泊尔的区域电网，实现印度东北部水电资源、斯里兰卡海上风电资源、尼泊尔水电资源和不丹水电资源在区域内的传输，以解决区域内现有能源30%需要进口的问题。

3. 中国企业在印度电力项目工程市场具有举足轻重的地位

中国公司在印度火力发电市场具有举足轻重的影响力，体现中国公司领跑地位的案例包括中国电力建设集团有限公司与印度南部 IL&FS 公司的 24 亿美元合同、上海电气集团与印度西部 Reliance Power 公司的 83 亿美元合同，以及山东电力建设第三工程公司 2005 年以来在印度承揽的总值 90 亿美元的多项合同。中国公司从印度项目中实现的累计总成交额从 2007 年的 19.9 亿美元跃升至 2012 年的 297.8 亿美元。山东电力成为印度火电市场最大的外国工程承包商。中国企业在印度承揽相关工程，主要通过一揽子合同或交钥匙合同等 EPC 模式。一揽子合同的项目业主承担价格、期限、设计等方面的风险，因此对承包商规定的责任较少。而在交钥匙项目中，价格、期限和设计须由 EPC 承包商担保。

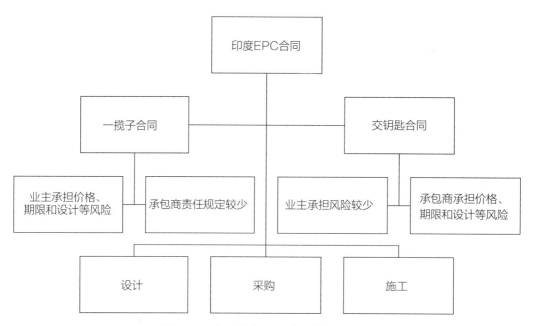

图 1-27 印度电力 EPC 合同的主要内容

4. 企业在印度经营 EPC 项目需要高度重视税收风险

印度税制以宪法为基础，没有议会的授权，政府不能课税。印度实行中央、邦和地方三级课税制度，各级政府课税权明确划分，但税制十分复杂。企业须在每年 9 月 30 日前向税务机关提交收入申报材料（Return of Income），即使该财年没有收益，也须申报。在该财年中，企业须通过预付税款方式来履行缴税义务，具体时间有 4 次：6 月 15 日、9 月 15 日、12 月 15 日和 3 月 15 日。如未在规定时间提交报税材料，企业将被要求根据缴税金额支付滞纳金。

EPC 合同各个部分适用的间接税项包括关税（最高 27%）、服务税（10.3%）、消费税（10.3%）、增值税（5% ~ 15%）、销售税（2%）及其他次要税费。由于税务部门总是以最大限度地增加税收为目的，因此 EPC 合同是否可细分为单个部分对于确定交易各方税负并进而确定其利润水平起着决定性作用。

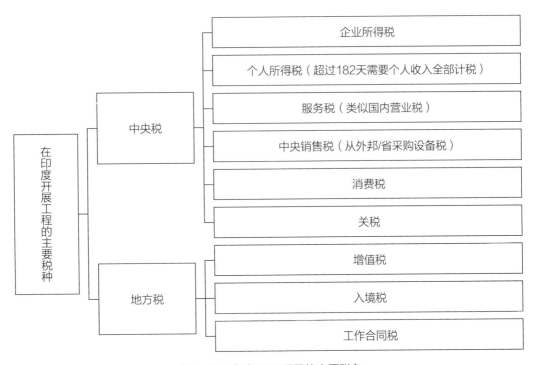

图 1-28　印度 EPC 项目的主要税负

资料来源：作者整理。

优化税负的方式有很多种，具体视 EPC 合同的性质和范围而定。据 DH

律师事务所提供的资料，在印度，符合特定交易条件的境外设备供应可享受免税优惠，这些条件包括：买卖双方为当事人本人；所有权在公海发生转移——这意味着，设备的所有权在公海（即国际水域）上从供应方转移到买方；收款行为发生在印度以外，即卖方在境外收到买方为商品和服务所支付的价款；交易恪守公平合理原则，这一会计准则是指，交易价格与市场价格相同，且交易未因双方关系而附加任何特殊条件。EPC 合同的其他部分同样也可加以设计，以达到优化税负的目的。

此外，印度还有针对地区的税收鼓励政策：投资于印度东北部各邦、克什米尔（印控）等落后地区依各邦不同可享 10 年免税、50%～90% 的运费补贴、设备进口免税，投资额在 2.5 亿卢比以上的项目享有最高 600 万卢比投资补贴及 3%～5% 的利息补贴等；投资于 Uttaranchal 及 Himachal Pradesh 两邦前 5 年 100% 免税，后 5 年减税 25%。

第二章 | **全球主要基础设施合作模式比较**

国际基础设施的产业体系有不同的分类方法。从参与角色的角度分析，包括投资人（即业主，多为东道国政府、多边开发银行、投行或私人投资者）、咨询公司、设计公司、提供融资的商业银行、保险公司、总承包商、分包商、设备供应商、监理公司、律师事务所等。从业务流程分析，包括前期规划（咨询）、工程设计、资金融通、设备采购、施工建设、工程监理、验收结算、运营管理、维修服务等。近年来，国际基础设施建设的产业链在产业分工体系的不断细化当中，又演化出新的一些流程，比如技术服务、租赁经营等。

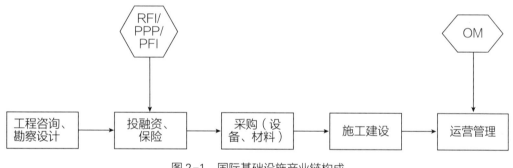

图 2-1　国际基础设施产业链构成

资料来源：作者整理。

第一节　全球基础设施建设的产业链结构

经过 30 多年的不断积累和探索，中资企业在国际基础设施产业链和价值链中的地位有一定的提升。总体上，中资企业的主体业务依然属于附加值较低的工程建设环节，除了几家行业龙头企业之外，平均利润水平不高。按照国际权威机构的测算，目前国际建筑市场不同环节的平均利润率差异较大。其中，建筑施工环节的平均利润率约3%，EPC总承包的平均利润率约6%，BOT/BOO的平均利润一般可以保持在15%左右，全产业链覆盖的平均利润率约20%，工程设计咨询和运营维护环节的平均利润率则可以高达30%。

一、规划设计

规划设计是指业主或业主代表对项目前期全部生产和建设过程所实施的全面的规划和管理。从项目立项后规划设计包括可行性研究、方案设计、初步设计、设备计划和施工图纸，同时一般也包括工程施工、设备采购招标开始前的全部工作，以及项目的验收、总结和后评估工作。规划设计是一种过程筹划和监控，规划设计参与者的目的是将提供项目的整体方案，同时需要考虑将整个项目控制在设定的投资和进度中。规划设计环节的主要参与者包括咨询顾问公司、律师事务所、投资咨询公司、融资咨询公司和工程设计公司（综合性设计公司、专业性设计公司和设计监理公司等）。近年来，国际基础设施建设项目的规划设计业务分工进一步细化，业主为了更加精准地评估投资的经济可行性和技术可行性，增加了"前期规划"（Preplanning）这一流程。

表2-1　规划设计环节主要工作

参与者	工程咨询、设计公司及一些科研单位等
项目投资前期	规划研究、投资机会研究、预可行性研究和可行性研究
工程前期	方案设计、初步设计、施工图纸设计及审阅图纸等工作
实施阶段	设计变更、工程监理及竣工验收
建设完成后	评估

资料来源：作者整理。

服务供应商参与国际基础设施设计规划业务流程的主要模式：①设计公司代业主或者设计总包模式；②弱化的业主+设计单位设计总包模式（主要是业主寻找一家设计公司作总包）；③业主+总体设计公司+专业设计公司模式（业主将不同项目拆分由不同设计公司承担）；③业主+监理/咨询公司+综合设计或专业设计公司（业主将委托一家专业的管理公司管理项目，得到委托的管理公司将不同项目的设计分包）。

一般而言，业主选择设计公司的主要方式：①直接选择（业主与设计公司比较熟悉或有某个特殊的理由）；②议标模式（业主找几家公司，由各个公司拿出过去业绩做比较）；③资质审定+技术方案（仅适用不太复杂的项目，由设计公司提供方案和过去的业绩）；④资质审定+工作计划+竞价（适用于大型项目）；⑤资质审定+竞价（主要适用于单元工作）。

· 专栏2.1 ·

全球设计产业发展现状

美国《工程新闻纪录》（ENR）数据显示，2015年，全球工程设计服务市场保持稳健发展，完成923.1亿美元营业收入，相比2014年减少0.4%。但受到石油及其他大宗商品价格波动的影响，国际基础设施设计规划产业收入连续3年下跌。2015年，ENR前225家设计公司的国际收入为654.3亿美元，相比2014年下跌7.7%。石油产业基础设施的设计规划比重较大，2015年该行业基础设施设计收入相比2014年减少20.2%，达177.4亿美元。从市场分布看，亚洲（降低16.0%）和欧洲（11.9%）市场收入减少较大。从国别层面看，加拿大市场收入减少14.2%（2014年设计收入减少15.0%），主要受石油价格下跌拖累。值得注意的是，俄罗斯、伊朗、中亚国家和独联体国家政府对外需求不断增加，当地业主期望引入国际设计公司来提升基础设施质量。其中，现代工程（Hyundai Engineering）在2015年接连获得乌兹别克斯坦和土库曼斯坦两个30亿美元的大型项目。另外，中东地区可再生能源项目迅速增加，为外国设计及承建公司提供了大量的机遇。

2015年，基础设施设计服务公司发生几起大型的投资并购项目。其中，英国Intertek集团以3.3亿美元并购PSI成为该领域当年第一大并购。这两家公司业务模式相近但涵盖市场有所不同，两大设计公司并购后将主要实现规模经营效应并提高了市场占有率。第二大并购为TRC Cos公司收购Willbros，主要为TRC Cos提高在石油管网领域的设计能力。第三大并购为加拿大Stantec收购MWH Global，主要为Stantec扩展在承包领域的业务。

二、投融资及保险

服务供应商参与国际基础设施投融资的方式比较多，早期以垫付工程款较为常见，目前的主要是通过"项目融资"（BOT）、公私伙伴（PPP）等方式进行。现代"项目融资"起源于 20 世纪 30 年代美国石油行业，主要用于石油公司以石油勘探技术为抵押向银行寻求贷款，而银行以该公司勘探得到的石油储量的权利确保贷款安全。当时，项目融资主要是一种以预期现金流为抵押的信贷。随后，该模式广泛用于采掘业。在过去的 20 年间，项目融资被广泛用于诸如交通、能源、供水、电信等基础设施领域。目前，随着全球经济发展的新问题和新特点不断出现，民间资本参与国际基础设施投融资模式也出现新的发展。一方面，政府通过将基础设施资产证券化或单独上市等方式盘活存量释放政府的负债空间以投资新项目；另一方面，如 PPP、PFI、基础设施+物业及发行市政债等方式为新项目输血。

目前，对国际基础设施的投融资主要模式一般会基于项目或企业的资产负债结构进行设计。主要分为债务类投资（信贷或债券）、股权类投资（上市或非上市股权）及介于二者之间的混合类投资（夹层贷款、次级债券以可转换债券等）。

表 2-2　国际基础设施投融资主要模式

资产类别	主要方式	融资工具	市场指标
固定收益类	公司债券	项目债券	债券指数、ETF
	公共债券	市政债券	相关资本市场指数
		其他（绿色债券、伊斯兰债券）	
	贷款	对基础设施项目的直接贷款或共同贷款	信贷基金
		辛迪加贷款、资产证券化	贷款指数、信贷基金
混合类	混合	次级贷款、次级债券、夹层贷款	夹层债券基金、混合债券基金
股权类	上市股权	Yieldcos	基础设施公司股票指数、ETF、信托指数
	非上市股权	直接股权投资、间接股权投资、PPP	非上市股权基金

资料来源：霍建国、庞超然《全球基础设施投融资新模式》。

对基础设施进行投融资需要考虑的要素：搭建特殊目的公司（SPV）、金融机构基于预期现金流设计投融资模式（对特定项目的投融资仅来自该项目产生的现金流）、风险共担结构（项目风险与收益进行合理划分）、有限责任（仅以项目发起人的出资和项目公司的资产承担债务，债权人对项目发起人没有追索权或只有有限的追索权）

及合并报表（当某一股东在项目公司出资超过 50%时，该表外融资项目要合并至母公司的财务报表）。

· 专栏2.2 ·

项目融资的发展

据世界银行数据显示，1990—2015 年间，全球共有私人机构参与的基础设施投资项目 7012 个，总投资约 2.54 万亿美元。全球私人机构参与的基础设施投资在项目数量和金额上达到顶峰（1096 个项目，2155 亿美元），随后受全球经济波动影响而下滑。从行业分布看，1990—2015 年间，电信产业基础设施投资总额排名位居首位，达 1.01 万亿美元，占 39.8%，项目数量为 869 个；电力基础设施投资总额为 0.81 万亿美元，占 31.9%，但投资的项目数量位居首位（3139 个）。从项目规模看，私人投资者主要倾向于中等规模的项目，其中，对 1 亿~5 亿美元规模的项目投资约 8422 亿美元，占 33.2%；对 10 亿~20 亿美元规模的大项目投资约 4566 亿美元，占 18.0%。从区域分布看，拉丁美洲（9945 亿美元）、东亚及环太平洋地区（4333 亿美元）、欧洲中亚（4296 亿美元）是私人对基础设施投资主要流向地区。从国家分布看，巴西（5064 亿美元）、印度（3410 亿美元）、土耳其（1606 亿美元）、俄罗斯（1555 亿美元）、墨西哥（1421 亿美元）位居私人对基础设施投资金额排名前 5 的国家。

国际基础设施投资规模大、建设周期长、经营体系复杂、涉及专业技术面广、参与设计/建设/运营等环节的利益相关方多且关系复杂，这往往导致基础设施合作的各个阶段存在巨大的风险。针对项目建设和运营过程中因自然不可抗力事件、意外事件或政治事件等导致的风险，业主、承包商、运营商等在项目参与方的设计中通常需要引入保险机构，最大限度降低风险事件发生带来的经济损失。

在中标函下达之前，服务供应商（承包商）和业主经过磋商确定双方应投保的险种、承保人和保险条件。对于有分包的项目，总承包商需按约定购买相应的保险，并保证分包商按照相应的义务购买适当的保险。保险生效日期通常为按照合同约定，并不晚于开工日。建设完成后，一般会有 12~24 个月质量保证期对应的保险。除对项目本身进行投保外，承建商还会对设备材料采购、运输等环节及雇员的人身安全、意外伤害及医疗等进行投保。

对于海外投资者或承包商，母国政府也会提供政治风险保险，以避免因政治风险对投资或承建收益造成损失。政治风险保险一般会覆盖汇兑限制、征收和国有化、战争及动乱、政府违约及业主违约等内容。通过政治风险保险，投资者或承建方会在遭遇政治风险时得到损失补偿，降低融资成本或得到融资便利，提升信用等级。

·专栏 2.3·

多边保险机构

多边投资担保机构（MIGA）成立于 1988 年，是世界银行集团内最年轻的机构，也是全球政治风险保险的主要提供者。2015 财年（2014 年 6 月—2015 年 5 月），MIGA 为发展中成员提供 28 亿美元保险和担保，下降 10.4%；惠及 1.76 亿人口，实现当地采购货物 2.65 亿美元。主要的大型项目有 MIGA 为巴西提供 3.61 亿美元担保支持基础设施建设，为土耳其提供 2.09 亿美元支持公共卫生基础设施建设，为印尼提供 2 亿美元担保支持水电站和输电网络建设等。

三、施工建设

服务供应商接到项目中标函（Letter of Acceptance，国内也称"中标通知书"）后，需按照前期设计和总体规划，组织专业施工队伍按照工期完成建设任务。根据国际咨询工程师联合会（Fédération Internationale Des Ingénieurs-Conseils）编制的《土木工程施工合同条件》（也称 FIDIC 条款），承包商应按照合同的规定进行设计、施工和维修，提供工程所需的工程设备、承包商文件、人员、货物及其他必需的物品和服务。对于工程分包，承包商应对分包商、分包商代理人及其人员的行为或违约负责；承包商在雇佣分包商时必须经过业主指派的监理工程师事先同意。承包商不得将整个工程分包出去。另外，承包商需要对工程的安全、环保和质量等事项提供必要保证。

· 专栏 2.4 ·

2015 年的国际基础设施建设市场

　　受全球经济复苏乏力及大宗商品价格下跌等因素影响，ENR 数据显示，2015 年，250 家承包商业务收入仅为 5001 亿美元，相比 2014 年减少 4.10%；而 250 家承包商国内市场收入为 9093 亿美元，下滑 1.3%。从区域分布看，整体美洲市场业务出现增长；其中，拉丁美洲业务收入增长 5.1%，美国市场业务收入增长 4.4%，但加拿大市场受石油产业下滑影响，工程业务减少 22.4%。从行业分布看，交通、石油及房屋建筑营业收入位居前三。值得注意的是，未来欧洲市场将出现较大的不确定性，一方面，由于英国脱欧后经济前景不甚乐观，很可能影响政府对基础设施的投入；另一方面，欧洲大陆国家由于债务问题纷纷削减政府开支，减少项目支出。

四、运营管理维护

　　基础设施运营和维护是指基础设施所有者通过协议方式，明确服务供应商的具体权利、义务和风险，约定在一定期限和范围内运营或维护基础设施和公用事业并获得收益，提供公共产品或公共服务。委托第三方运营和维护基础设施，有助于发挥社会资本在融资、技术和管理优势，提升公共服务效率，兼顾基础设施经营性和公益性的平衡，维护公共利益。在运营管理维护环节，基础设施所有者既可以通过基础设施所有权的转移，也可以通过特许经营协议方式，允许民间投资者新建或改扩建、运营管理维护基础设施和公用事业。运营合同期满后，基础设施移交业主管理。基础设施运营维护既可以运用于基础设施的新建及运营，也可以由政府把已经处于运营或将投入运营的基础设施项目通过授予特许经营权的形式，移交企业管理。

· 专栏 2.5 ·

基础设施运营市场

　　当前，全球基础设施投资存量接近 50 万亿美元（接近全球股票总市值

55 万亿美元），但是基础设施的运营维护却处于较低的水平。据一些学者统计，非洲地区每年基础设施投资需要近 930 亿美元，总额的 1/3 用于维护。南亚地区基础设施维护比例占 55%。

基础设施运营维护不足带来的问题主要表现在以下几个方面：（1）直接经济损失。据美国土木工程协会（ASCE）统计，2012 年，美国机场设施运营维护不足已经造成近 220 亿美元的经济损失。由于经营不善，2012 年，印度电力设施出现重大问题，大规模停电冲击了近 7 亿人口。（2）影响当地居民正常生活。随着美国基础设施不断老化，附近居民生活受到严重影响，平均每户居民将多花费近 3000 美元/年用于道路绕行、管道维修等方面。（3）未来维修成本剧增。《世界发展报告 1994》研究发现，如果在 20 世纪 90 年代多花费 120 亿美元维护非洲的道路设施，则可以节省当前超过 450 亿美元的道路重建费用。（4）对周围环境造成负面的外部性。据国际能源署数据，由于基础设施不足，美国的道路拥堵造成平均每年超过 2400 万立方米的二氧化碳排放。据联合国儿童基金会研究表明，由于水管道维修不足造成饮用水污染，发展中国家平均每年有近 1500 万儿童出现腹泻等症状。

基础设施建设的设备采购，包括两个部分，一是基础设施本身应该包含的设备，如发电设备、通信设备、矿山设备、工业设备等；二是建筑工程施工设备，主要包括混凝土机械、沥青机械、起重机械、钢筋机械、筑路机械、焊接机械及工程车辆等。建筑材料主要指结构材料、装饰材料和某些专用材料。一般情况下，基础设施建设项目本身所应包含的设备采购，业主可以单独招标选择供货商，或者根据工程项目设计标准要求承包商一并采购（EPC 模式）。而施工设备和材料，都是由承包商根据工程施工的要求自行采购。承包商为了节省施工设备占用资金，除了使用上一个工程建设的部分下场设备外，也会采取租赁的方式从融资租赁公司租用大型施工设备。

· 专栏 2.6 ·

施工设备采购市场

据《国际建设》（International Construction）统计，2016 年，全球工程设

备市场持续疲软态势，销售数量达 76.05 万台，增长 3.9%。受到全球经济不景气及商品价格下滑的影响，工程设备生产单价降低至 2008 年全球金融危机以来的最低水平。从区域看，欧洲和北美市场出现缓慢复苏迹象，印度市场增长势头较为明显，但是其他新兴市场国家国内建设放缓导致对工程设备需求不足。2015 年，全球最大 50 家工程设备生产商收入下降 16.2% 至1330 亿美元，这是 2009 年以来的最低值。

随着全球人口数量增长、基础设施投资增加、城镇化率上升，全球建材产业将保持稳健的增长势头。据经济资讯公司 Global Industry Analysts 数据统计，2015 年，全球建筑材料市场（水泥、砖、混凝土、沙土、沥青、石块、钢筋、木材等）总产值达 8900 亿美元，增长 6%；其中，水泥产业总市值接近 2000 亿美元，占 1/3。从区域看，西欧地区是建材产业第一大消费区，占比 33.4%；随后是亚洲（29.8%）、北美（24.2%）。预计到 2020 年，亚洲地区建材消费比重将成为全球第一（44.5%），消费总量将达到 1.1 万亿美元，随后为西欧（22.8%）、北美（16.4%）。值得注意的是，随着全球绿色建筑材料价格降低、能源价格上涨及各国环境保护等法律法规的出台，全球绿色建筑材料行业产值将不断增长；据统计，2015 年，全球绿色建材产值达 4050亿美元。预计未来 5 年，全球绿色建材将对传统建材产业带来巨大的冲击。

第二节 国际基础设施建设运营概述

随着国际基础设施产业体系的演进，参与的角色不断增多，业务链条显著增加。业主和服务供应商之间开展合作的商业模式也在发生变化。与传统的承包和分包不同，目前国际基础设施建设市场流行的主要的商业模式包括 EPC、D&B、BOT/BOO/BT、O&M、PPP/PFI、PM 模式等。

一、EPC 模式及基本要求

EPC（Engineering Procurement Construction）总承包又称"设计—采购—施工"一体化模式，是指在基础设施前期规划完成以后，经招标委托一家工程公司对计划投资的基础设施项目的"设计—采购—建设"进行总承包。在这种模式下，按照合同规定的总价或可调总价，由工程公司组织完成基础设施的设计、设备采购和建设，对工程进度（工期）、成本费用、质量安全进行管理和控制，并在工程监理公司的督促下完成竣工验收。EPC 总承包有很多种衍生和组合，例如 EPC+F、EPC+O&M 等。

EPC 总承包模式有助于业主简化管理、降低成本、提高效率。在此模式下，业主只负责投资，并借助于监理公司对基础设施建设实行整体的、原则的、目标的管理和控制，把工程的设计、采购、施工和开工服务工作全部托付给工程总承包商组织实施，总承包商更能发挥自身优势，能运用其先进的管理经验为业主和承包商自身创造更多的效益；提高了工作效率，减少了协调工作量。同时，由于采用的是总价合同，基本上不用再支付索赔及追加项目费用；项目的最终价格和要求的工期具有更大程度的确定性。

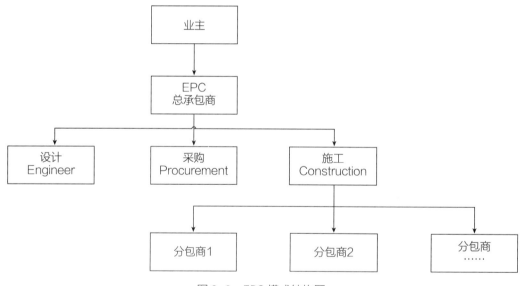

图 2-2　EPC 模式结构图

资料来源：作者整理。

但是，EPC 模式也加重了总承包商对整个项目的成本和质量管理责任，加大承包商风险。由于采用的是总价合同，承包商获得业主变更允许及追加费用的弹性很小。

二、D&B 模式及基本要求

D&B 即"设计—建造"模式（Design and Build），在中国称"设计—施工总承包模式"（Design-Construction），是在项目原则确定之后，业主选定一家公司负责基础设施的设计和施工。这种方式在投标和订立合同时是以总价合同为基础的。设计—建造总承包商对整个项目的成本负责。通常，总承包商可以优先使用本集团的设计部门承担工程设计业务。如果总承包没有设计部门则需要通过招标选择一家工程设计公司进行设计，然后采用竞争性招标方式选择分包商。

D&B 模式有助于业主与承包商加强合作，减少了协调的时间和成本。承包商可以在初期参与项目的设计过程中，将其对未来采购和施工工程中市场和价格的了解和预判融入项目设计中。国外经验表明，D&B 模式有助于将工程造价降低 10% 左右。但是，在 D&B 模式下，总承包商承担了更大的责任和风险。项目质量控制往往只存在于业主招标时对设计的把关和控制，总承包商的真实水平对设计方案的执行有较大的影响。当前，该模式缺乏特定的法律法规约束，没有专门的险种覆盖。由于 D&B 模式操作复杂，竞争性较小，业主在前期招标中很难保证承包商进行充分竞标。

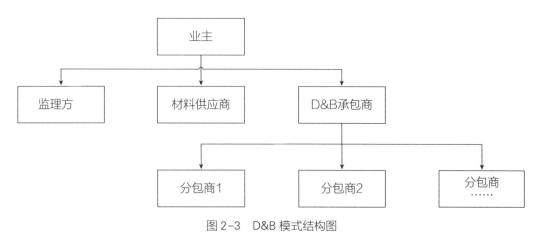

图 2-3　D&B 模式结构图

资料来源：作者整理。

三、BOT 模式及基本要求

BOT 即"建造—运营—移交"（Build-Operate-Transfer）模式，是指一国财团或投资人为项目的发起人，从一个国家的政府获得某项基础设施的建设特许权，然后由其独立式地或联合其他合作方共同组建项目公司，负责项目的融资、设计、建造和经营。在长达 15~40 年不等的特许期内，项目公司通过项目的经营获得利润，并用利润偿还债务。在特许期满之时，由项目公司将基础设施无偿或以极少的名义价格移交给东道国政府。

BOT 项目最早于 1984 年由时任土耳其总理奥扎尔提出，并首先运用于土耳其公共部门私有化进程。随后，这种项目模式对国际社会产生了较大的以影响。

BOT 模式的主要特点：（1）采用有限追索权，即项目债权人追索权仅限于项目资产和项目收益，项目债务不会反映在投资人资产负债表中；（2）前期费用较高，一般应用于如交通运输、供水供电等大型项目；（3）特许期满后，项目经营权无条件转移给政府。

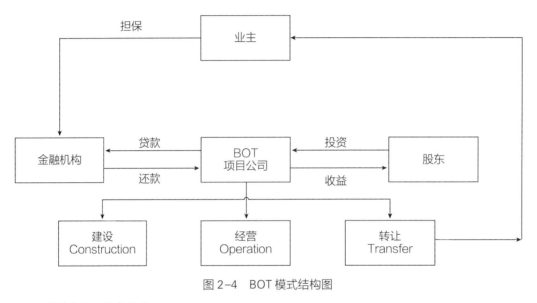

图 2-4 BOT 模式结构图

资料来源：作者整理。

由于各国的国情、不同行业及不同基础设施建设项目的差异，BOT 模式在实践中发生了很多的演变，衍生出 BOOT（建设—拥有—经营—转让）、BT（建设—转让）、BTO（建设—转让—经营）、BOO（建设—拥有—经营）、DBOT（设计—建设—经营—转让）、BLT（建设—租赁—转让）等二十多种形式，但其基本特点是一致的，即项目公司必须得到政府有关部门授予的特许权。该模式主要用于机场、隧道、发电厂、港口、收费公路、电信、供水和污水处理等一些投资较大、建设周期长和可以运营获利的基础设施项目。多年来，东南亚国家的基础设施建设采用 BOT 方式较多，相关的市场环境和法律政策环境相对成熟。

四、PPP 模式及基本要求

基础设施特许经营在国外一般称为"公私合作"（Public - Private Partnership，

PPP），指公共部门通过与私人部门建立伙伴关系提供公共产品或服务的一种方式。PPP 本身是一个意义非常宽泛的概念，不同组织和国家都有各自不同的理解。欧盟委员会认为，PPP 是指公共部门和私人部门之间的一种合作关系，其目的是为了提供传统上由公共部门提供的公共项目或服务；其区别于公共采购的一个根本特征是，私人部门被授权利用基础设施，通过投资经营获取利润，虽然其部分收入也可能来自公共部门的支付，而政府采购则完全是由政府承担成本、支付对价。加拿大公私合作国家委员会认为，PPP 是公共部门和私人部门之间的一种合作经营关系，它建立在双方各自经验的基础上，通过适当的资源分配、风险分担和利益共享机制，最好地满足事先清晰界定的公共需求。美国公私合作国家委员会则认为，PPP 是介于外包和私有化之间并结合了两者特点的一种公共产品提供方式，它充分利用私人资源进行设计、建设、投资、经营和维护公共基础设施，并提供相关服务以满足公共需求。

PPP 模式本质上是政府为基础设施筹资行为转移到民间部门，民间部门同时也为政府转移融资杠杆。民间部门为了保证投资收益，会精心挑选项目，从而约束了政府的投资行为。同时，加入了民间部门后，项目运营质量和社会资源配置都得到较大的提高。此外，PPP 模式允许政府通过短期支付来支持长期化基础设施投资，最大化利用政府资源。

PPP 最早由英国政府于 1992 年提出，当时仅仅界定为政府与私营部门签订长期协议，授权私营部门为政府建设、或管理公共设施并为民众提供公共服务。全球范围内，已经有相当高比例的基础设施资产由私人部门持有。电信行业私有化比例特别高，发电和铁路行业私有化稍低一点。由于预算压力和征税能力的制约，公共部门拥有与运营基础设施的难度较大。

在中国，2015 年国务院办公厅以国办发〔2015〕42 号文件对 PPP 做了更为详细的定义：政府采取竞争性方式择优选择具有投资、运营管理能力的社会资本，双方按照平等协商原则订立合同，明确责任和权利关系，由社会资本提供公共服务，政府依据公共服务绩效评价结果向社会资本支付相应对价，保证社会资本获得合理收益。

在大多数国家，新建项目和存量项目都可以做 PPP 模式。经营性、准经营性及非经营性项目也纳入 PPP 的适用范围，比如澳大利亚监狱设施的运营维护就采取了 PPP 模式。PPP 模式的投资回收方式有多种，如用户私人付费、政府财政支持（包括全额财政付款、政府针对风险的补偿+使用者付费、针对建设或提供服务的质量来付费等)。国外还有一种惩罚机制（Penalty），如果私人投资者没有按照事先约定完成工程或服务，政府会根据合同约定减少付费。

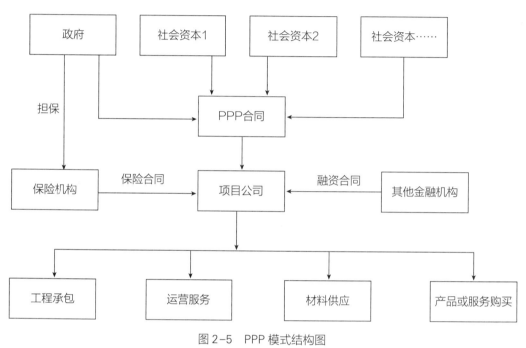

图 2-5　PPP 模式结构图

资料来源：作者整理。

五、其他方式

O&M 模式指政府将已建成项目的经营权有偿地转让给投资者，投资者在一定期限内通过运营项目收回投资并获取合理收益，并在合同期满后将项目经营权无偿交还政府。O&M 模式有助于盘活固定资产，迅速收回建设资金，便于政府资源投资于其他项目，提高资金利用效率；能够为存量资产市场化，提高公共服务质量。由于O&M 模式仅涉及项目经营权的转移，避免了项目投资建设风险。O&M 方式一般不涉及项目的建设过程，避免了基建项目的建设风险。投资者可以快速地从现存基础设施运营中获得收益，有助于吸引投资。

项目管理（Project Management）模式是指从事工程项目管理的企业受业主委托，按照合同约定，代表业主对工程项目的组织实施进行全过程或若干阶段的管理和服务。工程项目管理企业不直接与该工程项目的总承包企业或勘察、涉及、供货、施工

图 2-6 O&M 模式结构图

资料来源：作者整理。

等企业签订合同，但可以根据合同约定，协助业主与工程项目的总承包企业合作，并受业主监督。工程项目管理的主要方式：(1) PM 方式（项目管理服务），是指企业在工程决策阶段为业主提供可行性分析和项目策划，在工程实施阶段为业主提供招标代理、设计管理、采购管理、施工管理和竣工验收等服务。(2) PMC 方式（项目管理承包），是指业主聘请专业的项目管理公司，代表业主在项目组织实施的全过程或若干过程中提供一体化的项目管理服务。PMC 模式是工程管理总承包的高端模式，总承包商的管理形式、角色地位、合同地位更高，与业主的关系更加紧密，承担的管理责任更多。因此，PMC 模式对承包商的专业要求更高，主要体现：一是工程咨询和管理能力要突出；二是从业经验和商业信誉要更高；三是对不同专业之间的协调管理要更强；四是要站在业主角度控制工期、质量和成本等。

· 专栏 2.7 ·

工程项目管理的发展

工程项目管理最初于 20 世纪 50 年代末开始流行，在发达国家的基础设施工程上取得良好成效。在当今国际建筑市场上，代表业主的工程项目管理服务正成为一个日渐热门的领域。在美国、加拿大等发达国家，工程项目管理一般都会依照一个拥有项目管理手册、项目管理程序文件、数据库、计算机网络系统及集成项目管理软件等成熟的产业。

RFI（Resource Financed Infrastructure）模式是指政府将未来资源开发的收入抵押给金融机构，从而得到资金支持基础设施建设。在 RFI 模式下，政府可以提前获得基础设施，是一些财政困难的政府选择投资基础设施的重要方式，帮助低收入资源丰富国家克服财政和治理制约。考虑到资源采掘和基础设施的建设周期都比较长，投资者可以合理匹配资源采掘项目与基础设施建设，在基础设施完工后及时将资源运出，获得回报。另外，RFI 模式的一个最大的优势就是其能够解决基础设施贷款偿还可能出现的币种错配问题。大多数基础设施投资者从基础设施运营获得的都是东道国货币，而该模式允许投资者将资源在全球商品市场上销售获得美元回报。基于此，以该模式进行基础设施建设能够最大限度克服汇率风险。

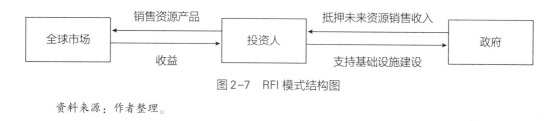

图 2-7　RFI 模式结构图

资料来源：作者整理。

第三节　各东道国基础设施对外合作法律体系比较

建筑业的开放程度是各国开展基础设施合作的关键领域，建筑业对外开放决定了外国公司是否能够参与基础设施建设的施工承包环节。2017 年，44 个国家建筑业服务贸易限制指数分布在 0.12~0.45 之间（0 表示最为开放，1 表示最不开放），平均值为 0.24。针对建筑业开放程度的主要指标包括准入限制、人员移动、竞争限制、政策透明度及其他歧视性政策。相比其他服务贸易领域，建筑业开放程度排第 8 位，属于开放程度较高的行业。相比 2014 年，21 个国家对于建筑业的限制情况没有显著改变，9 个国家变得更为开放，14 个国家对于建筑业的限制更为严格。

一、各主要国家对外资基础设施公司准入的要求

关于准入要求，各国法律对股权比例、董事会、外资审查及土地使用方面都做了一些要求，具体内容如下：

（一）股权比例限制

一般而言，很多国家更希望通过合营的方式吸收外国投资，促进资本流入的同时也能方便本国企业通过合营学习国外先进经验。但建筑行业技术水平比较有限，所以对合营的要求并不高。而一些发达国家对此做出要求主要是方便政府和法院的管理。

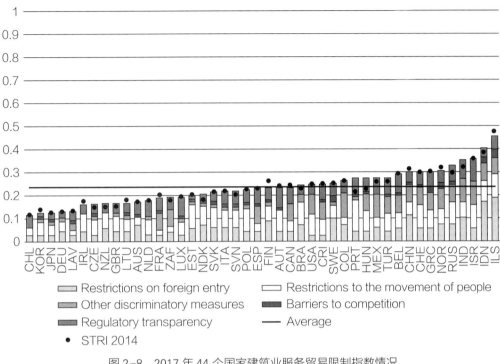

图 2-8　2017 年 44 个国家建筑业服务贸易限制指数情况

资料来源：OECD。

根据 OECD 最新调查数据①，全球 44 个主要国家中，仅有印度尼西亚根据 2007 年《投资法》第 5 条第 3 款的规定，外资持有的最高股权比例限制为 67%，即本土企业需要在外资公司中占比超过 1/3。其他国家对外国建筑业企业在当地设立分支机构并没有股权比例的限制。如果需要通过并购当地政府国有公司控制的建筑业企业进入市场，那么澳大利亚、爱尔兰、瑞典、印度和印度尼西亚等 5 个国家对外资股权比例有明确的限制。而在 2014 年，7 个国家对此有股权比例限制，但芬兰和挪威分别在 2015 年和 2016 年取消这一限制措施。另外，如果丹麦政府与外资公司母国有相关的协议，则外资公司可以通过设立子公司的方式在东道国开展建筑业相关业务；印度尼西亚则不允许外资公司子公司在印尼开展建筑业业务（能够允许的企业形态包括合资的有限

———————————

①　指 OECD 关于服务贸易限制指数的调查和分析，针对全球 44 个国家开展的调查数据。这 44 个国家分别是澳大利亚、奥地利、比利时、加拿大、智利、捷克共和国、丹麦、爱沙尼亚、芬兰、法国、德国、希腊、匈牙利、冰岛、爱尔兰、以色列、意大利、日本、韩国、拉脱维亚、卢森堡、墨西哥、荷兰、新西兰、挪威、波兰、葡萄牙、斯洛伐克共和国、斯洛文尼亚、西班牙、瑞典、瑞士、土耳其、英国、美国、巴西、中国、哥伦比亚、哥斯达黎加、印度、印度尼西亚、立陶宛、俄国、南非。参见 http：//dx. doi. org/10. 1787/5jxt4nnd7g5h–en，2018 年 5 月 1 日最后查阅。

合伙企业及外资企业在当地的代表处）。

（二）董事会及管理层人员的要求

由于企业法人是一国经济活动的重要主体，各国政府都希望企业法人在经济活动中遵守当地法律法规、维持企业的正常运用。一般来说，企业有股东会，代表股东行使职权；但很多国家仍要求外资企业成立董事会，代表企业利益，防止激进的股东对企业利益的掠夺。针对董事会成员本土化率，比利时、爱尔兰、挪威和瑞典要求当地居民在外资公司董事会中要占绝对多数，主要是为了方便法院命令或政府通知能够有效送达到公司。印度尼西亚要求董事会中至少有一个本国人，并且印尼 2017 年《建筑法案》要求外资公司办公室主任应为印尼国民。该法还规定所有建筑服务工作者都必须具备技能和专业知识证书。此外，人力部和移民法令第 40/2012 号附录（the Appendix in the Ministry of Manpower and Transmigration Decree 40/2012）中保留印度尼西亚国民担任经理职位，涉及人力资源和行政职位。针对董事会的成员构成，澳大利亚、加拿大、芬兰、爱尔兰、以色列、新西兰、挪威、瑞典、瑞士和印度要求董事会中至少一名为当地居民。对此，澳大利亚还要求在有国有成分的外资公司中，董事会里当地居民的数量至少为 2 人。加拿大要求董事会成员中应当至少 1/4 为本地居民。以色列上市公司相关法律规定，上市公司必须委任一名独立董事，且该董事的国籍应为以色列籍，该法律同时适用于在以色列上市的外资公司。印度政府要求外资建筑业公司至少有一名董事在印度居住超过半年以上的时间。针对管理层的成员构成，芬兰、挪威、爱尔兰和瑞典要求经理必须为欧洲经济区（European Economic Area，EEA），巴西政府要求管理层所有成员必须都是本地居民（Law 6404/1976 on S/A joint-stock corporation、Law 10406/2002 Civil Code），印度政府要求经理必须为印度居民（Companies Act，2013）。

（三）外资审查方面的要求

各国普遍希望外国投资既能够带来资本的流入，也能够带来正向的社会溢出效应。对此，很多国家都对外商投资为本国带来的利益方面进行审查。针对准入审查方面，加拿大规定（Investment Canada Act）当外资建筑公司投资一定规模以上时，需要由部长考虑公司在加拿大经济活动对就业的影响、资源处理的影响、利用加拿大生产的部件和服务及促进加拿大的出口的要求。墨西哥需要对外资建筑企业进行经济审查，此外墨西哥外资委员会还会考虑该项投资对就业和员工培训的影响、技术的贡献、是否符合环境标准及对提高墨西哥工业竞争力的总体贡献。墨西哥政府可以出于国家安全考虑阻止外国投资，但没有对此规定门槛或部门清单。外国公司需要得到内政部的特别授权才能在该国开展业务。

除了以上国家会对经济利益进行审查之外，更多的国家要对建筑业外资企业投资的其他利益进行审查。美国外商投资安全审查委员会 ［CFIUS, Defence Production Act（Section 721）（50 U. S. C. §4565（2017）］、Code of Federal Regulations（CFR）［31 F. R. C. §800（2017）］对外资建筑企业并购其国内关键基础设施将进行国家安全审查。澳大利亚政府会禁止违背本国国家利益的外资企业投资，政府会考虑资金的性质（国有或者非国有）、澳大利亚本土企业在外国投资项目的参与程度及雇员、债权人和其他股东的利益，确保相关方公平的回报。欧盟国家将审查与国防相关的建筑业公司的外资投资（Articles 52 and 65 in the Treaty on the functioning of the European Union）。德国将阻止外资公司参与关键基础设施的投资，如能源和水的供应、通信网络、金融基础设施、医院和药方等，以及与关键基础设施相关的软件服务行业。值得注意的是，澳大利亚、加拿大、芬兰、墨西哥、新西兰、美国和印度都会对一定规模以上的外资建筑业投资或并购进行审查。

（四）土地使用限制

在基础设施项目的施工建设中，土地是否方便获得对于企业非常重要。在中国，地方政府一般会协助基础设施建设项目完成土地的征收，但在国外，不同国家往往有着较大的不同。44 个主要国家中有 26 个都对土地使用做了不同的规定。大部分国家都对边境及海岸线周边的土地使用做出严格的限制，有时不允许企业在施工期获得土地，但可以在工程结束后运营维护阶段拥有土地。澳大利亚政府规定，外国人（包括其名下的各类公司）拥有的土地价值超过 1500 澳元，需要到政府进行备案审核（Register of Foreign Ownership of Agricultural Land Act 2015，第 151 条）。奥地利政府要求外资企业的任何土地购买行为都要受到政府审核（Law of Lower Austria governing the acquisition of land by foreigners）。智利政府不允许外资企业拥有国境线 10 公里之内、海岸线 3 公里之内的土地（Decree Law 1939 on Norms on acquisition, administration and use of good of the State）。丹麦政府要求非居民或生活 5 年以下的居民购买土地时需要政府批准（Act on the purchase of real estate）。匈牙利政府不允许外资企业拥有农业用地（Act CXXII on agricultural lands）。俄罗斯政府不允许外国公民或外国法人实体拥有边界线上的土地（Land Code of Russian Federation）。印度尼西亚政府要求外国企业或个人只能租用 25 年、到期后续租 20 年土地，这之后再使用则需要政府批准（Building Rights on Land，Cultivation Right on Land，and Right to Use Land）。巴西政府不允许外国企业和个人收购边境地区的房产，不允许其拥有政府的房产及不允许拥有超过 50 模以上的农业用地（Brazilian Federal Constitution、Decree-Law 9760/1946 about the Union real estate、Law 5709/1971 Acquisition of Rural Property by Foreign Persons）。

二、各主要国家对外资基础设施公司人员雇佣方面的要求

基础设施产业一般都是劳动力密集型的产业，对于当地就业和国际人才流动有重要的影响。关于雇员方面的要求，各国法律对员工比例、外籍技术人员限制及其他方面都做了一定的规定。具体内容如下：

（一）员工比例要求

一些国家会对外资公司的履行要求做出相关规定。如智利政府要求雇员数量超过 25 名的外资企业需要御用 85% 以上的智利员工，不包括技术员工。欧洲地区普遍要求外资建筑公司投保施工责任险（Liability Insurance for Construction）。墨西哥政府要求建筑公司 90% 以上的员工应该为墨西哥人，不包括管理层、董事会等（Federal Labour Law）。巴西政府要求，如果外资企业在巴西移民局申请临时工作签证，必须提供证据证明至少 2/3 的员工是由巴西员工组成的（Decree-Law 5452/1943 - Consolidation of Labour Laws）。哥伦比亚政府要求外国专业人员在工程师领域的参与不得超过哥伦比亚子公司的个人或专业工程师（如建筑工程师）的 20%，但不得影响现行劳工标准的适用（Decree 1052 of 1998、Act 842 of 2003、Law 1150 of 2007）。印尼政府则要求外资公司聘任当地居民作为副手，促进技术转移（Construction Service Act）。南非政府要求，建立企业或投资现有企业的外国人申请商业签证时，应附带一份证明，证明该企业经营所雇用的员工总人数中至少有 60% 是南非公民（Immigration Regulations）。

另外，一些国家还对建筑公司雇员人数做出限制。如奥地利政府对外资公司的雇员人数有配额限制（Foreigners' Employment Act），爱沙尼亚对于外籍人员进出要求不超过 0.1%，但美国、欧盟和日本国民除外（Aliens Act），匈牙利不允许当年超过 5.9 万外籍员工获得工作许可（Decree on the highest number of third country nationals that can be employed in Hungary、Announcement on the highest number of third country nationals that can be employed in Hungary in 2017），俄罗斯对于工作许可的配额控制在 11 万人（Law on Legal Status of Foreign Citizens in the RF）。

（二）配套服务的专业人才限制

针对与建筑行业相关的服务业，一些政府也会做出不同程度的限制。在 44 个受调查的国家中，有 32 个针对这项内容做出了详细的规定，这也是基础设施领域政府限制比较多的一个重要环节。如匈牙利、比利时、墨西哥都要求建筑业相关的配套服务专业服务如无法从本国获取，才能分包给外国公司；只有在这种情况下，才允许专业服务人员入境（奥地利 Foreigners Employment Act，比利时 Law on Foreigners Independent Professions，墨西哥 Federal Labour Law）。加拿大政府规定，如果在加拿大的公司为获得外国公司的服务引入外籍雇员，该项行为要受到加拿大劳动市场影响评估和 LMIA 法案的限制（Immigration and Refugee Protection Regulations）。日本政府规定，只有获得学士学位及以上、或在专业领域拥有 10 年以上工作经验的人员才能作为外籍专家引入日本国内。

如果雇佣海外独立的专业人才，各国要求与上述规定基本一致。

对于海外雇佣的专业人才，大多数国家都会做出停留时间的限制。波兰要求最多逗留 4 个月的时间，比利时、芬兰、匈牙利、爱尔兰、以色列、斯洛文尼亚、瑞士、土耳其、哥斯达黎加等国要求最多逗留 12 个月。智利、希腊、爱尔兰、韩国、挪威、瑞典、巴西、印度、印度尼西亚要求最多逗留 24 个月。澳大利亚、奥地利、加拿大、捷克、爱沙尼亚、法国、德国、意大利、卢森堡、荷兰、新西兰、波兰、斯洛伐克、西班牙、美国、哥伦比亚、利比里亚和俄罗斯要求最多逗留 36 个月。丹麦、墨西哥和南非要求最多逗留 48 个月。日本和英国允许逗留 60 个月。

（三）其他相关要求

除以上规定外，冰岛还要求入境员工需要购买当地的医疗保险（Foreign Nationals Right of Work Act），爱尔兰要求入境人员的专业水平达到一定的标准（Employment Permits Regulations 2017），挪威要求岗位空缺时间在 5 个月以上才能雇佣同岗位的外籍员工（Aliens Employment Act），入境俄罗斯的工作人员还需要证明对俄语、俄国历史文化有一定的掌握（On Legal Status of Foreign Citizens in Russian Federation），日本则不接受相关法律规定之外的技术人员入境，英国则要求雇主缴纳一定的保证金（The Immigration Skills Charge Regulations 2017）。

三、各主要国家对外资基础设施公司竞争政策方面的要求

在竞争政策方面，各国都会对购买国货、招标技术标准的使用等方面做出一定的要求，具体内容如下：

（一）购买国货的要求

由于基础设施投资方一般为各国地方政府，促进国货的购买是各国政府对外资基础设施企业施加的要求，不同国家的规定有较大的差异。如土耳其政府规定，只有在当地价格高于国际价格 15% 以上，外资企业才允许从国际购买相关的专业服务（Public Procurement Law）。大多数国家要求与外资企业的母国签订相关互惠的协定，才允许放开对外资购买服务的限制（比利时 Law on Public Procurement，爱尔兰 Act on Public Procurement 等）。加拿大政府规定 GPA 仅适用于联邦采购。"内部贸易协定"禁止在加拿大其他省份对次联邦采购合同进行歧视，但允许仅限于加拿大商品或供应商的投标；或加拿大增值税的价格偏好最高可达 10%（Agreement on Internal Trade，Chapter 5）。美国政府采购仅对 GPA 成员国开放，根据美国国内税收法规 §500C，如果外国人与美国政府签订了购买合同，在非 GPA 缔约方提供的服务或未提供服务的国家提供服务，则需征收 2% 的附加税〔19 U.S.C. 2511—2512（2017），Federal Acquisition Regulation 等〕。俄罗斯政府认为，当地价格扣除 15% 之后再与国际比价（Law on State and Municipal Procurement of Goods，Works and Services）。但是以色列、智利、爱尔兰和巴西政府明确规定在政府采购时完全不能歧视外国企业。

（二）招标的要求

由于基础设施项目合同金额较大、涉及多方利益，为杜绝腐败现象，各国都对基础设施项目的招标提出明确的要求。调查的 44 个国家中，41 个都有明确的招标门槛要求。葡萄牙等欧盟成员国政府规定，13.5 万欧元以上的中央政府购买货物和服务项目必须招标，20.9 万欧元以上的地方政府购买货物和服务的项目必须招标（Decree Law 18/2008 stablishing the Code of Public Contracts）。智利政府要求相当于 6.7 万美元以上的项目都需要招标（Law 19886 on Public Contracts）。印度尼西亚政府要求价值 7600 万美元以上的建筑工程及超过 150 万美元以上的其他商品或服务的项目才允许外国公司参与招标。只有当本地公司无法提供相当的商品和服务时，才允许通过国际招标选择外国供应商（Procurement of Government Goods and Services）。澳大利亚政府要

求 750 万美元以上的项目都需要招标（Commonwealth Procurement Rules 2017）。加拿大安大略省政府的采购政策要求价值 25000 美元或更高的商品合同及价值 10 万美元或更高的服务和建筑合同必须使用公开竞争。加拿大各部委和机构必须使用电子招标系统为任何价值 2.5 万美元或以上的公开竞争性采购和价值 10 万美元或以上的服务（The Supply Manual of Public Works and Government Services Canada，Broader Public Sector Procurement Directive of Ontario 2011）。美国政府要求采购市场对 GPA 伙伴国门槛目前为联邦采购为 19.1 万美元，协议涵盖的次级联邦采购为 52.2 万美元（Executive Order 12260 to set the U. S. dollar thresholds for the WTO Agreement on Government Procurment and free trade agreements）。

所有国家都要求招标过程公开透明。针对招标时出现的其他情况，挪威政府允许让 EEA 地区外的外国供应商中标，只有当报价显著低于 EEA 供应商的报价时（Regulation on public procurement）。德国政府要求选择中标商要综合考虑质量、价格、技术能力、环保能力等因素（Contracting and Contracting Regulations for Building Services）。墨西哥政府要求在各类条件都相似的情况下，政府项目应优先选择中小企业（Public Work Law）。

（三）技术标准

为后续的使用和维护提供较好的保障，基础设施项目在建设过程中，一般会明确技术的使用，确保各个环节有效配合。针对项目的技术标准，以色列政府要求使用发达国家的技术标准（The Standards Law），巴西政府鼓励使用巴西当地的标准（Brazilian Association of Technical Standards），印度政府鼓励优先使用印度标准、如无则采用国际标准（National Building Code 2005），墨西哥政府鼓励优先使用墨西哥标准、如无则采用国际标准，在国际标准缺失的情况下采用行业标准（Public Work Law）。而大部分国家并没有在政策和法规中做出明确限制。

（四）资本金的最低要求

为吸引有实力的外资企业参与本国基础设施项目，一些国家政府对企业注册资本金提出了一定的要求。如比利时政府规定，私人企业最低资本金为 1.9 万欧元，有限合伙企业最低资本金为 6 万欧元（Company Code）。俄罗斯政府规定私人企业最低注册资本金为 1 万卢布，而国有企业参股的公司最低注册资本金为 10 万卢布（On Limited Liability Companies，On Joint-Stock Companies）。

四、各主要国家对外资基础设施公司政策透明度的要求

大部分国家都要求基础设施相关政策公开透明，允许企业或其他利益相关方起诉不合规的政府主体，也允许在政府临时性限制措施对企业造成不利影响时，企业可以获得补救。

（一）政策发布的时间要求

一些国家要求政府政策必须公开透明，必须在公开的网站和报纸中公示。如斯洛文尼亚政府规定法律公示 15 天后方能生效（Official Journal of the Republic of Slovenia Act），土耳其政府规定如无特殊情况法律需要公示 45 天生效、但国民议会特别授权的法律可以当天生效（Bylaw on the Procedures and Principles of Drafting Legislation），韩国政府规定法律必须有 40 天的公示期（Administrative Procedures Act），加拿大政府规定政策公布必须有 23 天的公示期（Statutory Instruments Act）。政策发布前较长的公示时间及充分的磋商能够为企业开展基础设施合作降低政策风险。

（二）政府对于处理工作签证的规定

为降低政府审批风险，提高企业运营的效率，很多国家政府对于处理工作签证的期限做了明确的规定。如日本政府要求在 1 天内完成短期签证的签批，墨西哥政府在所有满足条件达到后，可以在 2 天内给予商业签证，大多数国家都需要 10~15 天的时间处理工作签证。同时对于政府处理工作签证的费用，日本政府仅收费 6.5 美元，俄罗斯政府收费 17.9 美元，大部分国家收费在 100 美元以内。英国、土耳其政府收费分别是 110 美元和 112 美元。美国政府收费 160 美元。新西兰收费 230 美元。哥伦比亚政府收费 431 美元。针对于签证，大部分政府要求的文件数量在 20 个以内。英国仅要求 2 份文件，美国要求 4 份。

由于基础设施项目是一个劳动密集型产业，大多数外资企业参与海外建筑业需要母国劳务人员前往当地。各国给予劳务人员签证时间差异较大，具体内容见表 2-3。

表 2-3 各国给予劳务人员签证的审批时间

国家	取得建筑业签证的时间（天）	国家	取得建筑业签证的时间（天）
韩国	28	智利	152
丹麦	64	波兰	153
芬兰	65	瑞士	156

国家	取得建筑业签证的时间（天）	国家	取得建筑业签证的时间（天）
哥伦比亚	73	卢森堡	157
美国	80.6	荷兰	161
冰岛	84	法国	183
英国	86	印度	191.5
墨西哥	86.4	日本	197
新西兰	93	印度尼西亚	200.2
德国	96	匈牙利	202
爱沙尼亚	102	西班牙	205
土耳其	103	以色列	209
立陶宛	103	比利时	212
挪威	110.5	奥地利	222
澳大利亚	112	斯洛文尼亚	224.5
葡萄牙	113	意大利	227.5
瑞典	116	俄罗斯	239.3
哥斯达黎加	118	中国	244.3
希腊	124	捷克共和国	247
南非	141	加拿大	249
拉脱维亚	147	斯洛伐克共和国	286
爱尔兰	149.5	巴西	425.7

资料来源：OECD。

第四节　各主要地区基础设施合作的模式特点

整体来看，欧洲、北美和中东属于国际基础设施合作领域的高端市场，法律规则严格、各知名跨国基础设施企业都在这个市场开展激烈的竞争。拉美和亚洲属于中端市场，法规相对宽松。非洲属于中低端市场。值得注意的是，亚洲仍是中国企业参与国际基础设施合作的最大市场，其次为非洲、欧洲、拉丁美洲、大洋洲和北美洲。中国企业参与基础设施建设主要集中在中端和中低端市场，未来转型升级和价值链地位提升的空间较大。

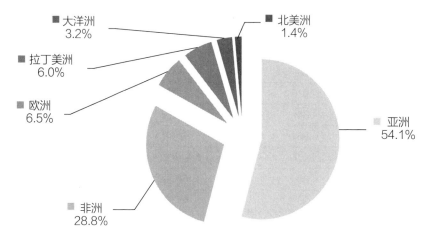

图2-9　2017年中国企业对外承包工程新签合同额地区分布

资料来源：商务部。

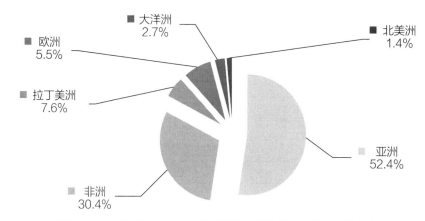

图2-10　2017年中国企业对外承包工程完成营业额额地区分布

资料来源：商务部。

一、欧洲市场

欧盟各主要成员国主要是经济发展程度比较高的国家（非欧盟国家入盟意愿强烈，多采用欧盟法规和技术标准，在中东欧国家中表现尤为明显），基础设施合作领域的工程建筑技术标准和市场准入规则都比较负责，对外籍劳务的限制比较严格。但是，欧盟成员国之间的市场自由化程度高，英国、法国、德国、西班牙等传统基础设施建设强国的企业纷纷占据欧盟市场，中国企业在欧盟开展基础设施建设的规模有限。值得注意的是，欧洲国家领土面积较小，城镇化水平高，人口富有，能够为高价值基础设施项目创造发展空间。

从 ENR 前 250 家国际承包商收入来源情况看，欧洲地区吸引外国承包商参与基础设施建设的市场份额约占全球的 1/5，是继亚洲之后全球第二大国际承包工程市场。2017 年，中国企业在欧洲共新签合同额 172.2 亿美元，相比 2016 年增长 70.2%，占

图 2-11　ENR 前 250 家在全球收入与欧洲地区收入的对比情况

资料来源：ENR。

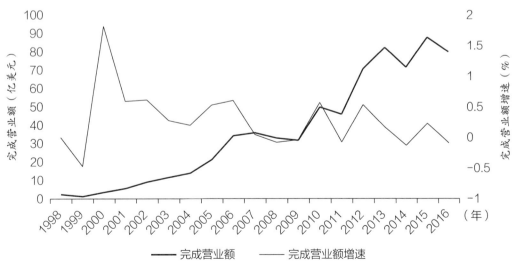

图 2-12　中国企业在欧洲开展基础设施建设完成营业额及增速情况

资料来源：商务部。

中国企业在全球签署合同额的 6.5%。中国企业在欧洲完成营业额 93.2 亿美元，同比增长 16.6%，占中国企业在全球完成营业额的 5.5%。

根据职能分工，欧盟层面并不直接干预各成员国的基础设施建设规划。欧盟主要通过竞争政策、区域政策、运输政策、共同农业政策、环境政策、公共采购等政策工具推动基础设施建设。对于前往欧洲开展基础设施建设的企业，要遵守职业准入规定，需申请建筑从业准入，申领建筑许可证，完成商业注册和承包商注册，获得承包商资质资格。严格按建筑设计施工，保证质量，遵守当地用工和福利待遇等法规制度，绝对禁止使用非法劳工。

欧盟各国对劳务市场监控严格，主要目的是防止廉价劳工涌入，抢夺本国公民的就业岗位。欧盟失业率高、就业压力大且劳动力成本高，目前欧盟各国只允许少数欧盟内部其他成员国劳工在获批后进入本国劳动力市场，中国企业很难在欧盟境内开展劳务合作业务。中国公民获申根签证后，可在规定时段内进入申根国家，但如未获目标国家工作许可等相关手续，不得在当地务工，也不得超时滞留或多次往返。

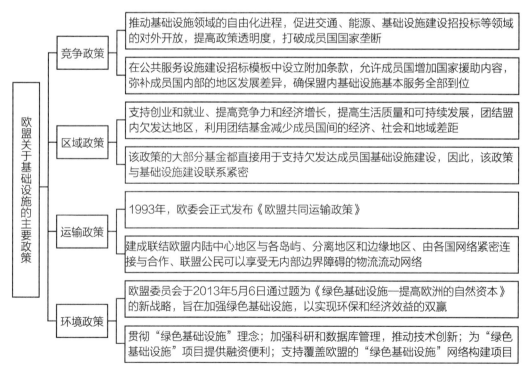

图 2-13　欧盟关于基础设施的主要政策和规划

资料来源：商务部。

另外，欧盟成员国税收体制比较复杂，企业税收成本较高。企业认真了解当地税收规定，充分核算税负成本，以便获得企业所得税、财产税及个人所得税减免。欧盟各国工资成本高，雇主需要交纳的社会保障费也高。企业到欧盟成员国投资要了解当地劳动法关于工资和社保基金的具体规定，精心核算工资成本，提高劳动生产率。

· 专栏2.8 ·

欧盟关于政府采购的规定

欧盟是世界贸易组织诸边协定《政府采购协定》的参加方。据欧委会最新统计，2010年，欧盟门槛价以上政府采购市场规模约为4470亿欧元，占欧盟各成员国GDP的3.7%。其中，22%为货物采购，42%为服务采购，36%为工程采购。门槛价及其以下政府采购市场只对欧盟成员国开放。

国家、地区和地方政府、法律规定的实体和社团都可以参与欧盟的政府采购。欧盟采用清单的办法管理政府采购事宜，2004/17号指令用十个附录分别列出了水或气、电、饮用水、铁路、城市公共交通、邮政、油气、煤及固体燃料、海事或内陆港口、机场等十个领域的采购内容。欧盟通过公开招标、有限招标、竞争性对话、严格界定例外条件下带竞争邀请的谈判程序、严格界定例外条件下不带竞争邀请的谈判程序，进行政府采购。

欧盟采购程序要求采购方事先公布相关信息，诸如最低资质标准、中标标准及各项标准相对权重。如无法提供权重，则需给出这些标准并按重要性递减顺序排列，包括选择标准的参数、执行标准的规则、合同履行条件等。

欧盟要求采购方事先公布采购意向，以发布合同公告形式来邀请竞争，并对最终授予合同进行公告。除事先信息公告可在采购方网站发布外，其他公告须发给欧盟官方公报进行免费公布。欧盟还规定响应招标的合适时间期限。但如果满足以下三个条件则允许缩短期限：一是公布事先信息公告；二是通过特别电子方式向欧盟官方公报发出合同公告；三是合同文件和技术规格可在网上获得。欧盟早在1994年就在互联网上开通了《电子招标日报》（简称TED）系统，内容包括欧盟的所有政府招标信息，依据欧盟采购协议进行的招标都在同等条件下对全部欧盟成员国的投标者开放。2011年的《欧洲政府采购现代化指南》提出，2016 年电子采购将成为欧盟的标准采购方式，欧委会自 2015 年起全面实施电子采购。相关措施包括：给电子采购基础设施以技术和资金支持；总结并分享电子采购领域的成功经验；监控电子采购的收益及接受情况；打造向企业提供电子采购信息及获益的传播平台。

欧盟层面颁布的政府采购相关法律法规：2004/17 号《水、能源、交通和邮政部门采购》，2004/18 号《公共工程、供应及服务采购》，2012 年《关于就第三国货物和服务进入欧盟政府采购内部市场以及欧盟货物和服务进入第三国公共采购市场谈判支持程序等问题制定规则的法规建议》。

资料来源：中国驻欧盟师团经济商务参赞处。

欧洲主要国家基础设施国际合作的模式和特点如下。

1. 英国

英国基础设施正处于升级换代的关键时期，建设需求巨大。英国主导基础设施建设的部门为基础设施和项目局（Infrastructure and Project Authority），计划在 2021 年底，完成或启动 100 余个主要公路项目，增加 1300 余英里的车道，改善 60 余个问题路口。全面改善全国所有铁路线路，实施城际快车计划，引进 800 余台新列车。将建设曼彻斯顿、卢顿、希斯罗和盖特威克机场项目，提升利物浦、伦敦港口能力。计划 2020/2021 财年底，欣克利角核电站开始施工。另外，在数字通信领域，英国政府计划在 2021 年底超高速宽带覆盖率达到 95%，4G 覆盖率达到 98%，语音覆盖全国 90% 地理区域，500MHz 高价值公共频谱发布，新的 5G 战略发布。

英国基建主要依靠私人部门融资，私人部门通过 PF2 模式参与项目。由于英国政府财政吃紧，无法筹措足够的资金。从实际看，总投资额至少 80% 的资金需要来自私营部门。尤其是能源类项目，其项目数和资金额均占总盘的 50% 以上，但投资需完全依靠私营部门资金，政府仅通过浮动价格收购合约机制稳定投资方收益。在对私营资本投资（PFI）模式评估的基础上，英国财政部推出了新的公私合营（PPP）模式，即"私营融资模式 2"（PF2）。PF2 旨在更好地平抑投资风险，消除运营风险，提高机构投资者的接入可能。此外，PF2 还将鼓励商业银行、欧洲投资银行和其他金融机构向项目投资提供贷款、担保和信用支持。

英国政府欢迎外资参与基础设施建设，但要控制关键基础设施项目。英国欢迎任何能促进当地就业的外资进入，但 2016 年提出了关键基础设施领域的新监管框架。

这一框架主要有三大支柱：一是将在所有新建基础设施项目中持有特殊股份，确保英国政府对于项目的所有权和股份变化具有"一票否决权"。二是核电等其他关键基础设施的开发商和运营商必须向英国核电管理办公室和其他部门报告所有权和股权变更情况，英国政府有权直接命令或者建议核电管理办公室及其他部门以国家安全和保护公共利益为名，干预相关变更。三是将进一步评估和改革当前管理关键基础设施的路径和政策，确保对海外资本进入关键基础设施项目的审查。这一审查不仅包括公共利益评估，更主要的是协调多部门评估外资控股对国家安全的影响。英国政府对于关键基础设施项目的新管控措施已经体现在欣克利角C项目中。2016年，特蕾莎·梅首相上任不久，就叫停了欣克利角核电项目，虽然最后开了绿灯，但要求牵头该项目的法国电力集团（EDF）做出承诺，在未获英政府许可的情况下不得出售所持该项目股权。

英国PPP项目运营期较长、较少采用特许经营模式，后期多依靠政府付费收回投资。英国较少采用特许经营，多数情况下选择PFI（2012年后进一步改进为PF2）。特许经营的项目，需要使用者付费，而PFI项目则是政府付费的。由于英国的教育和医疗是全民免费，所以大多采用PFI模式。即便是交通（高速公路、铁路等）绝大多数也是采用PFI模式，整个英国目前只有一条使用者付费的交通（公路项目公里22公里，因公路收费，使用者较少，目前政府打算收回国有）。运营期限在20～30年之间的项目合计占比为81.5%。也有少量项目运营期限在5年以内的项目（占0.6%），主要为IT类项目；部分超过40年的项目（占0.3%），主要为交通类项目（高速公路维护）和医疗项目。

2. 德国

德国政府大力投资基础设施，促进经济效率的提升。2006年，在世界经济论坛的全球竞争力报告中，德国交通基础设施整体质量排名全球第三，2016年已经下滑至第11位。2016年8月3日，德国联邦政府通过了最新一期联邦交通道路规划（BVWP）。根据规划，到2030年，联邦政府将投入2696亿欧元用于支持交通基础设施建设领域的1000个紧急优先项目。新规划将采取维护优先于新建原则，69%的资金用于现有网络维护和现代化改造，31%用于新建。49%的资金将用于道路建设，41%的资金用于铁路，剩余资金用于水道和运河。近几年，德国大力推进能源转型，电网建设是能源转型的关键。2011年起，德国联邦网络局负责实施"电网扩建促进项目"。2012年，联邦网络局制定了第一个"电网发展计划",确定特高压电网扩建计划在下一个 10 年内要优先发展。

德国基础设施欢迎全球相关企业参与,但欧盟企业参与度更高。德国是市场经济国家,推行贸易和投资自由,基础设施建设市场原则上是开放的,但实际上主要针对欧盟国家开放。以建筑市场为例,欧盟以外第三国建筑企业到欧盟承包工程需要得到批准。德国承包工程市场对中国建筑企业进入的限制主要在审批、注册、技师考试、劳动许可、招标资格和技术壁垒等方面。在工作许可方面尤其严格,同等条件下应优先雇用本地员工,只有本地员工无法完成的特殊工种才能从外国引进,在事实上造成欧盟以外国家建筑商难以以平等身份的身份进入德国市场。目前,只有镇江国际经济技术合作公司在德国从事带有民族特色的建筑工程施工的先例。

德国基础设施项目引入"标杆管理"的绩效评估方式,多方参与监管。为了降低项目暗箱操作的概率,德国加强改进公共服务监管的一个主要趋向是引入被称为"标杆管理"的绩效评估方式。德国各城市为提高公共服务质量专门成立了一个管理联合会(KGSt),负责实施"公共交互指标网络"。每一个网络都关注于一定的政策领域(例如儿童抚养、博物馆、街道清洁等)。这个机构于 1949 年建成,有独立的运营资金来源,因此可以独立于国家和党派机构,使得监管更为客观。许多城市或部门在众多的指标网络中互相合作,通过交换绩效数据,比较自己的表现,力图从其他市政当局或者部门那里吸收好的经验。此外,政府还采取措施,强化市民对政府公共服务的监督。近年来,在德国许多城市,市民在接受政府的公共服务后,通常会要求为政府的服务打分,其中包括服务咨询的质量、现场等待时间长短、政府服务机构是否醒目易找到、工作人员礼貌和友善的程度等。

二、北美市场

从整体情况来看,北美市场尤其是美国市场对于基础设施建设的需求较为旺盛。美国的基础设施老化程度非常严重,急需修护更新。世界经济论坛的《全球竞争力报告》指出,在基础设施质量方面,美国位居全球第 19 位,排在西班牙、葡萄牙和阿曼之后。美国土木工程师协会(ASCE)在 2013 年发布美国基础设施综合评测报告,整体评测结果为 D+,并估算至 2020 年,为升级交通基础设施,美国需投资 3.6 万亿美元,相当于每年用于维修、更换或扩建的花费将高达数千亿美元。而根据荣鼎公司为美国商会所做的研究，保守预测美国 2013—2030 年在基础设施领域总计需要投资 8.2 万亿美元，每年平均为 4550 亿美元。美国州际公路大多建设于 20 世纪 50—80 年代，而混凝土和沥青路面的使用寿命为 30~50 年。

2017 年，中国企业对北美洲承包工程新签合同额达 36.1 亿美元，同比下降 17%，占中国企业在全球新签合同额的 1.4%；中国企业在北美洲地区完成营业额达 23.7 亿美元，同比增长 2.2%，占在全球完成营业额的 1.4%。中国企业在美国新签大型工程承包项目包括中国寰球工程有限公司承建美国得克萨斯清洁能源项目 EPC 合同；中国冶金科工集团有限公司承建中冶海外美国养老地产项目；华为技术有限公司承建美国电信等。中国企业在加拿大新签大型工程承包项目包括上海振华重工（集团）股份有限公司承建加拿大岸桥项目等。

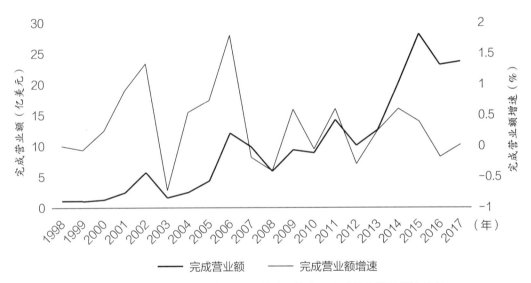

图 2-14 中国企业在北美洲开展基础设施建设完成营业额及增速情况

资料来源：商务部。

北美主要国家基础设施国际合作的模式和特点如下。

1. 美国

多部门协调管理，基础设施监管体系较为完善。在美国，负责基础设施的主要政府部门包括交通运输部（主要职责是制订交通法规，对进入美国的各种交通工具和运输的危险品做出一系列规定，颁发相关认可证书）、财政部（联邦投资建造的基础设施项目经交通运输部批准，由联邦财政投资）、美国外国投资委员会（CFIUS）（负责审查外国企业赴美投资涉及国家安全和重要基础设施的兼并收购案)、联邦调查局设立的国家基础设施保护中心(强调主动采取措施以防止基础设施受到人为的计算机攻击或其他破坏,尽量避免在发生事件后才对相关行为开展调查或做出反应)。此外,美国针对不同类别的基础设施还分别建立不同的部门进行管理。

美国公路设施管理局

- 美国公路系统分为州际公路、其他干线公路、地方公路等。按辖权分为联邦、州、地方三级。联邦交通运输部下设的联邦公路管理局(Federal Highway Administration)主管全美公路规划、建设、养护和运营,在全美各地设有区域性机构办公室。美国50个州及诸多市、县政府是公路建设、运营的主要管理机关,州政府的主要职能是负责收集和分配道路使用税,建设和维修已有的州道路网,以及经营和管理公路,地方政府包括县政府和市政府,其公路管理职能根据各州规定而不尽相同。

美国铁路设施管理

- 联邦交通运输部下设的联邦铁路管理局(Federal Railway Administration)是美国铁路的联邦主管部门,主要职责是保证铁路安全条例颁布实施,提供铁路管理援助计划,支持改进国家铁路和铁路交通运输安全的研究和发展,加强政府对铁路运输服务的支持。

美国港口设施管理

- 美国联邦政府没有主管港口的专门机构,但涉及或影响港口的建设和管理的机构却很多,主要有交通运输部的海运管理局、联邦海事委员会、环境保护署等。

美国管道运输设施管理

- 美国联邦交通部下设的管道和危险品安全管理局(Pipeline and Hazardous Materials Safety Administration)是联邦政府管理油气管道运输的部门,对管道运输的安全性提出要求,并处理管道运输中产生的安全问题。此外,还负责美国管道运输与国际互联的事务。

图 2-15 美国主要基础设施管理部门及主要职能

资料来源:商务部。

美国政府对基础设施支持力度较大,过万亿美元支持基础设施建设。2014年2月,时任美国总统奥巴马宣布一项为期四年、斥资3000亿美元(约合人民币1.84万亿元)的基础设施建设计划,拟重建美国的高速公路、桥梁及铁路等基础设施,并制造数十万个新就业机会。2016年,美国总统特朗普出台一项1万亿美元基础设施建设计划,主要用于铁路和公交系统、港口、机场、水路、供水和污水处理系统、能源基础设施、公共原住民土地等方面支出。该计划将要求各州简化地方审批流程,优先考虑现有公路、高速公路翻新项目,而非新建公路,并优先考虑很快开工的项目,只有各州政府证明 90 天内开工的项目才能获得联邦政府支持。

在美国基础设施建设领域，投资修建基础设施合作较为成熟。美国联邦政府没有针对外资开展 BOT 项目出台专门规定。一般情况下，对涉及军事、保密、安全等工程，外国承包商较难进入。尽管联邦政府没有针对外资开展 BOT 项目出台规定，但一般来说，由于美国业主普遍愿意和美国公司打交道，信任在美国有经营经验、业绩和一定声望的公司。因此，在美国开展工程承包等基础设施合作，一般需要注册为当地公司，有利于经营活动的正常开展。具体可以是独资、合资、合作等形式。美国 PPP 潜力巨大，但总体发展落后于欧洲 PPP 步伐。近年来，美国不断加快通过 PPP 方式进行基础设施建设的步伐，2008—2010 年，尽管面临严重经济衰退，美国 PPP 仍然保持快速增长的态势。同时，美国各州对 PPP 的态度和理解不尽相同，得克萨斯、佛罗里达、弗吉尼亚等州已从早前的私有化浪潮转向 PPP，在全美领先。据不完全统计，2012 年，美国 PPP 规模达数十亿美元，继续位列前五大 PPP 市场；2003 年以来，美国已有 7 个州建立了 PPP 单位，主要功能是政策制定和业务咨询，为促进美国 PPP 的发展，美国学者建议尽快成立联邦一级的 PPP 单位，提高美国应用和发展 PPP 的能力。

2. 加拿大

加拿大政府对推动基础设施建设的力度较大，欢迎外国投资者参与基础设施建设。基础设施建设的主要政府部门是加拿大基础设施部（Infrastructure Canada），负责牵头基础设施政策制定和项目实施，主要通过投资、建立伙伴关系、制定政策、实施项目和知识培育等来确保加拿大人受益于先进的现代公共基础设施。加拿大基础设施部通过基础设施和社区部长向议会负责，由六个部门组成，分别是政策司、通信司、计划运营司、企业服务司、审计与评估司、联邦蒙特利尔桥梁司等。通过"投资加拿大"（Investing in Canada）计划，加拿大政府正在对基础设施进行大规模投资，计划在 12 年内在公共交通、绿色基础设施、社会基础设施、贸易和运输基础设施及农村和北部社区基础设施等方面提供 1800 多亿加元投资。加拿大对外国投资者参与当地基础设施投资并无明确限制。但实践中，如果没有在加拿大从业经历，很难满足承包项目的要求，业主一般都会通过在北美的项目业绩来评估承包商的资质。外国承包商一般的做法是收购一个当地承包公司或者与当地承包公司合作在加拿大开展业务。

对加拿大通过投资加强基础设施合作前景广阔。加拿大是全球最活跃且成熟的

PPP 市场之一。PPP 模式在加拿大被广泛应用于大型基础设施建设项目，涵盖道路、桥梁、能源、公共服务设施等领域。私人部门参与投融资、设计、建设与长期维护等各个环节。目前，加拿大采用 PPP 方式实施项目共计 200 多个，金额达 700 亿加元。加拿大成立 PPP 委员会，直接向议会负责，旨在推动 PPP 合作模式，创造就业，发展经济。加拿大基础设施银行是一项新的创新性的融资工具，将有助于公共资金进一步扩大范围，并帮助加拿大社区建设更多的基础设施。加拿大基础设施银行旨在以公共资金为杠杆，通过贷款、贷款担保和股本投资，撬动私人投资参与公共交通和高速公路等重大基础设施项目建设。新成立的基础设施银行资金规模 350 亿加元，其中 150 亿加元来自现有基础设施建设计划获得的额外资金，另外 200 亿加元将在未来采取公共和私人合作方式（PPP），通过发行股票或债券筹集。

地方政府对于基础设施的管理、监督和建设的力度较大。地方加拿大各省/地区、市政府对辖区内的基础设施项目拥有所有权。在 BOT 项目中，各级政府的基础设施或交通部门代表省、市政府与企业签约。根据现有资料，外资在加拿大的 BOT 项目主要集中于道路、桥梁项目。因各级地方政府对 BOT 项目拥有管辖权，企业与地方政府签署的协议条款也不尽相同。在特许经营年限方面，有些协议规定 16 年或 30 年，有些规定不超过 35 年，更有协议规定长达 99 年。在收费方式上，一些协议允许企业自行收费，一些协议则规定由政府向企业支付固定费用或根据车流量向企业支付费用，企业不能自行收费。

三、中东市场

在国际基础设施建设市场中，中东地区一般是仅次于亚洲和欧洲地区的全球第三大市场。从 ENR 前 250 家国际承包商收入来源情况看，中东地区吸引外国承包商参与基础设施建设的市场份额约占全球的 1/6。近几年，随着国际原油价格的剧烈波动，中东地区各国的财政收入受到较大影响，政府对基础设施投资支出有限，为企业以投资方式参与基础设施建设开拓了空间。近两年，中东地区人口开始快速增长、石油价格稳步回升。国际商业观察（BMI）数据显示，中东和北非地区的建筑业价值实际增长率将在 2018 年达到 5.8%，从 2018 年到 2022 年，其年均增长率将维持在 6.5%。按美元计，这需要建筑部门总价值大幅度增加，从 2018 年预测的 2250 亿美元到 2022 年增加到 3300 亿美元。

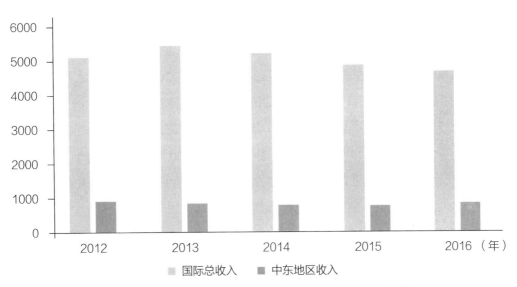

图 2-16　ENR 前 250 家在全球收入与中东地区收入的对比情况

资料来源：ENR。

"阿拉伯之春"运动之后，中东局势变得日趋复杂。中东各国之间一直存在较多的矛盾，地缘政治形势复杂。原教旨主义在中东复燃，教派之间冲突给当地局势增加较多的不确定性因素。在中东地区开展基础设施建设，需要高度关注当地的政治经济局势，做好安全防护。

中东主要国家基础设施国际合作的模式和特点如下。

1. 沙特阿拉伯

沙特政府鼓励公路和铁路建设。沙特负责基础设施建设的主要政府部门为交通运输部，其职责为路网设计、建造、维护，协调铁路等其他交通工具路面运输。沙特国内运输以公路为主，第一个五年规划就把公路列为首要发展的领域。沙特规划建设总长 6400 公里的高速公路，计划修建的复线公路长达 4.9 万公里，平整土路工程达 14.4 万公里。2013—2023 年，沙特将投资 450 亿美元建设全国铁路网，建成包括沙特大陆桥连线、南北线等在内的 6 条铁路干线，全长约 7000 公里。

沙特电信市场成熟，在中东处于领先地位。沙特是阿拉伯地区最具竞争力的电信市场之一，电信行业收入约 183.54 亿美元，全球排名第 14，中东地区排名第一。随着沙特"智慧城市"规划不断实施，沙特电信领域连通工程规模持续增长，未来电信行业对技术和成本的要求越来越高。目前，沙特已为华为和中兴两家中资企业颁发了外商投资全营业许可证。

沙特正大力推广核电建设，中资企业已在沙特开展合作。沙特拟在 2030 年以前新建 16 座核电站，耗资约 1000 亿美元，总发电量可达 22GW，届时将占沙特全国发电总量的 50%。2016 年 1 月，习近平主席访沙期间，中核建与阿卜杜拉国王原子和可再生能源城签署了《沙特高温气冷堆项目合作谅解备忘录》，双方确认开展第四代先进核能技术高温气冷堆项目合作。另外，沙特计划到 2030 年生产 950 万千瓦的可再生能源电力。这项最新的经济改革是该国 2030 年愿景计划的一部分，旨在减轻对石油的依赖。

沙特政府欢迎外国投资者参与基础设施建设，但不允许独资建设基础设施。沙特允许外国投资者参与当地基础建设投资，但尚不允许外国投资者独资投资基础设施。沙特正逐步放开基础设施投资限制，从国有投资向公私合营投资发展。沙特允许外国投资者参与当地基础建设投资的方式目前以 BOT 和 EPC 为主。2015 年下半年以来，沙特积极推进 PPP 合作模式，但沙特政府至今未出台相关法规和管理办法。

沙特政府财政收缩，鼓励投资建设基础设施。在政策层面，沙特政府鼓励私人业主参与铁路、机场、电力、供水、码头等基础设施建设，并注重吸引越来越多的私有资本，以弥补政府资金不足。为促进经济私有化，将政府企业转交私人业主进行经营和管理的方式受到重视，BOT 是其中的一种典型方式。然而，在近年沙特政府大兴基础设施建设时期，石油价格高企，沙特财政坐拥巨额盈余，政府资金充沛，BOT 方式在沙特的运用并不普遍，中国企业在沙特采用 BOT 方式承揽的工程项目寥寥无几。自2014 年下半年以来，国际油价大幅下挫，沙特财政吃紧，并出现赤字，一些原定的政府投资项目被迫推迟，带资承包项目的方式将体现出原本应有的优势，BOT 方式也将被更广泛地采用。

沙特国内治安环境较好，但需要高度关注劳工风险。在安全方面，沙特政局长期保持稳定，社会治安相对较好，外国人在当地务工，人身安全相对有保障，但近期由于受到周边局势，以及东部什叶派抬头的影响，东部和南部等边境省份的安全隐患有所加大。由于沙特政府自 2012 年积极推动沙特化政策，外籍劳务面临的风险不断上升。自 2013 年 4 月起，沙特劳工部、内政部开始联合清查在沙特非法劳工，对无合法工作签证和担保人非当前工作单位的外籍劳工开展大规模抓捕和遣返行动，目前已查处了上百万名非法劳工。2017 年初，沙特又开展行动，允许非法务工和滞留人员在限期内免受处罚自行离境。

2. 阿拉伯联合酋长国

阿联酋政府资金较为充裕，能源领域基础设施开放程度较高。基础设施重点项目资金主要来自政府投资，银行贷款是常规融资渠道，当地伊斯兰金融是一大特色。阿联酋基础设施由政府或国有实体所有，一般由本国投资主体完成，但在能源、新能源等领域也向外资和私营部门开放。为提高能源利用率，将在太阳能、能效、绿色建筑等领域推出公私合营（PPP）模式。

投资建设基础设施项目在当地快速发展，中资企业有较多成功案例。阿联酋联邦层面无专门针对BOT、PPP的法律法规，部分酋长国政府根据自身实际市场环境已经出台了PPP相关的法律法规，例如，2015年11月，迪拜政府通过2015年第22号决议，出台了关于规范PPP活动的法律，适用于迪拜政府预算实施的PPP项目。法律规定PPP项目协议时间通常不超过30年，因公共利益需要而获得特别批准的项目可延期，但水和电力项目不适用。目前，阿联酋BOT、PPP项目市场正在快速成长过程中，其中规模较大的项目包括中国建材装备公司与阿联酋Arkan建筑材料公司签订的非政府授权的艾因水泥厂BOT项目，项目于2013年竣工，目前正处于生产运营合同阶段，2015年，运营合同到期后又续签一个短期运营合同。由哈尔滨电气和沙特ACWA公司共同中标的迪拜Hassyan清洁煤一、二期项目将以建设、拥有、经营（BOO）模式进行市场化运行，同时联合体还与迪拜水电局签订25年购电协议。迪拜为建设区域绿色能源中心，加快发展可再生能源项目，正推动借助PPP模式吸引潜在投资者投入迪拜可再生能源项目开发，基于PPP模式迪拜太阳能公园项目目前已开启第四期200MW光热太阳能项目招标。此外，阿布扎比也于2017年初完成全球最大的斯维汉光伏太阳能发电厂项目招标，中国晶科和日本丸红株式会社组成的联合体中标，项目最终装机容量1177MW，超过了迪拜太阳能公园三期项目的规模。

四、亚洲市场

总体来看，亚洲市场基础设施建设是中国的主要市场。与此同时，亚洲国家多是"一带一路"建设的主要对象国，也是中国国际基础设施互联互通政策的主要发力点。亚洲成为中国对外基础设施工程承包业务增长最快的地区，得益于亚洲国家调整产业结构、改善投资环境、优化能源结构，并且在"一带一路"倡议的激发下，亚洲国家基础设施建设进入了新的高峰期。

2017 年，中国企业对亚洲承包工程新签合同额达 1436.7 亿美元，同比增加 17.1%，占中国企业在全球新签合同额的 54.1%；中国企业在亚洲地区完成营业额达 882.9 亿美元，同比增长 14.9%，占在全球完成营业额的 52.4%。近几年，中国企业 在亚洲基础设施市场工程承包业务快速发展，年均增速达到 10%以上。2017 年，中国 企业在亚洲市场承建了 2 个百亿美元以上的特大型项目，分别是中国交通建设股份有 限公司承揽的马来西亚东部沿海铁路一期工程设计施工总承包项目和中国建筑工程总 公司承揽的印尼美加达项目。

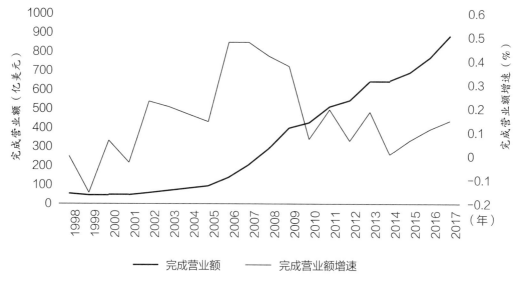

图 2-17　中国企业在亚洲开展基础设施建设完成营业额及增速情况

资料来源：商务部。

其中，"一带一路"地区基础设施项目发展加快。2017 年，中国企业在"一带一 路"沿线的 61 个国家新签对外承包工程项目合同 217 份，新签合同额为 1443.2 亿美 元，同比增长 14.5%；完成营业额为 855.3 亿美元，同比增长 12.6%，增速高于总体 情况，业务规模占中国对外承包工程总量的半数以上。肯尼亚蒙巴萨—内罗毕铁路已 经竣工通车，中老铁路、巴基斯坦喀喇昆仑公路二期、马尔代夫中马友谊大桥项目等 项目加快推进，伊朗德—马高铁、斯里兰卡汉班托塔港等稳步实施。

1. 马来西亚

马来西亚基础设施处于快速发展阶段，当地大力鼓励基建建设。2016 年 5 月 21

日，马来西亚总理兼财政部长纳吉布向国会提呈了"第十一个马来西亚计划"（2016—2020 年），该计划将更关注民生，国家的发展将把人民的利益放在首位。该计划为马来西亚在未来五年的经济社会发展制定了多项举措，加强基础建设，支援经济扩张是该计划的六大策略之一。吉隆坡、新山、古晋和哥打基纳巴卢被确定为促进国家经济增长、提升国家竞争力的关键城市，每个城市都会根据上述计划而量身定制自己的发展蓝图。在该计划中，政府上马的公共交通和基建项目总金额高达 1500 亿马币，其中，包括马新高铁（300 亿马币）、槟城交通基建发展计划（270 亿马币）、泛婆罗洲大道（270 亿马币）等。

政府鼓励投资带动基础设施建设，带动一批大项目发展。马来西亚政府在政策层面大力支持 BOT 项目的开展，并积极修订有关法律，使马来西亚国内法律环境与国际接轨。20 世纪 80 年代，马来西亚修订《宪法》并通过《联邦道路法案》，为高速公路项目 BOT 扫清障碍；90 年代修订《电力供应法案》和《电力管理条例》，为私营电站建设和运营提供法律保障；2005 年通过并于 2006 年开始实施的《仲裁法案》修订了 1952 年的《仲裁法》，为外资进入马来西亚本地 BOT 项目市场打通了最后一个环节。马来西亚公路、轨道交通、港口、电站等 BOT 项目专营年限一般为 30 年左右。在马开展 BOT 的外资企业主要来自美国、日本、韩国及丹麦等，例如 A. P. 穆勒-马士基集团（A. P. Møller-Mærsk，丹麦）曾与马来西亚政府及柔佛州港务局合作，建设和运营柔佛州丹绒帕拉帕斯港（1995—2025 年）。

·专栏 2.9·

中国企业在马来西亚主要基础设施项目

据中国商务部统计，2016 年，中国企业在马来西亚新签承包工程新签合同 666 份，合同额突破 100 亿美元大关，达 112.4 亿美元，同比增长 56.1%。完成营业额 47.8 亿美元，位列东盟国家之首；累计合同额达 421.9 亿美元。当年派出各类劳务人员 1.29 万人，年末在马来西亚劳务人员 1.92 万人。新签大型工程承包项目包括东海岸铁路项目、金马士·新山南部铁路项目、沙巴天然气管道项目及吉隆坡捷运地铁 2 号线项目等。

中国在马来西亚投资的重点项目和企业主要有马中关丹产业园、广西北部湾国际港务集团关丹港项目、中广核Edra电站项目、中国银行马来西亚分行、中国工商银行马来西亚分行、华为技术有限公司、中兴通信马来西亚有限公司、山东岱银纺织马来西亚有限公司、山东恒源收购壳牌炼油厂项目、中车轨道交通装备东盟制造中心项目、晶科太阳能、晶澳太阳能、旗滨玻璃、信义玻璃、广垦橡胶种植培育项目等。

马来西亚大型承包工程在建项目主要有吉隆坡捷运地铁2号线、捷运地铁1号线、厦门大学马来西亚分校、马来西亚炼化一体化（RAPID）、巴林基安电站、沐若水电站等，相关工程进展顺利。此外，中资企业还积极参与马新高铁、吉隆坡轻轨巴勒水电站、泛婆罗洲大道高速公路等马来西亚重点基础设施建设项目。

中国交建承建的马来西亚东海岸铁路合同总额约550亿马币，是中国企业境外在建的最大工程，将是未来几年马来西亚乃至东南亚最受关注的超级工程，也是"一带一路"倡议下最大的单体项目。

2. 印度尼西亚

印尼政府高度重视基础设施建设，鼓励私营企业参与当地项目。为解决印尼基础设施落后问题，佐科总统上任后，提出了建设"海上高速公路"战略，目前，已初步确定了在2015—2019年间建设的国家重点项目，所需投资约4000亿美元，主要包括供水、电力、交通、港口和公共卫生设施等基础设施项目。根据印尼国家预算草案，2014年，基础设施建设的预算约200亿美元，主要用于公路、铁路、港口、机场、电站、水利灌溉等项目。目前，印尼正逐渐迎来基础设施建设的新高潮，每年将启动数千个公路、桥梁、铁路、电站等基础设施建设项目。印尼政府十分希望外资和本国私营企业参与投资基础设施，正努力为私营企业投资创造各种有利条件并建立合理的法律框架，同时进一步加强宏观经济调控，包括调整税率及投资政策等。

印尼是2017年中国企业新签合同额第二大市场，中国企业在当地有众多合作项目。据中国商务部统计，2016年，中国企业在印度尼西亚新签承包工程合同856份，新签合同额107.25亿美元，完成营业额40.89亿美元；当年派出各类劳务人员11646人，年末在印度尼西亚劳务人员16435人。新签大型工程承包项目包括中铁国际集团有限公司承建中加里曼丹煤炭铁路专用线项目第一期施工项目、华为技术有限公司承建印度尼西亚电信、中国交通建设股份有限公司承建印度尼西亚DM房地产项目等。

中国企业在印尼主要投资和承包的项目有风港电站、达延桥等工程项目，爪哇 7 号、南苏 1 号等一大批电站建设项目，以及青山镍铁工业园、西电变电器生产项目等。

五、非洲市场

非洲大陆资源丰富、各国脱贫呼声较高，基础设施建设成为促进各国经济发展的首要任务和优先发展方向。非洲基础设施建设市场具有庞大潜力，各国每年都有大量的桥梁、道路、市政设施、房屋及产业项目建设需要。中国通过政府贷款和企业投资等多种方式支持非洲基础设施建设。其中，中国对非贷款改善了非洲的基础设施，有利于其发展工业、发展贸易。在非洲的基础设施支出是具有溢出效应和乘数效应，带动 GDP 的增长。另外，中国对非贷款很多都是跟基础设施、工业园区建设相互结合在一起的，可以通过制造业、工业园区的活动推动非洲的工业化，带动非洲 GDP 的增长。中国对非各类贷款有效支持非洲基础设施建设。

非洲是继亚洲后，中国基础设施第二大市场。2017 年，中国企业在非洲基础设施建设新签合同额达 765 亿美元，同比降低 6.8 个百分点，占比 28.8%；在非洲建设完成营业额 511.9 亿美元，同比下降 1.8 个百分点，占比高达 30.4%。

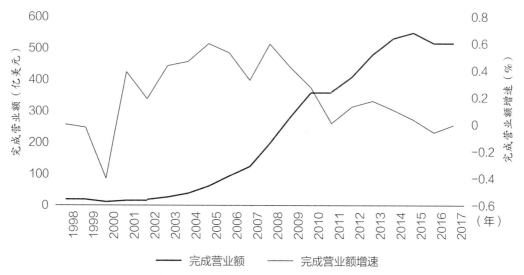

图 2-18　中国企业在非洲开展基础设施建设完成营业额及增速情况

资料来源：商务部。

在非洲开展基础设施合作，需要高度重视当地风险问题。根据贸促会（2015）最新调查报告显示，以下因素成为影响在非基础设施合作的主要困难。

（1）政治风险成为当地基建项目的最大风险，各企业应高度重视安全问题。近年来，虽然大多数非洲国家政局稳定，军事政变和武力夺权的威胁减少，但是局部地区仍然存在不安定因素，如塞拉利昂、刚果（金）、苏丹、索马里、安哥拉、尼日利亚北部及穆斯林聚居的核心区域。在安哥拉，虽然近几年经济稳步发展，但治安状况却是越来越差，每况愈下。在坦桑，威胁人身安全的武装暴力犯罪时有发生，马达加斯加和肯尼亚的安全环境也在变差。近年来，华人在马国被劫、被杀的现象时有发生，并且还有不断上升的趋势（埃塞俄比亚、莫桑比克安全情况稍好，其中莫桑比克在2014年新总统选举上任后，完善了相关安全制度并增加了大量警力维护社会治安）。此外，非洲复杂的自然地理环境（非洲地形以高原为主，平均海拔750米，起伏、断崖、沟壑密布）大大增加了企业的施工安全风险。不稳定的安全局势，复杂的地形地貌，再加上疟疾、伤寒、登革热及艾滋病等疾病高发，给中国企业安全施工带来很大风险，安全无疑是最大的问题。

（2）在当地融资难度较高，合理的项目结构设计成为关键。工程承包需要大量的资金，然而当地银行大都信用制度不完善、资金缺乏、利率较高、结算困难。例如，在坦桑尼亚，各类银行对企业信任程度较差，融资成本较高，其中美元贷款的年利率在10%左右，当地货币的贷款年利率高达20%，虽说可以用不动产、甚至设备抵押贷款，但抵押、担保手续繁杂。在埃塞俄比亚（以下简称"埃塞"），情况稍好一些，当地贷款利率为7.5%左右，但是贷款手续十分繁杂，条件较高，且数额远远不能满足中国企业的需要，而一些中国大型施工企业并不允许其子公司在海外进行融资。另外一个比较难以解决的就是财务问题。国内聘请的会计人员，对当地语言和税法了解较少，虽然中国企业往往同时聘请了当地会计事务所，但中国的会计无法较好地行使监督、检查职能，致使企业在当地税务部门检查中经常出现问题，影响企业在非洲的长期发展。

（3）当地腐败问题严重，有法不依导致企业无法有效合规。在坦桑尼亚，有法不依现象普遍，法院判决程序繁杂且受外界因素影响较大，司法腐败现象严重，税收负担也在加重，承诺的优惠措施经常不兑现，甚至有的税务局经办人要求企业先给一定数额回扣后才办理。在莫桑比克，政府腐败，工作效率低下，在政府规定的文件办理日期内往往不能及时办理，对外企要求特别严格。在马达加斯加，政治经济环境非常不稳定，税收不断加重。在安哥拉，时常面临政府各个部门的检查，但检查时手续往往不完备、过程也不透明，常常索要小费。在乌干达，税务部门先前对部分进口商品关税及预缴所得税的减免政策在 2013 年 7 月取消，并对所有进口货物增加了一项税率为 1.5% 的基础设施建设税。

（4）相关配套政策和配套产业不完善，企业应通过一体化模式保障项目运营。非洲国家经济基础大都比较脆弱，基础设施很差，货币大多是易于贬值的软币，工业不发达，相关产业链不完整甚至缺失，给承包企业带来很多问题。例如，埃塞货币比尔在金融危机中，兑美元的汇率从 1∶9 跌至 1∶13，同时，埃塞的外汇储备非常紧缺，外汇汇出管理非常严格且手续复杂，因此企业金融风险非常大。在坦桑，用美元兑换坦桑尼亚先令时，需要提供 2006 年以后印制的美元，否则不予兑换。在埃塞，各种工程项目所需的设备及配件当地供应困难，往往耗费承包商几个月的时间从国外进口，大大增加了成本和施工周期。在坦桑尼亚，基础设施落后，交通状况很差，运输成本高，虽然很少停水，但电力供应严重短缺，断电现象时有发生，工业用电价格较高，为周边国家的 2~3 倍。

六、拉美市场

当前，拉美国家正兴起新一轮基础设施建设热潮，为中国企业在该地区进一步开展工程承包业务提供了新的机遇。拉美国家主要鼓励 PPP 模式开展基础设施建设。一直以来，中国企业在拉美地区开展基础设施建设规模较为有限。2017 年，中国企业在拉美新签项目合同额达 158.6 亿美元，同比下降 17.1%，占当年新签合同总额的 6%；完成营业额 129.1 亿美元，同比下降 19.5%，占当年完成营业额总额的 7.6%。

事实上，中国企业在拉美地区的国际基础设施合作主要集中在电站、公路、港口疏浚、通信等领域，但未来发展面临较大的瓶颈。首先，中国企业在基础设施合作方面，EPC 或 EPC+F 为主的项目成本优势不明显。拉美各国对外国劳工限制较为严格，大量中国工人无法到当地参与基础设施建设，成本优势无法显现。另外，中国企业承揽的项目大多在委内瑞拉、厄瓜多尔的国家，国别风险相对较大。近期，拉美国家大力推广 PPP 模式，而中国企业在拉美属地化经营时间有限，这对于中国企业而言是一大挑战。

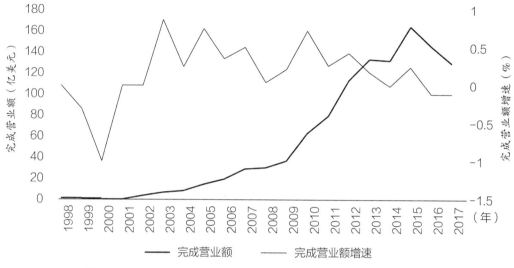

图2-19 中国企业在拉美开展基础设施建设完成营业额及增速情况

资料来源：商务部。

· 案例2.1·

东南亚某国 BOT 电力工程项目

【案情介绍】

海外 EPC 项目一般需要协调多方利益，需要通过一系列的合同确保各方履行合同，保证项目的顺利运行。投资建设基础设施，风险往往在境外，但资金供应来自境内，大多需要境内母公司给予一定的担保。电力建设是中国企业参与基础设施国际合作的优势领域。传统上，中国企业通过工程承包方式参与大量基础设施项目。随着中国企业技术能力提升，投资参与电力基础设施建设成为中国企业未来的发展方向。

【特点和启示】

1. 针对东南亚国家的投资能有效匹配对方政府需求

东南亚国家、特别是东南亚经济增长区的国家经济基础较弱、政府财力有限，依靠政府融资开展基础设施建设机会较为有限。与此同时，东南亚各国经济正处于快速增长的阶段，对于电力类基础设施需求较大。通过投资的

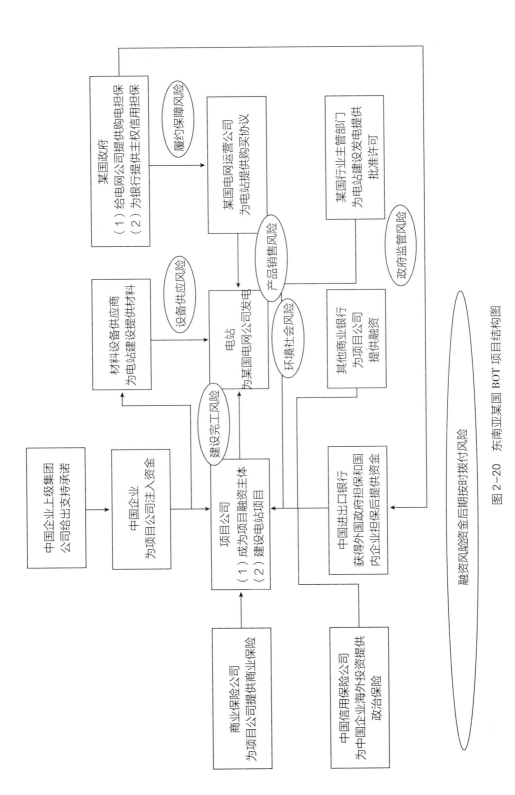

图2—20　东南亚某国 BOT 项目结构图

资料来源：作者整理。

方式参与基础设施建设，可以将未来收益权抵押获得银行融资。中国企业向 BOT 方向发展，是从 F+EPC 模式发展而来的。F+EPC 模式发展的瓶颈在于东道国需要主权担保。但使用 BOT 模式对主权担保的要求大大减弱，更注重未来收益的担保。BOT 项目投资可以帮助东道国政府将未来收益提前变现，同时也拉动整个电力建设全产业链受益。

2. BOT 项目要高度重视投融资问题

BOT 项目涉及环节较多，协调难度较大。投资公司要准确计算从投入到退出的 IRR，关键是将未来收益提前变现。需要尽量控制施工建设时期、控制中间环节的资本支出，防止在收益前资金链条断裂。考虑到中国企业建设施工环节具有较强的比较优势，可以通过一体化的方式与集团兄弟单位共同合作，确保项目完工。

BOT 项目基本在境外，如有必要，可以与当地政府分享股份，给出一定激励，确保政府能够为项目提供有力支持。中国企业可以在项目公司中占股份比重低于 50%，联合多方进行投资，防止项目公司资产负债并表，以防风险通过投资链条传导到境内。

BOT 项目需要银行的大力支持，银行在审批这类贷款的时候需要看到一系列文件：特许经营权、EPC 总包合同、长期销售合同、长期供货合同。强势的银行可能会要求更多内容。对此，做 BOT 项目需要提前做好规划和测算，确保融资到位。在利用境内银行贷款融资的同时，可以考虑通过在中国香港等国际金融市场以发债的方式获得廉价资金。当前，全球经济复苏缓慢、经济波动率较高，各主要国家正择机退出宽松货币政策，国际市场的长期利率风险逐步调高。应抓住有利时机，做好债券发行，及时获得资金。对此，在某国 BOT 项目中，项目公司除使用中国境内金融机构贷款外，还在当地及境外资本市场融资。

3. BOT 项目要充分考虑各类风险

首先，要确保项目顺利运营得到电价款项。运营周期长达数十年，是影响电力项目投资安全的重要风险，涉及技术设备稳定性、原材料供应情况和经营管理水平。需要有专业的公司或团队给予支持。某国 BOT 项目正是选取了国内一家有着丰富维护经验的专业电力运营商，委托进行运营维护。在运营过程中，应遵照行业标准和国际惯例进行管理，确保合规，有效控制运营风险。

其次，确保原材料供应的安全与稳定。国际原材料价格参考主要交易所的交易价格，但价格的变动可能影响电站运营的收益。对此，某国 BOT 项目中，按照项目的运行与国际供货商签订长期供货合同，将发电价格与燃料价格挂钩，并将相关内容写入购电协议，规避相关的风险。

再次，需要与当地购电公司签署长期购电合同。东南亚国家的购电公司一般为国有企业，为确保国有企业履约，有必要让当地政府入股，及时绑定利益相关方。同时，中国信保还将东道国国有电力公司签订的购电协议纳入违约风险承包范围，解除中国投资者和贷款银行的后顾之忧。在违约风险的保障中，可以在购电合同中加入预计的未来发电总量，按照"take or pay"的原则对购电的当地国有企业进行约束。

最后，注重东道国的长期性风险。其中，最为重要的就是东道国的政治风险。随着基础设施合作的加强，东道国经济迅速发展，经济的繁荣有助于政治的稳定，能够对未来基础设施的收益给予保证。但也要谨防意外风险发生。在某国 BOT 项目中，当地政府高度重视，财政部代表政府出具了无条件不可撤销担保，为项目履行提供了有益支持。

·案例 2.2·

老挝第 25 届运动会场馆 EPC 项目

【案情介绍】

由中国政府援建的大型基础设施项目——老挝万象国家体育公园，占地1300 余亩，能容纳两万观众，是 2009 年第 25 届东南亚运动会的主会场，体育公园包括 2 个体育馆、1 个游泳馆、1 个网球馆和 1 个 2 万座的主体育场。2006 年，接受云南建工集团的委托，CCDI（悉地国际）开始进行老挝万象国家体育公园的设计，项目用地位于老挝首都万象以东约 16 公里，国家 13# 公路南侧，占地约 125 公顷。场地内地形起伏较为平缓，现有树木高大葱郁、生长茂密，具有非常良好的自然生态环境。场地内设有约 4.67 公顷的原始森林保护区。项目主要建筑包括 1 个 2 万座体育场、2 个各 3000 座的综合体育馆、1个2000座游泳馆、1个2000座网球场、一个射击馆。项目由中国国家开发银行提供贷款，老挝方面以租用土地给中方进行开发、运营的形式偿还贷款，云南建工集团为总承包商。项目主要单位包括老挝的建设部、体育部，中方的银行、总承包、监理、设计、后期开发等11家单位。在项目的设计过程中，尤其是涉及确定项目总投资的阶段，设计单位需要综合考虑各方的需求进行平衡，这是本项目的主要特色。

【特点和启示】

1. 前期设计需要充分估计项目难点

因为赛事时间是确定的，老挝一年只分干季和雨季，施工周期有限，每一天都很重要，如果方案被要求补充设计及说明，或者返工重做，会延误很长时间，造成极大的不良影响。

综合考虑老挝当地的材料供应、工人能力、运营管理能力、消防设施水平等情况，公司从建筑设计上尽可能采用自然采光、自然通风，对明显高投资、高运营的设备采用合理的组合方案，对一些提升档次的选材及做法，进行综合论证。例如，所有场馆能够开敞的空间全部开敞，游泳馆设计成为一座只有顶盖的建筑，周边完全没有封闭围墙，通过专业的软件模拟，证明了在当地气候下，完全能够满足比赛的要求，同时节约了大量的空调设备及后期维护成本；在必须采用空调的空间，能用分体机解决的，绝不用大型空调机组；能够适当提高施工工艺的，便尽可能减少装饰装修。

此外，最重要的工作就是对项目的主要成本构成部分进行分析。对比材料的供应渠道、设备的选型、施工器械的组织，综合考虑施工水平等因素，对项目进行分拆和组合对比，在保证品质的前提下，找到最为节约的解决方案。

2. 集团层面须及时把控项目总体进展

在项目的管理方面，一般采用一级管控的方式，由企业总部的高层领导亲自挂帅组建项目部，总部各职能部门从专业角度密切指导和配合项目的运作，同时对项目的运作过程进行监控。云南建工集团在以EPC方式建设老挝运动会场馆项目中，总部实行运营管控的模式对项目进行直接管理，经过总部和项目部的共同努力，最终获得了良好的经济效益和政治影响。

第三章 | 中外基础设施合作
的融资方式

第一节　基础设施建设融资概述

根据世界经济论坛的估计，全球每年基础设施建设投资的资金缺口在 3.7 万亿美元左右，这直接给很多人的生活带来非常不利的影响：由于输电网欠发达和发电能力不足，全球超过 13 亿人的电力需求仍未得到满足；近 10 亿人因为居住地离全天候道路超过两公里以上，导致其不能方便地就医、上学、购物。缺乏良好的基础设施也是经济长期稳定发展的一大障碍，也非常不利于吸引国际投资。

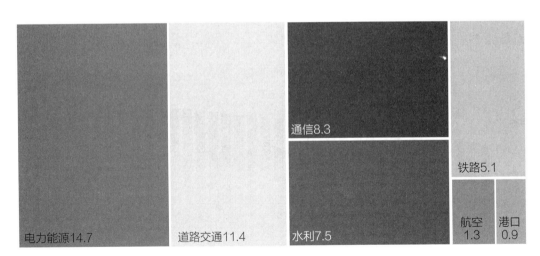

通信8.3

铁路5.1

航空
1.3

港口
0.9

电力能源14.7　　　　道路交通11.4　　　　水利7.5

道路交通　　铁路　　港口　　航空　　电力能源　　水利　　通信　　单位：万亿美元

图 3-1　2016—2030 年全球基础设施建设需求

资料来源：日本 JBIC 网站。

一、基础设施投融资的总体情况

自 2008 年全球金融危机爆发后，主要国家政府均采取了积极的财政政策和宽松的货币政策，从而导致政府负债上升。资金缺乏成为制约基础设施建设的最大瓶颈。目前，发达国家经济复苏仍呈不均衡状况，欧盟仍受到债务危机拖累，日本经济受通缩影响、回升乏力；西方国家凭借其资本市场为基础设施融资的能力明显下降。2015 年以来，大宗商品价格下跌导致资源型国家财政紧张；美联储加息后，国际资本市场热钱回流造成一些新兴市场国家财政收支困难、资本外流。资金投入量大、工程周期长、投资风险大是国际基础设施项目的主要特点。尽管基础设施建设对于拉动一国经济增长、提高社会福利具有重要意义，但单纯依靠政府财力已无法推动基础设施建设的高速发展，企业融资能力是竞争国际基础设施项目的重要因素。

金融危机爆发后，国际基础设施项目融资出现两个重要特点：一是新兴市场国家基础设施的项目数量和金额上升较快，成为基础设施投融资快速发展的重要区域。二是私人部门参与国际基础设施项目融资的规模不断上升。私人部门对基础设施投资成为基础设施投融资的重要来源。世界银行（2015）最新数据显示，2014 年，私人部门参与基础设施投融资总额为 1075 亿美元，2015 年上半年，私人参与基础设施融资总额为 253 亿美元。

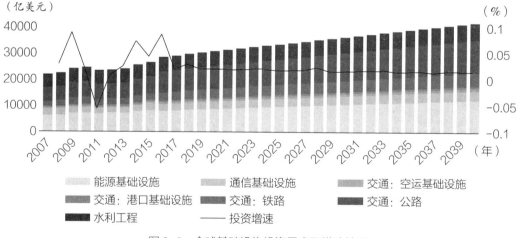

图 3-2　全球基础设施投资需求及增速情况

资料来源：全球基础设施中心（GIH）。

二、开发性金融支持基础设施建设

基础设施往往具有商业化属性和公共产品属性的不可分性，因此产生了开发性金融理论。开发性金融具有双重使命，既服务于政府发展目标，弥补资金不足和市场失灵；又可挖掘经济发展潜力，通过内生的方式和途径改善项目的"赢利"环境。开发性金融机构可以说是对基础设施建设具有很强针对性的投融资主体，但其受政府投入资金总量、金融市场发育程度、基础设施专业知识及自身发展可持续性要求等因素所限，并不能解决所有问题。

（一）传统多边金融机构

20世纪中后期，国际融资体系基本形成，作为全球多边融资体系，世界银行集团（WBG）在一定程度上是世界金融发展领域的倡导者。现有区域性金融机构还有欧洲复兴开发银行（European Bank for Reconstruction and Development，EBRD）、欧洲投资银行（European Investment Bank，EIB）、亚洲开发银行（ADB）、非洲开发银行（African Development Bank，AfDB）、泛美开发银行（The Inter-American Development Bank，IDB）及安第斯开发集团（Corporacion Andina de Fomento，CAF），上述区域性金融机构主要致力于区域内外的基础设施建设投资及为可持续发展项目融资。

1. 世界银行

世界银行（WBG）作为发展中国家获取资金和技术援助的一个重要来源，主要有五个机构组成，分别为国际复兴开发银行（International Bank for Reconstruction and Development，IBRD）、国际开发协会（International Development Association，IDA）、国际金融公司（International Finance Corporation，IFC）、多边投资担保机构（Multilateral Investment Guarantee Agency，MIGA）、国际投资争端解决中心（International Centre for Settlement of Investment Disputes，ICSID）。这五个机构功能各有所不同，其中，IBRD主要向中等收入国家政府及信誉良好的低收入国家政府提供贷款，是世界银行的主要贷款机构；IDA主要向最贫困国家的政府提供无息贷款和赠款，涉及贷款金额相对较小；IFC是专注于私营部门的世界最大发展机构，主要通过投融资、动员国际金融市场资金及为企业和政府提供咨询服务；MIGA主要是促进发展中国家的外国直接投资，通过向投资者和贷款方提供政治风险担保履行其使命；ICSID主要是提供针对国际投资争端的调解和仲裁机制。

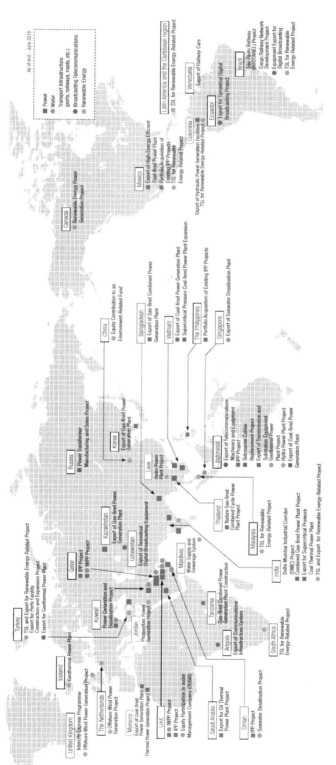

图 3-3 日本 JBIC 支持的全球基础设施项目分布

资料来源：https://www.jbic.go.jp/wp-content/uploads/today_en/2017/02/53205/jtd_2017sp_en.pdf。

目前，世界银行在全球共设有 130 多家代表处，据统计，2016 年，世界银行对其成员国和私营企业提供贷款、赠款、股权投资和担保贷款共 642 亿美元。其中，IBRD 资金主要流向东亚和太平洋、拉丁美洲、加勒比海、中东和北非地区；IDA 更加注重非洲和南亚地区，支持力度相对较大，2016 年，IDA 资金流向东亚和太平洋地区 64 亿美元，比重为 18%；欧洲和中亚地区 55.3 亿美元，比重为 15%；中东和北非地区 4.48 亿美元，比重为 13%；南亚地区 60.9 亿美元，比重为 17%。从资金流向行业分布看，除对公共管理、法律和司法两大领域融资外，IBRD 对能源和采矿、交通、供水、卫生设施和防洪的融资基本占到世界银行融资的 50% 以上，这与"一带一路"推进产业联系十分密切。IDA 主要对最贫困国家和地区的医疗卫生和其他社会服务，公共管理、法律和司法，能源和采矿及交通等领域进行融资。

作为 WBG 主要信贷机构，IBRD 和 IDA 分别素有"硬贷款"和"软贷款"之称，两者提供资金的比例约为 2：1，对"一带一路"融资主要以"硬贷款"为主。IBRD 信贷来源中 70% 通过发行债券进行筹措，但贷款条件优惠相对较小；IDA 包括项目融资和部门融资两大类，优惠力度相对较大。从融资期限和贷款利率看，世界银行融资期限较长，贷款利率相对较低，利率较国际资本市场低，利息主要是按照已经支付但未偿还的贷款余额计算收费。世界银行要求中国还款期限为 20 年，含宽限期 5 年，承诺费为年率 0.75%，比如在湖北孝感物流基础设施建设项目上，项目建设周期为 2016 年 4 月 29 日至 2021 年 6 月 30 日，项目总规模为 1.5 亿美元，承诺额为 1 亿美元，截至 2016 年 10 月 31 日，已支付 250 万美元。又如在中国贵州铜仁市农村交通项目方面，项目实施周期为 2015—2020 年，项目总规模为 2.3 亿美元，承诺额为 1.5 亿美元，截至 2016 年 10 月 31 日，已支付 490 万美元。IDA "软贷款"表示没有无息贷款，还款期限为 35 年，含宽限期 10 年，承诺费为年率 0.5%，手续费则与 IBRD "硬贷款"相同，需要征收 0.75% 手续费。

2. 亚洲开发银行

亚洲开发银行（ADB）是联合国亚洲及太平洋经济社会委员会（U. N. Economic and Social Commission for Asia and the Pacific，ESCAP）建立的专门金融机构，同联合国及其区域和专门机构联系密切，建立的目的是为了促进亚洲及太平洋地区发展中国家和地区的经济和社会发展。ADB 由 68 个成员组成，亚太地区有 48 个，总部在菲律宾首都马尼拉，地理位置优势十分明显。ADB 作为区域性开发机构，在联合性担保融资方面可与中国国内商业银行展开合作，提高增信和降低融资成本。

亚洲开发银行在基础设施、能源和环保、教育和卫生等领域通过提供贷款、融资担保和技术援助等方式支持其发展。ADB 贷款方式主要有项目贷款、规划贷款、部门贷款、开发金融机构贷款、特别项目执行援助贷款及私营部门贷款等。如果按照条件ADB 贷款类型分为"硬贷款""软贷款"和赠款，相对而言，融资性价比较高。其中，"硬贷款"方面，其贷款利率每半年调动一次，贷款期限为 10~30 年，宽限期为 2~7年，实行浮动利率；"软贷款"贷款期限一般为 40 年，宽限期为 10 年，实行的是优惠贷款，并且仅仅提供给人均 GDP 低于 670 美元而且还款能力有限的成员，虽然没有利息，但也有 1% 的手续费。亚洲开发银行赠款资金来源主要由技术援助特别是基金提供，赠款额度并无限制。

（二）中国主导的新兴多边开发性金融机构

1. 金砖国家新开发银行

诺贝尔经济学奖获得者斯蒂格利茨（Joseph Stiglitz）和伦敦经济学院教授斯特恩勋爵（Nicholas Stern）首次提出了成立 NDB 的建议，他们认为，新兴市场国家既存在较大的资金需求同时又拥有大量的闲置资金，成立一个由新兴经济体主导的南—南开发银行（South-South Development Bank），可以通过有效、合理利用其国家资金来满足不断增长的投资需求。在斯蒂格利茨等建议的基础上，印度向其他四个金砖国家（中国、巴西、南非、俄罗斯）提出了共同建立新开发银行（New Development Bank）的倡议。2011 年 4 月，金砖五国在第三次金砖峰会正式签署《金砖国家银行合作机制金融合作框架协议》。2012 年 3 月，举办的第四次金砖峰会，更是将金砖国家金融合作作为主要的议题建议讨论，并且提出了成立新开发银行的构想，促使金砖国家金融合作机制迈向实质性阶段。2013 年 3 月，举办的第五次金砖国家领导人会议期间，金砖五国决定成立金砖国家新开发银行（NDB），并于 2016 年成立，总部位于上海。金砖国家新开发银行目标是满足发展中国家融资需求，为发展中国家的可持续发展和基础设施建设提供金融支持，并主要定位于街道、桥梁、电力和铁路等领域的基础设施，这一目标与世界银行是一致的。

金砖国家新开发银行业务发展模式主要有以下几个方面：一是为发展中国家提供贷款。NDB 贷款支持对象不仅仅面向金砖五国，而是面向全部发展中国家，但由于金砖五国属四个大陆，又是各自大陆发展中国家的代表性经济体，因而 NDB 具有跨区域和全球化特征。二是 NDB 贷款重点支持金砖国家及其他新兴市场的基础设施建设和可持续发展，特别优先支持发电、交通、通信和清洁用水提供，这也是 NDB 的宗旨之一。实际上，历史上大部分区域性和多边的开发银行的建立，均以基础设施建设为主要目标，由于金砖国家普遍国土面积辽阔（约占全世界的 26.80%）、人口众多（占全世界人口的 42.88%）、经济发展程度不高，资金缺口较大。三是 NDB 贷款具有开发性金融特点。WBG、ADB 等传统的开发性金融机构贷款，普遍不以利润最大化为目的，与商业银行贷款相比，具有期限长、利率低等特点，贷款期限一般在 10~30 年（含宽限期 3~7 年）。

2. 上海合作组织开发银行

上海合作组织是第一家以中国城市命名的地区性国际合作组织，上海合作组织成立的初衷主要是打击恐怖主义、分裂主义和宗教激进主义。上海合作组织拥有中国、俄罗斯、哈萨克斯坦、吉尔吉斯斯坦、塔吉克斯坦和乌兹别克斯坦 6 个成员国，以及伊朗、巴基斯坦、阿富汗、蒙古和印度 5 个观察国。近年来，上海合作组织合已经开始逐渐从传统安全合作转向多方位立体式合作。随着区域反恐合作取得一定进展，并且各方认识到根除恐怖主义的根源在于提高落后地区经济发展水平，经济贸易合作在上海合作组织中的重要性逐渐凸显。2014 年 9 月，上海合作组织成员国在元首理事会第十四次会议上共同发表了《上海合作组织成员国元首杜尚别宣言》（以下简称《宣言》）和《上海合作组织成员国元首理事会会议新闻公报》两份文件，《宣言》第十三条特别提到"元首们指出，为研究成立上海合作组织发展基金和上海合作组织开发银行问题所做的工作十分重要，责成继续努力以尽快完成这项工作"。这显示出在上海合作组织各方合作中，金融合作的重要性日渐提升，各方开始推动上海合作组织开发银行的成立。随着金砖国家新开发银行的成立，上海合作组织开发银行也终于落实到元首宣言中，这意味着上海合作组织开发银行正式进入议事日程。对中国来说，这也是继金砖国家新开发银行后中国主导并参与的第二个地区性开发银行，标志着中国全面金融外交初见端倪，对中国对外开放和金融开放进程具有深远的意义。

2005 年，上海合作组织银行联合体正式成立，随后各国签署了《上海合作组织银行联合体关于支持区域经济合作的行动纲要》，银行联合体主要包括了各国主要的国家开发银行。这意味各国已经充分认识到金融合作要为经济合作开路，经济合作离不开金融合作的加强。2006 年，各国签署了第一批联合投资项目共 7.42 亿美元的贷款和投资协定。但银行联合体毕竟是一个松散的机构，不具备银行实体资格，在推动金融合作方面最多只能发挥协调和推动的作用，不能够及时有效地识别各国融资需求，也难以在各国金融合作方面发挥主导性作用。因此，SCODB 的成立可以为上海合作组织内部加强金融合作奠定良好的基础，并借助 SCODB 这样的载体实现利益共享、风险共担。

3. 亚洲基础设施投资银行

2013 年 10 月，国家主席习近平在访问印度尼西亚及出席 APEC 工商领导人峰会期间，提出筹建亚洲基础设施投资银行（亚投行或 AIIB），同月，国家总理李克强在出席第十六次中国—东盟领导人会议时，再次提出筹建 AIIB。中国提出筹建亚洲基础设施投资银行倡议，得到了诸多国家积极响应。在各方大力支持下，通过多边与双边磋商相结合方式，亚洲基础设施投资银行筹建工作迅速启动和展开。2014 年 1 月至 9 月，中国与相关国家先后举行了五次筹建亚洲基础设施投资银行多边磋商及一次部长级工作晚餐会，就《筹建亚洲基础设施投资银行的政府间框架备忘录》进行磋商并达成共识。同年 10 月 24 日，《筹建亚洲基础设施投资银行的政府间框架备忘录》由首批 21 个意向创始成员在北京签署。随后，亚洲基础设施投资银行筹建转入同步推进吸收新意向创始成员国和签署协定的谈判阶段。2014 年 11 月—2015 年 5 月，中国与其他意向创始成员国先后举行了五次筹建亚洲基础设施投资银行首席谈判代表会议，各方就 AIIB 核心要素达成重要共识，形成了高质量协定文本。至各方商定的吸收新成员截止日期，申请加入 AIIB 国家数量迅速增加至 57 个，并正式成为亚洲基础设施投资银行的意向创始成员国。2015 年 6 月，正式签署《亚洲基础设施投资银行协定》，进一步为亚洲基础设施投资银行正式成立并及早投入运营奠定了坚实基础。AIIB 筹建过程中始终坚持"开放的区域主义"，秉持"开放、包容、透明"原则，按照"先域内、后域外"步骤，在充分尊重各意向创始成员国的关切和诉求基础上，充分采取多边化方式。

自亚洲基础设施投资银行成立以来，始终坚持高标准运营的理念，充分展示了其作为一家新型多边开发机构与现有多边开发机构开展务实合作的良好形象，同时深刻认识到亚洲对基础设施建设的巨大需求，以及对 AIIB 积极发挥基础设施建设撬动作用来振兴亚洲经济的期望。截至 2016 年 9 月，亚洲基础设施投资银行一共公布了其参与投资建设的两批 6 个项目，项目贷款额总计 8.29 亿美元，涉及孟加拉国、印度尼西亚、巴基斯坦、塔吉克斯坦和缅甸 5 个国家，涵盖了能源、交通和城市发展等领域。6 个项目中，除了孟加拉国的电力输送升级和扩容项目为 AIIB 独立提供贷款的项目，其余项目计划与世界银行、亚洲开发银行等其他多边开发银行及商业银行进行联合融资。截至 2017 年 4 月，亚洲基础设施投资银行已批准 20 亿美元的贷款，支持 7 个国家的 9 项基础设施项目，2017 年以来，亚洲基础设施投资银行更专注于藉由支持成员国实现其环境和发展目标，优先考虑跨境基础设施项目，进而改善整个亚洲各地连接状况。亚洲基础设施投资银行投资项目见表 3-1。

表 3-1　亚洲基础设施投资银行开展项目一览表

（截至 2016 年底）

项目公布时间	项目落地国	项目种类	贷款额度	合作机构
2016 年 6 月	孟加拉国	配电项目	1.65 亿美元	独立
2016 年 6 月	印度尼西亚	贫民窟改造	2.165 亿美元	世界银行
2016 年 6 月	巴基斯坦	高速公路	1 亿美元	亚开行、英国国际发展部
2016 年 6 月	塔吉克斯坦、乌兹别克斯坦	公路政策	2750 万美元	欧洲开发银行
2016 年 9 月	巴基斯坦	水电站扩建	3 亿美元	世界银行
2016 年 9 月	缅甸	电厂项目	2000 万美元	国际金融公司和亚开行有望追加贷款
2016 年 11 月	孟加拉国	天然气田项目	6000 万美元	亚开行

资料来源：亚洲基础设施开发银行官网。

三、基础设施投融资的前景展望

中国对外承包工程的营业规模连续几年在全球排名第一，是推动世界承包工程领域不断发展的主要力量。2015 年，中国对外承包工程业务完成额近 1 万亿元人民币（约合 1540.7 亿美元）。美国《工程新闻纪录》（ENR）前 250 名国际承包商名录中，中国内地企业上榜 65 家。中国对外承包工程企业已经从最初的土建施工发展到工程总承包、项目融资、设计咨询、运营维护管理等高附加值领域拓展，为全球基础设施建设贡献了巨大的力量。特别是 2013 年之后，中国倡议的"一带一路"建设迅速发展，得到沿线国家积极响应，众多基础设施项目陆续签约，虽然中国已成功发起并组建了亚投行、丝路基金等金融机构，但现实情况是仅靠中国单方面的投入肯定是不够的，还必须依靠沿线国家的配合及国际金融机构的参与合作。

基础设施建设的资金缺口不断放大。麦肯锡公司（2013）预测，2030 年世界基础设施建设资金缺口将高达 46 万~67 万亿美元之间；2008—2017 年间，新兴市场国家中，中国基础设施建设资金缺口为 9 万亿美元，印度为 2.7 万亿美元，俄罗斯为 2 万亿美元，巴西为 1 万亿美元。欧盟委员会（2011）预测，2020 年欧洲将需要 1.5 万~2 万亿欧元的基础设施投资。美国土木工程协会（2013）预测，2020 年美国基础设施建设投资缺口为 3.6 万亿美元。2014 年在澳大利亚布里斯班举行的 G20 峰会上，各国领导人一致赞成"全球基础设施倡议"，并决定成立全球基础设施中心，进一步促进各国政府、私营企业和金融机构开展合作，分享先进的投融资知识、技术和经验，完善国际基础设施市场的融资运作机制。发挥企业项目融资能力，弥补基础设施项目的资金缺口，成为推动全球基础设施建设的重要力量。

目前，国际基础设施市场的竞争日趋激烈，国际承包商是否具备强大的资金实力和投融资能力则成为其能否在全球竞争中取胜的关键。为增强其自身投融资实力和国际竞争力，国际承包商逐渐从单一承担施工任务向资本经营方向发展，通过采取上市募股、与银行等金融机构相互持股、与世界主要出口信贷机构、多边金融组织、商业银行及资本市场建立业务合作关系等多种资本运作方式开展产融合作，推动其海外投资业务创新和发展。

为支持"一带一路"建设和国际产能合作，中国政府积极推动成立了亚洲基础设施投资银行、金砖国家开发银行、丝路基金、中国—欧亚经济合作基金等新的金融合作平台，发挥金融的引领和带动作用，为中国企业参与国际基础设施和产能合作提供新的融资渠道和方式。中国有关金融机构也根据各国实际情况和项目特点，开发多元化金融产品和融资模式，为企业进行产融结合提供多样化的投融资安排和金融支持。很多中国企业也越来越重视产融结合对其投资业务的促进作用，通过产融结合参与海外项目投资与建设，完善海外市场和全球化布局，实现自身经营战略调整和发展模式转型。

四、促进中国在"一带一路"沿线国家开展基础设施建设的主要投融资安排

金融合作是推进中国与"一带一路"沿线国家基础设施投融资进一步开展深化合作的基础和关键。目前，中国与沿线国家在金融机构互设、双边本币互换、债券市场

等方面开展了一系列务实的金融合作安排。

（一）金融机构布局合作促进沿线基础设施合作

"一带一路"沿线国家和地区经济发展水平总体较低，金融服务经济发展能力较低，金融市场发展水平有待提升。目前，中资金融机构"走出去"步伐加快，但主要在港澳台地区、东南亚及发达经济体设置机构网点并开展业务。虽然中国与"一带一路"沿线国家和地区金融合作已经取得一定成效，但受制于海外业务经验不足，部分国家和地区金融市场环境不好等因素制约，中资金融机构需要采取措施进一步优化在"一带一路"国家的网点布局，加强与各类金融机构的业务合作，提升金融产品和金融服务的能力，全面提升服务"一带一路"倡议的能力。

截至目前，"一带一路"沿线有 20 个国家和地区的 56 家商业银行在中国已经设立了 7 家子行、18 家分行和 42 家代表处。其中，东南亚国家和地区的银行业金融机构在中国业务活动较为频繁，南亚国家次之。中国有 9 家银行业金融机构在"一带一路"沿线 26 个国家和地区设立了 67 家一级机构，包括 18 家子行、35 家分行和 9 家代表处。从金融机构类型观察，5 家国有商业银行是中资金融机构开拓"一带一路"市场的主力军，中小银行业金融机构因经营战略、机构性质等各种因素导致"走出去"业务步伐较慢。其中，中国银行、中国工商银行、中国建设银行和中国农业银行共设立 58 家，占比 86.60%，覆盖 25 个国家和地区，发挥了绝对性主导的作用。

（二）双边本币互换，促进资金交流融通

自 2008 年以来，中国人民银行与马来西亚、印尼、蒙古、巴基斯坦等"一带一路"沿线国家和地区中央银行或者货币当局共签署了 23 个双边本币互换协议，互换总规模超 2.5 万亿元人民币。双边本币互换协议在维护金融稳定、便于中国与其他国家或经济体的双边贸易和投资方面发挥了积极作用。近两年来，中国央行积极与其他国家，尤其是"一带一路"沿线国家的货币当局开展货币互换协议。在 2013 年习近平主席提出"一带一路"概念之后，人民银行与外国货币当局的货币互换协议呈现加速趋势。在 2014—2016 年的不到三年时间里，人民银行先后与超过 15 个"一带一路"沿线国家的货币当局签订了货币互换协议。从区域分布看，与中国签署货币互换协议的国家主要集中在东南亚和中亚地区，其中，东南亚 11 个国家已有 5 个国家签署，覆盖率达到 0.45，中亚 5 个国家已有 3 个国家签署，与南亚、西亚北非和中东欧国家签署货币互换协议的国家相对较少，覆盖率仅仅分别为 0.14、0.15 和 0.16。双边货币

互换协议的签署，加深了国家层面的流动性支持，有利于双边贸易投资的开展，以及帮助中外企业规避汇率风险。2016 年 9 月末，境外货币当局动用人民币余额为 210.99 亿元，人民银行动用外币余额为 10.36 亿美元，对促进基础设施投资发挥了重要作用。

（三）债券市场相互开放，促进中长期项目建设

2008 年，东盟"10+3"通过了亚洲债券市场倡议新路线图，以进一步促进本币债券的发行、需求和监管及市场基础设施建设。2012 年，区域信用担保与投资基金成立，初始总规模为 7 亿美元，为"10+3"国家的公司发行可投资级及以上的本币债券提供担保，促进本币公司债市场的发展。此外，目前各方还就成立多币种债券发行框架、区域债券清算中介等问题进行探讨。亚洲债券基金（ABF）共分两期。ABF1 成立于 2003 年 6 月，投资于 8 个 EMEAP 成员发行的主权与准主权美元债，初始规模为 10 亿美元。ABF2 成立于 2004 年 12 月，投资于上述 8 个成员的本币债券，初始规模为 20 亿美元。ABF2 下设泛亚债券指数基金和单一市场基金，规模各为 10 亿美元。人民银行积极参与了两期亚洲债券基金的发行和管理工作，2011 年亚债中国债券指数基金成功实现转开放。亚洲债券基金通过引入区域债券指数及各成员市场分指数实施被动式管理，在完善市场基础设施以及带动私人部门的示范效应等方面发挥了重要作用，促进了各成员本币债券市场的发展和开放。

在加强自身债券市场建设和开放的同时，中国也一直在推动亚洲债券市场的开放和发展。早在 2003 年的《清迈宣言》中，18 个亚洲国家就曾强调，一个有深度、流动性的亚洲债券市场，能对亚洲的金融稳定起到非常重要的作用。虽然各国曾有设想推动亚洲各国联合发债，但迄今为止，具体行动并不多。拥有 11 个成员的东亚及太平洋地区中央银行行长会议组织（EMEAP）曾于 2003 年、2005 年连续推出两期亚洲债券基金（ABF1 和 ABF2），前者投资于主权与准主权的美元债券，后者将范围扩大到了成员国的本币债券，但对于区域金融稳定的象征意义大于实际意义。在 2005—2009 年期间，国际金融公司和 ADB 在中国的债券市场共发行了 4 只熊猫债，总计 40 亿元。在 2013 年的第十六届东盟与中日韩"10+3"财长和央行行长会议上，中方提出的研究促进基础设施融资债券发展的新倡议得到了批准。亚洲国家受制于各国发展水平的巨大差异，再加上各国的税收制度、信用评级、交易清算等软设施的障碍，亚洲债券市场的互联互通水平较低，私营部门的参与程度也较低。在这样的形势下，"一带一路"项目带来的资金需求，有望给亚洲债券市场的发展带来新动力。

第二节　国际基础设施建设融资的主要方式

一、间接融资

辛迪加贷款（也称银团贷款，Syndicated Loan）主要由一家商业银行或政策性银行牵头、多家银行参加组成的银行集团，按照同样的贷款协议，向借款人借款。辛迪加贷款主要将基础设施项目的项目风险和收益向多个银行机构分散，防止资金占用量较大的基建项目严重影响到一家银行经营状况。辛迪加贷款可以用于基础设施相关公司融资或基础设施项目融资。如果项目出现违约，贷款人可以重新安排还款协议，有助于银行的资金收回。辛迪加贷款进行证券化后，可以通过场外交易市场（OTC）进行交易，主要交易对象是机构投资者。2015 年 4 月，美国 Freeport LNG 公司完成了高达 125 亿美元的项目融资，25 家银行组团为其提供了将近 40 亿美元、7 年项目建设期的辛迪加贷款。

杠杆贷款（Leveraged Loan）主要指基础设施项目公司向银行注入部分资金，并大额举债去完成基础设施项目的建设。杠杆贷款曾主要用于兼并收购等领域。由于基础设施项目建成后运营模式比较成熟、具有较好的现金流收入，杠杆贷款融资成为近几年项目公司进行基础设施工程建设的一个新趋势。2015 年 7 月，杠杆贷款的市场份额超过 1000 亿美元。S&P/LSTA 杠杆贷款指数监测主要公司杠杆贷款情况。贷款抵押债券（Collateralized Loan Obligations）是杠杆贷款证券化的主要途径，此债券可进一步出售给养老基金、保险公司、公募基金等。

资产证券化及资产支持类债券（Asset-backed Securities）帮助银行将基础设施项目的贷款资产打包分级出售，将收益与风险合理匹配。使用这一工具的主要目的是将银行的长期基础设施贷款变现，增强其贷款能力。资产证券化的对象包括从贷款到股权一系列资产，最重要的手段是将资产分级打包，分散风险，合理规划收益。资产的透明度是合理定价资产产品的重要因素。

二、债权融资

从经营主体的资产负债表来看，债务端融资具有优先偿还的特点。在直接融资的模式中，通过债权融资受到资本市场的普遍欢迎。

（一）政府债券融资模式

基础设施项目等公共产品在消费上不具有排他性，生产商不具有竞争性，对于经济的正向外部效应较强，是典型的市场失灵领域，需要政府提供资金。长期以来，基础设施项目资金主要由政府承担。政府类债券产品主要以财政收入做信用背书，而不是以基础设施资产作为保证。

美国市政债券的免税制度是促进美国市政债券市场繁荣的重要因素。联邦政府国内税收法典（IRC）第103、141-150款规定市政债券的利息收入免税。1988年，美国最高法院在 South California vs. Baker 案中进一步支持市政债券利息收入免税规定受宪法第十修正案及"政府间税豁免"的规定。因此，大多数美国私人投资者会将税前收入投资此类债券享受免税待遇，而 AAA 级的市政债券的到期收益率也低于美国国债。大多数指数基金、公募基金（mutual fund）和 ETF 都会投资美国市政债券。目前，有超过100万种美国市政债券在市场上交易。

2015年1月，美国政府为鼓励私人投资基础设施建设，又推出合格公共基础设施债券（Qualified Public Infrastructure Bonds，QPIBs）。美国政府允许 PPP 模式投资者发行合格公共基础设施债券，此类债券将同美国市政债券一样，享受利息收入免税的优惠。

（二）项目债券融资

项目债券主要依据单独项目设计出来的债券产品，可以通过政府或多边发展金融机构参与等得到信用增级（credit enhancement）。项目债券标准化程度较高，可以在公开市场上进行交易，流动性较强。流动性的增强一般会带来发行成本的降低。项目债券发行量增大有助于主要的基金公司将其列入相关指数栏，推动指数投资者被动配置相关资产，进一步放大流动性。但是 Gatti（2014）指出，目前项目债券领域的一些不足之处：投资者一般会等到建造期结束后才会去投资项目债券，一般不会进入项目建设的风险期（Brownfield Investment）。另外，期末一次性偿还债券（bullet repayments typical of bonds）与基建项目现金流模式不符并引发再融资风险。投资者评估项目风险的能力有限，只能依赖外部的评级机构。2013年，南非 Touwsrivier Solar 项目债券引入了一个新模式，其给出了一个年利率11%，15年的还款条件。与传统的期末一次性偿还本金模式不同，这一项目类似抵押贷款，每期都会归还利息和本金。

这一模式吸引了大批债券投资者，德勤会计事务所（2014）认为，这一模式相当于一个 7 年的掉期，但期限扩大了一倍，而利率只增加 4.5%。

绿色债券（Green Bond）是清洁能源项目融资所使用的公司债券、项目债券及次主权债券的统称。绿色债券是最新兴起的一个债券品种，尚未有统一的规则和标准。项目的绿色程度会直接关系到债券的发行利率。马骏（2015）指出，绿色债券将享受政府的监管优惠和税收优惠，多边开发性金融机构也将为其提供部分担保，降低债券的发行成本。截至 2015 年 9 月底，全球总共发行了 497 只绿色债券，且发行量逐年递增。数据显示，2014 年绿色债券发行总额达 365.9 亿美元，2015 年 1—9 月发行总额 256.3 亿美元。

伊斯兰债券（Sukuk）是按照伊斯兰法律制定发行的一个债券品种。伊斯兰债券持有人无论是在基础资产实现的过程中还是债券到期日都享有对该资产收益的所有权而不是债权。伊斯兰发展银行（Islamic Development Bank）是伊斯兰债券的主要参与者。亚洲开发银行（ADB）也鼓励发行这一债券。巴曙松等（2009）指出，伊斯兰债券的影响力不断上升，发行币种由各国当地货币逐渐转变为美元。2014 年，英国成为第一个发行伊斯兰债券的西方国家，主要为房地产项目融资。2014 年，伊斯兰债券市场的总体规模超过 6000 亿美元。2016 年 1 月 12 日，中国内地房地产企业碧桂园在马来西亚发行以马来西亚林吉特计价的伊斯兰债券。在过去两年中，由于伊斯兰债券市场投资需求旺盛，市场上发行伊斯兰债券的融资成本比发行传统债券成本要低。

（三）债券基金类融资

共同债务基金有限合伙人（Limited Partner, LP）筹集资金交由一般合伙人（General Partner, GP）运营，主要投资基础设施信贷市场及债券市场。债务基金为投资者提供一个直接投资基础设施项目的途径，是非银行金融市场的一个重要创新。债务基金可以参与银行组团的辛迪加贷款，也可以直接向基础设施项目借贷。另外，一般银行都会把基础设施项目的贷款证券化，债务基金可以直接根据风险收益情况投资安全性高的高级别贷款或直接投资基础设施股权。之所以债务基金与直接借贷并没有归为一类，主要是考虑他们的资金来源不同。

与辛迪加贷款类似，机构投资者可以通过搭建共同投资平台直接投资基础设施项目。但是，这要求投资者非常熟悉基础设施项目的运营情况。

三、股权融资

随着私人部门参与基础设施的力度不断加大，各种股权类融资工具陆续推出。总体来看，各类股权融资风险相对较高，需要与项目建设、运营方共担风险、共享收益，相比银行贷款和债券融资，投资者可享受风险溢价收益。

（一）上市融资

据学者推测（Inderst，2010），基础设施相关公司的市值总量占全球市值的 5%～6%。有一些公司提供了基础设施公司的股票指数，明晟（MSCI）世界基础设施指数（World Infrastructure Index）是当前包括范围最大的一个指数，总共包括发达国家 145个公司的股票，总市值约为 2.6 万亿美元。但是基础设施上市公司指数很难完全反映出这个市场的真实情况，主要由于建造型公司市值稳定，而一些项目运营公司则有较高的波动性，容易受到商业危机的冲击（Orr，2009）。在股权投资方面，养老基金、保险公司和 PE 公司等开始投资非上市项目的股票。其中，2012 年加拿大养老基金将 5%的投资投向基础设施领域，预计这将起到示范效应，带领其他发达国家养老基金投资（目前，所有养老基金投资全球基础设施项目份额只有 0.5%）。很多基金并不会单独投资单个基础设施项目，投资项目数量的增多有助于分散单个项目的风险。

私人主要间接通过投资基础设施建设相关公司的股票来投资基础设施项目。随后，项目融资方式出现。考虑到私人的财力和精力有限，设立共同投资平台（co-platform）可以直接汇集中小投资者基金，直接投资基础设施项目，减少中间环节费用。直接投资模式的管理者大都具有基础设施项目的管理和投资经验，能够独立完成尽职调查、挑选资产及运营资产等。2012 年，Ontario Municipal Employees Retirement System（OMERS）成立 GSIA 基础设施共同投资平台，共募集超过 200 亿基础设施投资基金。

（二）股权基金融资

基础设施股权投资基金能够通过认购基金份额等方式募集基金，用于投资基础设施公司或项目股份。优点在于流动性强，能够募集到私人分散的资金。基金在公开市场上交易，透明度高，受到证券监管机构的监督，安全性高。但是，由于这一基金是在公开市场上交易，就容易受到资本市场波动的牵连，受到非理性投资的影响。

Inderst（2014）对澳大利亚市场的基础设施项目进行研究，发现公开交易和非公开交易的基础设施基金相比于关注其他领域的基金取得了更好的成绩。目前，将基础设施构成一个独立的投资品种还是很困难。一方面由于基础设施项目的数据还比较匮乏，项目的差异较大，施工特点又各不相同。另外，政府监管（发放建设许可等）和环境保护要求也因项目的不同而不同。这些都增加了人们尝试建立基础设施投资品种的困难。因此，在基础设施建设领域寻求统一的国际规则、统一的 PPP 规范、寻求数据及信息公开透明非常必要。

（三）创新型股权融资

Yieldcos 是欧美新能源行业创造的一种新的融资模式，主要是指新能源公司分拆出来的一系列可创造稳定现金流的项目，将这些项目的购电协议及其他长期现金流绑定在一个在股票市场上交易的投资产品上，确保可以向投资者在相当长（如 20 年）的时间内支付稳定的收益（如 6%）。这种安排类似于房地产企业常用的房地产信托基金（REITs）。这种方式可以使原先难以获得融资的一些项目以较低的成本获得融资。国际上跟踪 Yieldcos 整体趋势的指数是 Global Yieldco Index。

业主有限合伙（Master Limited Partnership）主要是构建了一个类似公司形式的有限合伙制度，将企业收益直接记为个人收益，规避公司税，但以企业对外只承担有限责任（有限责任合伙制要合伙人对各自负责的业务承担无限责任）。这一模式在有固定回报的油气业的中游项目应用较多。业主有限合伙企业股份可上市交易，股份流动性强。一般来说，股票市场上 MLP 股票的回报率一般要高于普通股票。据学者估计（Flannery & Rickerson，2014），2013 年美国 MLP 市场已经超过 4000 亿美元。

四、夹层融资及其他方式

夹层贷款和次级债为投资者提供高收益债券产品。夹层贷款的风险收益情况处于股权和高级债务之间。由于项目的优先债务数量优先，股权投资者有时不愿意稀释自身的份额，这时，夹层贷款和次级债对于公司融资和项目融资起到很大作用。夹层债在中短期内给投资者提供了可靠的收益。

可转债和优先股为投资者股权投资提供安全保障。如果股票价格下跌，投资者手中的股权转为债券，从而获得一个稳定的收益。目前，新型的绿色科技公司非常喜欢采用可转债方式融资。相比于普通股，公司清算时，优先股会首先得到赔偿。优先股没有投票权，项目投资者发行优先股的成本低。优先股的股息一般都会在事前固定下来，不会影响项目未来的利润分配。对于基础设施项目，可转债和优先股一般被用于公司融资，项目融资上用的很少。

国际基础设施项目建造过程中设备等可以通过融资租赁方式实现表外融资，通过设备所有权与使用权的分离，以租代买，避免大量占用项目资金，增加资本的流动性。已建成的基础设施项目也可以通过融资租赁处置，加强资金回收。直接融资租赁、杠杆租赁和售后回收在基础设施建设中都得到广泛应用。2015 年 3 月发布的设备融资信心指数（Confidence Index from the Equipment Leasing and Finance Foundation）显示，目前市场上对于融资租赁的信心较高，是 3 年以来的最高点。另外，通过票据贴现、建立合营公司等可减少承建公司负债端压力，为开拓其他融资渠道奠定基础。

房地产投资信托基金（Real Estate Investment Trusts，REITs）和房地产投资信托（Infrastructure Investment Trusts，IITs）的体量占基础设施融资总量的份额较少，却是近些年出现的一种投融资新模式。REITs 份额可以直接上市交易，信托的主要管理者会参加到信托资产的管理和运营中。随着 REITs 的规则不断明确，这一模式已经广泛地用于轨道线建设、油料管道、通信基站等基础设施项目。目前，印度等国家已经在修改 REITs 法律，允许 IITs 等模式进入基础设施融资领域。目前，IITs 份额已经能够在印度股票市场上交易。

表3-2　全球各主要国家市场上市 REITs 数量及规模统计

国家（地区）	上市 REITs 数量（只）	市场规模（亿美元）	在全球 REITs 指数中的占比（%）
美国	220	11023	65.19
澳大利亚	61	1189	7.47
日本	56	1147	7.43
英国	36	632	4.58
新加坡	44	572	1.68
法国	32	551	1.93
加拿大	46	460	2.95
荷兰	5	325	1.58

资料来源：欧洲上市房地产协会（EPRA）《全球 REIT 调查 2016》。

·专栏3.1·

发行 REITs 支持商业地产基础设施建设

REITs 是一种以发行收益凭证的方式，公开或非公开汇集投资者基金，由专门投资机构进行房地产投资经营与管理，并将投资综合收益按比例分配给投资者的一种产业基金，本质上讲房地产资产进行证券化，政府为这一证券化产品创造一个流动性强的交易市场。REITs 能够帮助中小投资者参与大规模的房地产建设，同时帮助房地产建设企业扩宽不动产的融资渠道，及时盘活存量资产。REITs 专注于投资可产生定期租金收益的、较为成熟的不动产，是房地产或相关基础设施建设公司投资退出的一个有利渠道，投资者可以享受较为稳定的固定收益。REITs 也可以投入土地和在建工程等。

在国际资本市场上 REITs 具有公开募集、流动性强、税收中性和分红稳定等特点。20 世纪 60 年代，美国退出 REITs。自此之后，全球 REITs 市场逐步扩大，截至 2016 年底，全球共有 36 个国家建立了 REITs 交易市场。全球最大的 REITs 市场在美国，产品存量规模超过 1 万亿美元，占全球市场规模的 2/3。美国 REITs 的主要底层产品集中在零售物业、住宅、办公楼、医疗中心、基础设施以及工业物业等领域。2006—2016 年，美国上市 REITs 在二级市场的交易活跃度从不到 30 亿美元/日上升到 80 亿美元/日，日均换手率高达 0.7%~0.8%，强流动性的二级市场为美国 REITs 的发展提供了有力保证。

对于基础设施企业而言，投资建成后退出对企业而言一直是一个比较困扰的难题。REITs 产品具有较强的再融资功能。2016 年，在美国发行的 REITs 中，只有两个是 IPO（首次公开募股），再融资的规模是首次融资规模的 20 倍以上。这表示，基础设施投资者除了可以通过 REITs 退出部分投资外，未来的追加投资也可以通过同一只 REITs 产品实现退出。REITs 收益率较为稳定（4%），对于发达国家而言是一个具有稳定收益的良好的另类资产投资项目，收益率不受金融危机、经济周期的干扰。

· 专栏 3.2 ·

伊斯兰金融

伊斯兰金融的萌芽及发展以穆斯林群体为主要载体，庞大的穆斯林人口数量也是伊斯兰金融具有强大市场需求的主要原因之一。"一带一路"沿线国家覆盖了大量的穆斯林人口，六大地域总人口约 31.49 亿，其中，穆斯林人口约为 13.70 亿，占比达 43.5%。东南亚地区的穆斯林人口比重为 43.10%，其中，马来西亚、印度尼西亚和新加坡穆斯林人口比重较高，分别为 60.40%、88.00% 和 15.90%，是东南亚伊斯兰金融资产最集中的地区。西亚地区主要是伊斯兰国家，穆斯林人口比重达到 91.90%，是全球伊斯兰金融资产最密集的地区。南亚地区穆斯林人口占比为 35.50%，其中，巴基斯坦、孟加拉国和马尔代夫是伊斯兰国家，拥有一定比例的伊斯兰金融资产。中亚五国穆斯林人口占比达 82.60%，由于地处内陆，经济相对落后，伊斯兰金融业处于初始发展阶段。独联体和中东欧地区穆斯林人口比例很小，只有个别国家涉及伊斯兰金融业务，且规模很小。

银行是伊斯兰金融中最早出现的机构。伊斯兰银行扩张的方式是，在伊斯兰国家直接设立完全的伊斯兰银行，或者在传统银行开设伊斯兰业务窗口，或者传统银行设立伊斯兰分支行的方式扩张。而在非伊斯兰国家，大多是从传统银行探索试点伊斯兰银行业务窗口开始的，但也有其他形式，比如伊斯兰银行进入这些国家开设分行、已有伊斯兰银行业务经验的国际大型金融机构在该国的分支行开设伊斯兰金融业务窗口、本国银行与伊斯兰银行合作设立伊斯兰银行等。

基础建设领域投资规模巨大、投资期限较长、回报周期长，具有较大的不确定性。尤其是在跨国合作当中，基建领域还要面对更多的政治风险、经济风险和操作风险等这些国家风险，当然，地区安全因素也是非常重要的方面。中国与"一带一路"沿线国家合作共建这些国家的基础设施，必须要考虑这些因素带来的不确定性。在这种不确定性较大的情况下，通过传统银行的债务融资模式进行融资并不能很好地分散风险，伊斯兰银行成为一种较佳的选择。伊斯兰银行遵循的一个重要原则是"利润共享、风险共担"，强调了风险的分担，而不是风险的转移。另外，这些"一带一路"沿线的许多伊斯兰国家愿意将伊斯兰银行业务扩展到"一带一路"基础建设领域。把伊斯兰银行作为基建领域的一种融资途径，在很大程度上能够减少这种不确定性，减少中国企业境外投资中所承担的风险。结合基建领域的特征，中国企业可选择伊斯兰银行的利润分享（Mudarabah）协议或全部股权合伙（Musharakah）协议来给项目进行融资，独立或者同这些国家的企业共同管理投资项目。

马来西亚是全球最重要的伊斯兰金融中心之一，是全球伊斯兰银行资产总量排名第三的国家，伊斯兰银行业发展相对成熟。另外，位于马来西亚的伊斯兰金融服务委员会是全球性伊斯兰银行监管标准制定机构，在规范伊斯兰银行业中具有一定的话语权。因此，中国可考虑在马来西亚设立中资伊斯兰银行，一方面，主动参与这一行业的监管标准的制定；另一方面，与马来西亚的伊斯兰银行机构合作，开展伊斯兰银行业务，服务"一带一路"沿线国家的基础设施建设。可以采取两种模式，在马来西亚设立独立的中资伊斯兰银行，或者与马来西亚的伊斯兰银行联手设立共同管理的伊斯兰银行，作为第三方融资平台，专门对"一带一路"基建项目进行融资。中资银行尽早开展伊斯兰银行业务，把握这种融资平台的主动权，以更好地服务中资企业。

新加坡是全球金融中心之一，有着优越的金融市场条件，是亚洲非伊斯兰国家中最早探索伊斯兰银行业务的国家，于2007年5月成立了第一家伊斯兰银行——亚洲伊斯兰银行。新加坡政府力图将新加坡打造成连接亚洲和中东的金融中心。中国可考虑与新加坡合作，借助其灵活的平台优势和金融环境，联合设立伊斯兰银行对"一带一路"国家基础设施建设提供融资服务。

除此之外，中国还可与部分具有区域中心地位的国家合作，联合设立伊斯兰银行，为周边国家基础设施建设提供融资服务。中亚地区是丝绸之路境外段的起点，哈萨克斯坦是中亚五国中经济规模最大的国家，2014年其GDP占中亚五国总和的62.50%。哈萨克斯坦将自身定位为未来中亚地区的伊斯兰金融枢纽，并为实现这一目标，做出了一定的努力。中国可考虑与哈萨克斯坦合作，联合设立伊斯兰银行，对中亚地区基础设施建设提供融资支持。印尼是东南亚地区的人口大国，对中国提出的"一带一路"倡议表现出极大的热情。印尼提出要联合个别国家建立伊斯兰基础设施投资银行（IIIB），为"一带一路"国家基建项目提供融资服务。中资银行可参与印尼政府这一计划，并在其中发挥重大作用，大力推进"一带一路"国家基础设施建设。

第三节　增强企业海外项目融资能力的基本策略

全球金融危机后，政府财政压力增大和银行业监管增强是制约国际基础设施投融资的重要因素。加强国际基础设施投融资，需要解决政府层面如何为财政直接支持基础设施建设提供新的融资方法问题，需要从信贷市场为银行提升资本流动速率、合理分散风险提供新的融资模式，更需要从直接融资市场为民间资本参与基础设施建设提供安全稳定的投融资渠道，积极鼓励民间资本参与到国际基础设施项目中。

一、项目开始初期要细化各主体权利义务以及风险收益分配

国际基础设施项目的计划期内需要设立特殊目的公司（Special Purpose Entity/Vehicle，SPE/SPV），合理安排各个投资主体需要承担的权利和义务，合理划分风险和收益。在这一期间，可以通过公私合营方式（PPP）引入民间资本。在这一阶段，PPP协议中要明确各投资主体是简单的承担任务，还是占有项目股份。这时引入私人投资，可以增强项目的运营效率，并扩宽融资渠道。但私人参与的主要任务是提高项目的效率。一般而言，政府资金的成本要比私人部门资金成本低 2%～3%（Yescombe，2007）。

风险的合理分配是保障项目运行的重要因素。一般来说，政府担保过多的项目会导致项目的执行者在成本和质量控制上积极性的降低。这通常会导致基础设施项目预算超支。项目的风险收益是投资者首要考虑的问题，引入私人部门带来效率的提升及技术的创新能够为项目提高收益减低风险，项目是否由政府担保有时候并不是投资者首要考虑的问题（Gatti，2014）。如果让私人投资者承担过多风险，会导致项目成本被过度压缩，引发质量隐患。此外，政治风险、社会安全风险等无法由私人投资者预

测和控制，徒增项目融资成本。

PPP 适合大型的长期基础设施项目，尤其是效率寻求型项目。引入私人部门的投资主要是为了获得私人投资者带来的专业性和创新性。另外，如果将国际基础设施项目建造阶段单独分离通过 PPP 模式引入民间投资并不合适，主要由于这一阶段的风险较高，会导致融资成本大幅提升。PPP 模式要对私营部门投资进行合理补偿，补偿额度要建立在工程完成的绩效和项目质量的指标上。PPP 模式要有充足的法律体系保障，才能保持私营部门投资的可持续性。

二、股权投资和贷款融资是支持建造期的最主要融资方式

国际基础设施建造时期需要较强的专业技术，而且项目的建造风险较高。在这一时期，可以考虑鼓励工程公司入股分散工程建造风险。另外，采用固定价款的合同也能合理分散风险，与工程公司入股投资取得的效果相似。

国际基础设施项目建造周期得到信贷支持贷款的同时，也会应银行要求寻求其他机构提供担保，来降低违约风险。完全由政府担保会降低项目的生产力，政府应当与保险公司一起寻求最佳的信用担保解决方案。国际发展融资银行加入夹层贷款（Mezzanine credit layer）行列，能够有效促进也是一个可行办法。一旦发生危机，其贷款可以债转股，或被首先减计，而国际发展融资机构有能力承担相应的风险。夹层贷款人会要求更高的回报，同时也会更紧密地监督项目的执行。事实上，非洲 50 国基础设施基金（Africa 50 Infrastructure Fund）、东盟基础设施基金（ASEAN Infrastructure Fund）及亚洲基础设施投资银行（AIIB）都会承担这一角色。国际发展融资机构在基础设施建设上经验丰富，能够抵御政治风险，并能够对项目进行严格的审计，因此，有些私人投资者对于基础设施项目首先要求有这些机构的参与。2012 年，G20 呼吁由银行担保的 PPP 项目（Bankable PPP project）。

另外，亚洲市场上，日本协力银行和韩国进出口银行等官方出口信贷机构（ECA）也正参与基础设施建设。各国出口信贷机构参与的项目一般要求原材料、机器设备及劳动力都要从母国出口。尽管会带来进出口相关费用，但各国出口信贷机构一般允许用东道国汇率结算，并且能够稳定政治风险。

三、债权融资支持项目运营期业务开展

运营期项目公司倾向于发债融资。Moody（2012）的一份研究报告指出，基础设

施项目债券要比同一时期非金融公司债券收益率低，这说明运营期基础设施项目收益稳定，安全性高。由于现金流稳定，运营期的基础设施项目类似一个固定收益项目，因此债券融资比较可行。

由于大多数基础设施债券都在东道国市场发行，对于新兴市场而言，发展当地的债券市场是促进基础设施项目债券融资的重要方式。印度基础设施债务基金（Infrastructure Debt Fund）建立了第一个有政府支持的基础设施债券。中国的基础设施债券发行主体为国有企业，自身信用较高，容易被投资者接受。

债券融资的另一渠道是国际离岸金融市场。规范离岸金融债券市场的主要文件是 Regulation's disclosure Standard 和 144A Standard，前者在美国市场不适用（目前，美国是世界上最重要的离岸金融市场之一）；144A Standard 可以允许项目吸引美国的机构投资者，但符合 144A Standard 的基础设施债券非常少见（Ehlers，Packer and Remolona，2014）。随着基础设施项目的股权、贷款及债券的证券化，这些资产的流动性增强，有助于市场交易并可以将多个项目打包交易，从而避免了单个项目的风险计算问题。

·案例 3.1·

加纳布维水电站项目

【案情介绍】

2007 年 4 月 19 日，中国水电集团公司和加纳能源部正式签订布维水电站建设合同，合同总额 6 亿美元，建设工期 56.5 个月，主要包括一个 110 米高碾压混凝土主坝，一座 60 米高的黏土芯墙堆石坝和一座均质土坝坝后式厂房，总装机容量 400MW，年发电量 10 亿度。该电站建成后将成为加纳的第二大水电站。加纳布维水电站工程预计 2012 年 12 月竣工，实际完工于 2013 年 11 月。合同草签后，中国水电国际工程公司委托西北水电勘察设计院担任设计，中国水电八局承担了包括土建施工、金属结构制作安装、输变电线路和机组安装在内的所有施工任务。项目使用中国进出口银行优贷和商贷混合贷款。截至 2014 年 9 月底，累计发电超过 7 亿度，发电量占加纳总用电量的 25%。

【特点和启示】

1. 援助性贷款协议支持加纳布维水电站建设

早期，"一揽子"资源+基建合作模式在安哥拉取得较大成功。但随着企业经营成本的上升、对象国债务的积累，非洲各国对中国投资开发的呼声越来越强烈。在加纳布维水电站建设过程中，股权投资性开发金融起到了关键作用。2007年，中国进出口银行与加纳财政部签署贷款协议，为布维电站项目提供了一笔价值2.92亿美元的出口信贷，采用商业利息，另外还有一笔2.7亿美元的优惠贷款，利息为固定利率2%。

资金使用加纳最大的出口物资可可豆作为担保，加纳方面每年将固定比例的可可豆销售收入打入平行监管账户来支付中国贷款。而在实际项目融资安排中，为了资金使用方便，采取加纳方面10%项目预付款，加上中国政府45%优惠贷款和45%商业贷款（出口信贷）的"10+45+45"融资使用资金。2011年，布维项目申请增加了1.684亿美元补充项目经费，仍然采取"10+45+45"的融资结构。布维电站项目已经于2014年顺利并网发电。

2. 克服永久机电设备采购困难

EPC合同模式因便于业主控制工程投资，近年来得到广泛采用。EPC总承包合同与一般施工合同相比，机电方面合同范围增加了机电图纸设计及永久机电设备采购两大内容，对于欠发达地区EPC项目来说，如何保证永久机电设备采购质量，对满足项目顺利交付尤为重要。

从工作流程来看，首先要设置总协调部门——永久机电协调办公室，负责整个项目的协调。在设计院完成图纸设计、报公司审核并经业主批准后，其他部门便依据图纸开始正式的工作流程。其中，成套设备采购办根据设计院提供的图纸拟定采购计划，报公司总部及相关部门批准。这期间，考虑到设备主机生产周期长，采购部门需要及早制定采购计划并推动实施，确保工期有序高效推进。考虑到设备后期将由安装项目部负责安装测试，在采购过程中需要请相关方提供支持力量，熟悉前期流程。此外，还要考虑在设备运输过程中可能遭遇的各种风险，各个部门应协力配合，注重设备包装等细节方面的条款。

此外，考虑到水电站种类繁多且集成化程度较高的各项设备，而且考虑到 EPC 合同中设备采购需要得到业主批复后才能进行。工程施工方需要充分考虑到业主批复流程与工期安排，防止被迫压缩厂家制造周期，导致项目质量大打折扣。

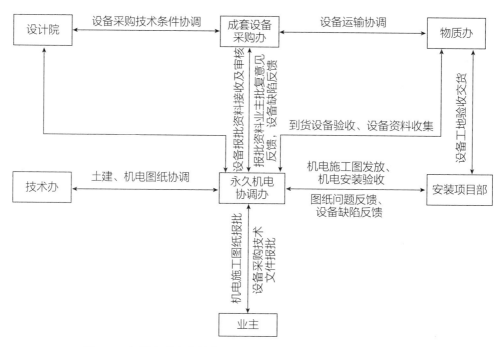

图 3-4　加纳布维水电站永久机电设备采购机构设备及工作流程图

资料来源：《加纳布维水电站压力钢管设计》。

· 案例 3.2 ·

柬埔寨甘再水电站项目

【案情介绍】

甘再水电站 PPP 项目位于柬埔寨西南部大象山区的甘再河干流之上，距离柬埔寨首都金边西南方向 150 公里的贡布省省会贡布市外 15 公里处，项目所在地交通状况良好。大坝为碾压混凝土重力坝，水电站总装机容量为 19.32 万千瓦，年平均发电量为 4.98 亿度。甘再水电站的主要功能是发电，同时具备城市供水及灌溉等辅助功能。项目采用 PPP 模式实施，建设期为 4

年，运营期为 40 年，总投资额为 2.805 亿美元。

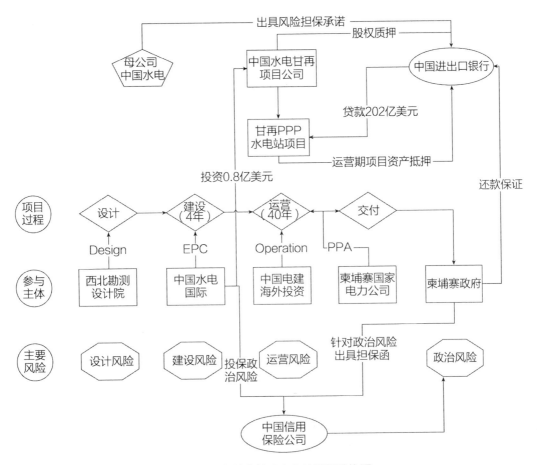

图 3-5　柬埔寨甘再水电站融资结构图

资料来源：作者整理。

表 3-3　柬埔寨甘再水电站风险及应对措施

风险类型	控制和规避风险措施
项目决策、完工风险	由中国水电国际承担
建设风险	由中国水电全资子公司水电八局承担
设计风险	由西北勘测设计院承担
信用风险	①柬政府出具主权担保；②中国水电国际投保海外投资保险
金融风险	根据购电协议 PPA 的约定，EDC 支付的电费中货币比例为美元 80%，瑞尔 20%，①中国进出口银行提供的贷款为美元；②电费中的当地币部分主要用于项目的运营费用。柬政府《外汇法》规定美元和当地币可以自由兑换，且汇率由市场调节

续 表

风险类型	控制和规避风险措施
政治风险	①中国水电国际投保海外投资政治险来规避其较高的国别风险；②柬方政府针对政治风险出具担保函
法律风险	柬埔寨政府通过各种立法，加大对外国投资者权益的保障。对于该项目而言，柬国内的国家电力法律、法规较为健全，此外还有 BOT 法、投资法保护投资者的利益
环境保护风险	向柬方环境部申请取得环保许可证，对于项目竣工后水库蓄水对于 BOKOR 国家公园 1.42％面积的淹没影响得到了政府的许可
不可抗力风险	通过投保商业保险来规避

资料来源：财政部 PPP 中心《"一带一路" PPP 项目案例——柬埔寨甘再水电站 PPP 项目》。

【特点和启示】

1. 政府支持，及时规避政治风险

在项目整个开发、实施过程中，中国有关政府部门，中国驻柬大使馆及经参处在帮助处理中资企业、项目公司和当地政府关系方面，中国进出口银行、国开行、中信保在项目融资和担保方面，都给予了大力的支持。柬方政府予以该项目高度的重视和大力的支持。为了促进中方企业落实该项目的融资，柬政府不但提供担保，而且通过颁布王令，以立法的形式予以确认；为激励中方企业的积极性，柬政府予以该项目诸多方面的优惠政策，例如利润免税期、进口税免征等。

2. 市场化方式确保融资安全

中国水电甘再项目公司提供了多达 14 个抵押担保合同，且设置了物权担保、项目权益转让、股东支持等多层次的担保措施，既充分保证承包商的权益，又在很大程度上消除银行疑虑，坚定银行贷款信心。同时企业和银行间通畅的项目信息交流，银行充分履行其监督责任是境外融资项目顺利实施的保障。

第四章

国际基础设施合作组织管理

国际基础设施合作关系到国际社会的发展与进步。为保障国际基础设施合作项目各项工作的顺利开展，在项目组织的基础上选择适宜的项目组织架构模式、推动项目管理的制度与规范化、选择合适的项目经理等，这些对于基础设施合作项目的质量与效率具有积极作用。因此，有必要对常见的国际基础设施合作企业的组织架构、项目管理的制度化与规范化及项目经理所必备的能力进行分析和研究。

第一节　国际基础设施合作组织架构

为适应市场竞争、资源限制、技术变革等所导致的内外部环境变化，提高核心竞争力，国际合作企业必须不断调整自己的组织结构以适应环境的变化。常见的组织架构形式多种多样，主要可分为职能型组织架构、项目型组织架构、矩阵型组织架构及混合型组织架构等。其中，矩阵型组织架构形式又分为弱矩阵、平衡矩阵和强矩阵三种形式。通过对这几种常见的项目组织架构类型进行分析，研究其优缺点，选择实用性较好的架构模式，可有效保障工程项目的效益与价值。

一、职能型组织架构

职能型组织架构作为一种传统层次化的架构，是当今世界最普遍的项目组织形式。其特点：组织通过专业分工、在总经理下面设置相应的职能部门并赋予相应的职责和权限，各职能部门在授权范围内管理本部门资源和分管业务，项目一旦启动，各职能部门各司其职、各担其责地开展分管的专业内容，在组织内部通过职能部门经理进行沟通协调。该职能型组织架构主要适用于规模小，以技术为重点的项目。

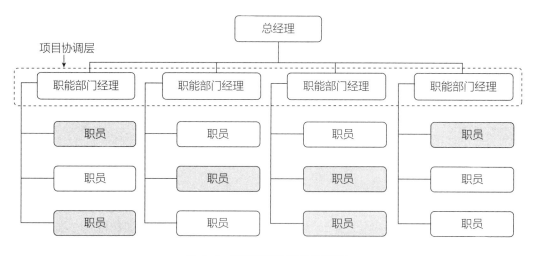

图 4-1　职能型组织架构示意图

注：灰色表示参加项目的工程。

优点：职能部门为主体，专业化程度较高，资源相对集中，便于相互交流或相互支援；预算简单，便于成本控制；人员有稳定的部门，方便进行个人职业规划；组织内部同类人员信息交流、资源共享方便，有利于个体经验积累和成长；部门内部职责、规范明确，人员分工清晰；唯一上级使得上传下达畅通、人员容易控制，有利于统一指挥；人员使用灵活，反应迅速，可以根据项目需要配置人员。

缺点：职能部门很难把握和平衡多项目对部门资源使用的优先权；跨部门协调较困难、沟通效率低；职能部门人员对项目部没有归属感，对项目工作缺乏重视；项目参与人员经常变动，责任确定困难，业务缺少连续性；项目控制困难，形成决议一般有利于实力较强的职能部门。

二、项目型组织架构

项目型组织架构是把参加项目的人员从组织中抽离而组成的独立单位，独立核算，且拥有自己的技术人员和管理人员，项目结束后，人员解散回归职能部门或被分配到新的项目。该项目型组织架构主要适用于组织有多个长期的、大型的、复杂的、重要的项目。

优点：项目团队工作重点集中，决策迅速、动力强、目标和责任明确；项目经理对项目负全责，项目指挥和管理方便；项目组织架构简单，责任分明；项目沟通渠道

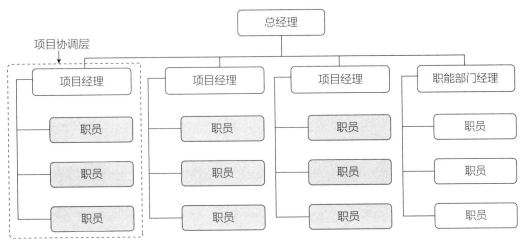

图 4-2　项目型组织架构示意图

注：灰色表示参加项目的职员。

畅通，项目内部协调速度快。

缺点：多项目执行时重复努力增多、规模经济丧失、有效融合减弱、沟通交流出现障碍、缺乏一种事业的连续性和职业保障；因工作的不连续性，项目成员工作不稳定，职业规划较为困难；项目成员有限，技术支持不全面；项目目标容易偏离总体目标。

三、矩阵型组织架构

矩阵型组织架构是职能型和项目型相结合的一种混合形式，是在常规的职能层级结构之上添加了一种水平的项目管理结构，目的是形式让项目经理和职能部门经理一起承担责任的协作机制。主要适用于有多重目标，需要物力、技术和人力资源分享等项目。

依据项目经理与职能经理相对权利的不同，实践中常存在三种不同的矩阵体系，分别为：权利明显倾向于项目经理的项目强矩阵、权利明显倾向于职能经理的职能弱矩阵和介于二者之间的传统的平衡矩阵形式。

优点：通过资源整合、平衡和共享以实现项目目标；项目成员对项目的认同感和对职能部门的归属感较强；项目经理对项目在一定范围内拥有控制权，可以根据需要调配资源；职能部门对项目提供强有力的技术和业务支持；权责共担，目标一致，内部冲突少。

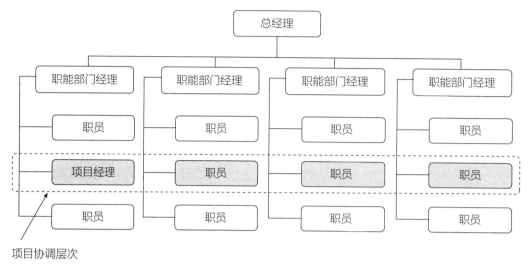

图 4-3　强矩阵型组织架构示意图

注：灰色表示参加项目的职员。

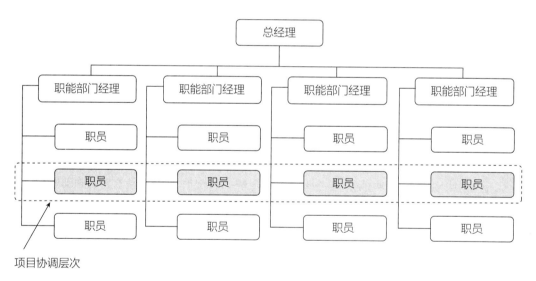

图 4-4　弱矩阵型组织架构示意图

注：灰色表示参加项目的职员。

缺点：信息交流、工作流程多维化；易导致职能部门经理与项目经理之间的紧张关系，加剧对稀缺资源的竞争和冲突；对项目成员而言出现多头领导，与命令统一管理原则相违背；项目和职能部门交叉，监督与控制困难。

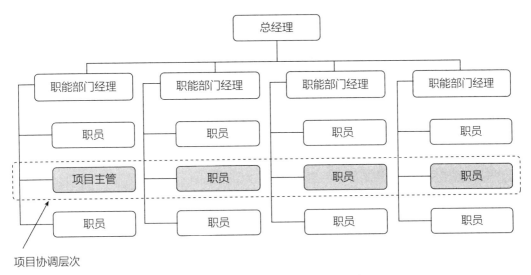

图4-5　平衡矩阵型组织架构示意图

注：灰色表示参加项目的职员。

四、混合型组织架构

混合型组织架构就是根据项目大小和性质，将几种项目组织方式用在同一组织中，将组织划分为若干部门和专业化的小单元。其实质是在组织中同时存在职能型组织架构和项目型组织架构的项目。

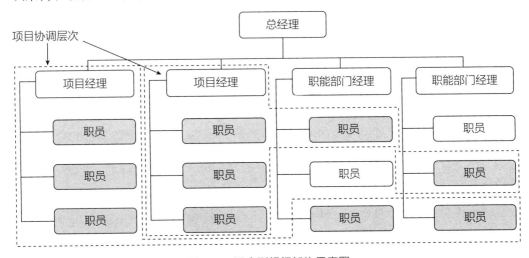

图4-6　混合型组织架构示意图

注：灰色表示参加项目的职员。

优点：灵活性大，沟通迅速、规范；管理层易于决策、整合资源、重点突出；易于信息资源共享。

缺点：容易造成资源浪费、矛盾激化，不易管理和协调。

总的来说，职能型组织架构形式适合项目工作在各个职能部门内部执行的一种形式；项目型组织架构适用于需要较多的跨部门交流的项目；当组织需要同时执行大型项目或多个项目时，选择矩阵型组织架构则比较适合；项目日益多元化的组织则偏好混合型组织架构，目前该架构形式最为流行。

通过对上述四种项目组织架构形式的分析和比较，可以清晰地辨识每种组织架构形式的优缺点，并能够根据其特点来选择项目所需的组织架构形式。不同的项目，不同的时期，对于组织有特定的目的和要求。组织架构形式的优缺点随项目实践的动态变化而变化，故不存在万能的组织架构形式，组织需要根据各个项目的需求进行选择或组合。高层管理者在选择组织架构形式时需要综合分析的因素有：组织内外部环境，组织规模和人员构成，以及项目工期，组织战略目标和理念，组织项目管理经验，所执行项目类型，组织拥有的可用资源、项目的独特性等。此外，在选择项目组织架构形式时，还需考虑组织架构中纵向和横向的层级关系，横向考虑跨部门间的沟通、交流和协作，纵向考虑层级数量和隶属关系等。因此，组织为实现其战略目标，确保收益最大化，需要结合其实际情况对比确定选择适合的组织架构形式并根据组织发展不断进行调整，保证项目顺利执行。

第二节　国际基础设施合作项目管理制度与规范化

基础设施国际合作项目管理制度与规范化至关重要，这对于保障项目的规范管理与施工效率具有积极作用。通过对项目成本管理制度与规范化、项目进度管理制度与规范化、项目质量管理制度与规范化、项目安全管理制度与规范化、项目合同管理制度与规范化5个方面进行分析，可进一步完善项目管理规范和标准，从而不断优化改进，将成熟的经验广泛运用于海外项目，尽可能达到国际工程各参与方对项目的质量、进度、安全、成本管理的预期目标。

一、项目成本管理制度与规范化

国际工程项目能否实现盈利的关键在于项目成本管理是否科学有效。在当前政治和经济态势不够稳定的大背景下，国际基础设施承包市场竞争愈演愈烈，从事国际基础设施合作的企业普遍将控制成本作为企业竞争和生存的重要手段。中国大部分从事对外基础设施合作的建筑企业基本建立了以海外项目部责任成本管理为核心的组织和制度框架，在实际项目管理中不断发挥其主导作用。

工程项目成本管理主要包括 3 个阶段的 5 个方面内容：在目标成本确立阶段主要有成本预测和成本计划；在目标成本控制阶段主要有成本控制和成本核算；在目标成本评价和总结阶段主要是成本分析和考核。而影响项目成本管理的因素颇多，可分为内在因素和外在因素。其中，内在因素包括施工人员的素质、施工方案的合理性、现场的组织管理等；外在因素包括机械设备的状况、材料的供给量、项目的施工质量、施工进度的合理性等。

（一）成本预测

海外各项目在投标前应根据项目现场考察和可行性研究报告，综合考虑公司经营能力及资源配置的现状，对项目建造和企业管理成本费用进行初步预算，投标报价必须建立在合理的利润水平上，严禁各海外办事处以低于成本价进行投标报价，避免超低价恶性竞争。此外，各海外办事处应建立并健全项目所在国的各项生产要素（主要为当地人员、施工材料、设备和物资等）价格的数据档案库，根据市场行情的波动定期更新数据，为今后其他项目建设和运营成本的预算提供准确的参照标准。

（二）成本计划

确定项目中标后，所在国办事处的商务小组着手制订项目成本计划报告，首先应明确成本核算对象，根据承包的工程内容、范围和工期要求制订总的成本控制措施、方法。项目部在开工前应对项目的各项实施活动所需的人员数量、建筑材料和机械设备等可能产生的成本费用进行估算，编制总成本管理方案，并围绕成本目标制订全方位的成本控制措施。此外，项目部还可以考虑按月编制月进度成本计划，并准确地测算相关项目的保本点。

（三）成本控制

项目成本控制属于项目管理工作，其目的是将项目在实施过程中实际发生的成本和费用根据项目总的成本计划要求控制在预算范围内，它涉及 3 个管理阶段的控制，即事先、事中和事后。具体主要包括人工、材料、机械、间接费用的控制和分包成本控制。

表 4-1　项目成本控制的主要内容

序号	名称	内容
1	人工费控制	人工费控制主要从用工的数量进行控制，通过加强员工的技术教育和培训工作，合理地安排现场施工活动，尽量压缩非施工和非生产用工，减少窝工浪费
2	材料费控制	项目大批量材料（如钢材、木材、水泥等）在国内实行招标采购，采购流程严格遵守公司的物资采购管理办法。项目急需的零星材料根据总公司按季度发布的材料指导控制价自行采购
3	机械费控制	各项目部应根据施工进度和计划，合理安排机械设备使用频率，避免人为调配失误导致设备出现闲置；重视设备日常维护管理，降低零部件的更换频率，提高设备耐用性能
4	间接费用控制	建立合理的财务报销制度，对项目管理常见的业务费（指交通、通信和办公等费用）进行合理控制，此类费用报销采用严格的多人会签制度，同时总公司应加强对项目各项费用开支的检查监督
5	分包成本控制	海外项目部实施严格的分包工程进度审核制度，使分包工程进度结算控制在合理的成本区间内

（四）成本核算

项目成本核算是由公司的涉外财务部门对海外项目在施工过程中产生的各项费用进行统计及核算的管理活动，属于成本管理中一个极其重要的环节。总公司和项目部各自组建独立的成本管理与成本核算小组，海外工程项目部的财务小组负责核算境外项目施工过程中人工、材料和机械使用的耗费情况，公司涉外财务部门核算项目现场施工内容之外的间接工程成本，对全部项目成本进行合并和汇总。项目成本核算的内容通常由人工费、材料费、机械使用费、间接费用和分包成本构成。项目成本核算的方法以项目部会计记账凭证为主要依据，是对各类项目资金的来源和去向进行综合系统地记录、计算和整理的管理活动。待项目竣工验收后，根据业主批复的最终计量款，结合项目在实际施工中累计完成工程量作为核实海外项目结算收入的依据，确保项目报量真实性和可靠性。

（五）成本分析和考核

各海外项目部应定期对项目实施过程中产生的费用成本逐项分析，对影响成本升降的因素进行归纳，总结该阶段导致项目盈亏的根本原因，有针对性地对成本控制措施进行调整或改进。完成项目成本核算后，公司有关部门通过对项目成本进行考核，审核成本目标完成情况，根据项目部产生的经济效益及各部门人员的工作绩效评估结果，由公司负责人审批项目考核奖金。

二、项目进度管理制度与规范化

项目进度管理通常归为过程管理范畴，其工作涵盖的内容：项目现场施工进度控制及责任落实、作业速度的科学合理安排、工程进度的检查、分析、调整原则和方法等。项目进度管理水平的高低将直接对工期、质量和成本目标的实现产生深刻的影响。仓促赶工或进度滞后将不可避免地出现工程成本的失控，不但给承包商造成重大亏损，也容易影响工程质量。因此，承包商在收到项目业主发出的中标函之后，合同条款中会要求承包商尽快编制并提交一份"总体施工组织计划"，承包商必须根据施工内容要求，并结合影响项目施工的内外因素，编制切实可行的"施工进度计划"，使各个分项的施工进度符合总体施工进度的要求。

相对而言，施工的工期管理是比较烦琐的，同时它也直观、敏感，不易实现。有的企业在看待施工进度的问题上，一般采取前松后紧策略，即快到工程截止时间时，发现不能按时完工，便开始偷工减料，或是调用其他项目的精兵来帮忙，最后还是完成了总工期。之所以会造成这种现象，与企业制订的工期存在不合理因素有很大关系，更多的是由于企业没有做好管理的工作。

在工程项目的实施过程中，一般都会存在外部影响因素，即外部环境、气候的变化。因此，在制订进度计划时很难对项目做一个全面的评估。当然，应当减少外界因素的影响，以减少实际进度和计划进度发生偏差，如果发生了，应及时处理以减少损失。所以，在制订工程项目进度计划时，一定要采取有效的控制进度的措施，以便形成较为完整的进度报告，方便相关数据的收集。同时，也应该采用有效的检查方法来发现问题，并根据不同问题采取不同措施去解决问题。

针对国际基础设施项目进度管理工作，可通过 3 个部分进行规范：编制施工进度计划、施工进度检查和施工进度计划调整。

围绕海外项目目标工期和质量要求编制详细、科学、合理的规范进度管理计划和流程。公司各海外项目部按照合同相关的工期规定、项目现场施工环境及项目部的资源制订出符合实际情况的总体进度目标。另外，项目部还应根据施工设计图纸、施工现场人、财、物的资源配置情况、项目部技术经济条件等文件制订具体的"月进度施工计划"和"周进度施工计划"，使得单位施工进度计划能最大程度地与总体进度目标计划相匹配。只有编制出了一套规范的、标准的、可行的、合理的项目进度工作计划，才能提升海外项目进度管理的规范化程度，使得项目进度管理工作有章可循、有法可依。而项目进度计划检查也是国际工程项目进度管理中较为重要的工作内容。由于海外项目在施工过程中影响进度的因素多种多样，施工背景较国内更为复杂，因此，海外项目部管理人员必须及时监控施工进度计划进展状况并跟踪落实。一旦发现项目进度与计划存在偏差时，及时分析造成该现象的原因，并采用科学的方法对相关施工项目进度计划内容进行适当地调整。调整后的项目进度计划编制完成后，需将其付诸于实践中，并重新接受施工进度检查，形成"计划—实施—检查—行动"工作循环机制，提高海外项目进度管理的规范化工作水平。

三、项目质量管理制度与规范化

对于工程企业来说，把质量管理作为企业管理的重中之重，走质量效益型道路的经营战略已被广泛认同。项目质量管理工作属于专业性较强的系统过程，施工工艺和技术标准是项目质量管理的技术支撑。项目质量管理工作一般从制订质量计划、实施质量控制、提升质量保证及质量改进几个方面进行。实施全面的项目质量管理需要做到"两个覆盖"，即覆盖整个工程项目主体和覆盖工程实施过程中的各项活动。规范的项目质量管理可以科学地组织施工、保证设施产品质量、提升管理效率，从而规范施工现场管理人员、管理程序和质量控制的操作，促进施工技术与工程质量高度结合。

根据影响海外项目质量的五大因素（人员、机器、材料、方法和环境），采取全面质量管理（Total Quality Management，TQM）方法对所有的海外项目现场施工实施质量管理，不但监控好项目施工过程，而且对项目的最终质量提供可靠保障，将可能影响到项目质量管理的各个环节和多种因素统一进行管控，形成更加立体互联的质量管理体系。具体包括：制订覆盖项目全过程和各工序的质量管理规范；建立质量检查部门；建立严格的技术管理制度；建立质量自查和评价制度等。

四、项目安全管理制度与规范化

安全工作是企业生产的生命线，工程安全在世界各国均受到普遍关注的问题。项目安全的内涵一般包括两点：一是工程项目本身的质量安全，即项目建成后的质量需达到合同规定的安全使用年限；二是指项目在施工过程中员工的人身安全和项目的财产安全。安全管理是对施工生产中的人、物、环境因素状态的管理，对人的不安全行为、物的不安全状态和环境的不安全因素进行事前预防、事中管控和事后保障，减少、消除或避免项目人员、财产的危害行为和因素，确保项目的工期、质量和成本等目标的实现。安全管理是施工生产管理中的重要环节，两者之间不但关系密切，而且有着共同管理的基础。

由于国际工程项目的施工环境艰苦、条件简陋，因此对项目的人身和财产安全保障工作提出了更高的要求。西方发达国家通常都把项目的安全管理工作放到首位，中国对工程施工项目安全管理也本着"安全第一、预防为主"的原则，对工程企业的安全管理工作越来越重视。为了确保国际项目施工现场保持良好稳定的工作环境，其安全管理规范化可从以下几方面进行：

（一）管理规范化

管理规范化包括企业的安全管理理念、基础管理、规章制度和安全资料，要求安全理念正确，安全基础管理扎实，规章制度齐全，安全资料准确，实现项目标准和全面质量管理要求的正规化、规范化、科学化管理。要确定项目的总体安全管理模式及组织机构，并按照项目所在国家及行业法规的要求，结合现场实际情况，确定现场安全管理模式，建立安全生产责任制并落到实处。

（二）施工环境规范化

其主要包括施工现场的安全防护设施规范、安全文明施工、卫生整洁、各种安全标识醒目、安全装置完整可靠、安全通道畅通等。通过施工现场环境规范化的实施，达到安全管理的最佳状态。具体内容包括施工现场各种材料、机械的堆放实行定置管理，以及工作场所的温度、采光、通风、噪声等都应按照国家及行业有关规定和标准，采取相应的防护和管理措施。

（三）施工过程规范化

施工过程规范化是工程安全管理建设中的重中之重，其通常包括规范施工和过程控制规范化。规范施工是指把整个过程分解成有内在联系又相互制约的工序步骤，并在每个程序上规定出具体标准规范，将施工行为限制在标准规范操作中，消除不规范施工。在实施规范施工的过程中，要求各工种和环节都严格按照标准、程序制度的要求，从行为上统一化、规范化，实现规范执行。为降低项目施工的潜在风险，过程控制规范化的建设必须通过制订程序来规范相关各施工阶段的监控内容、检查标准及监控流程。

（四）人员规范化

其包括对项目施工人员的基本素质、技术专业、岗位职责、安全教育等进行规范要求。在对人员进行规范管理时，除了要做好项目内部人员的管理外，还要考虑外部人员的管理，将项目管理人员、监理方、职能部门人员等纳入到管理规范中，并明确具体的管理范围。海外项目部编制好安全培训教育、安全检查、安全岗位责任等一系列制度后，定期加强项目全体员工安全思想教育工作，组织员工学习安全制度。

（五）设备规范化

国际项目在施工过程中，业主为了促进当地就业和培训技能人才，通常要求国际承包商在对项目普通工种进行招聘时，当地雇员人数不能少于项目总员工的一定比例，因此，大部分施工现场的机械设备操作人员和普通工人均为当地文化水平较低的外籍劳工。因缺少对当地员工实施岗前培训学习，许多中资企业在海外项目施工过程中，出现施工机械与器具管理不当，未能及时进行检查、检修、维护和保养，造成机械设备使用过程中经常出现机械设备损坏或损毁，甚至操作人员伤亡的安全事故，对项目人员和财产带来不小的损失。因此，海外项目部应加强对项目机械设备与工具进行全过程的规范管理。做好采购、入库工作；定期或不定期进行检修、保养和维护；制订完善的设备领用和归还流程管理工作；注重对大修记录、设备报废的备案和处理等。

五、项目合同管理制度与规范化

施工项目众多管理工作的根本性依据就是官方合约，它的签订质量和内容条款往往决定了项目管理工作的最终成效。拟一份各方面都对我方有利的合同和相反的情况对于实际履行人的感觉是不一样的，经办的效果当然也不一样。对于项目企业，应当注意以下几点：

（1）关于合同的"标的"——工程承包内容和范围一定要进行严格的信息确认，保证信息的准确性。对于承包合同，一定要使用工程量清单的约定模式或是合法的书面合同，避免产生争议。对于那些由习惯来规定的相关内容，应该根据合同签订时的具体情况进行相关的明确，比如承包方的驻地建设、给相关人员提供服务的标准等。在谈判过程中应该明确了解双方的条件标准，确保信息同步。对于那些在双方谈判过程中，调整或修改的关于过程施工的内容、范围等，应当及时将其完整记录下来，待双方重新审阅后，最后以合同补遗或者是会议纪要的方式作为合同的附件并说明它构成合同部分。

（2）对于一般的单价合同，必须要求双方确定一个合理的成本浮动标准。在谈判时要求与业主共同签订一个"增减"幅度，当超过该幅度时，承包人有权要求对单价进行调整。

（3）确定合理的计价方式。

（4）有关合同款支付的相关条款，根据不同的项目、不同的项目规模及不同的企业管理模式有不同的做法，可以在双方谈判过程中重点讨论并解决关于预付款的支付进度、投标担保返还的时间等相关问题，尽可能地缓解企业开展工程项目的资金压力。

（5）关于工期和保修期的问题。承包方应该尽可能通过谈判的方式，使业主接受承包方在合同文本中提出的部分要求，即承包方保留因为工程的变更、气候的变化及"作为一个有经验的承包方也存在无法预料的条件变化"等，从而影响工期，并延长工期的权利。

（6）完善合同条件的问题。视具体情况具体分析，提出合理的要求。

第三节　国际基础设施建设项目经理能力建设

随着中国工程业的发展及工程业职业资格制度的完善，国内工程项目经理能力素质普遍提高，能够从事大型工程项目管理的项目经理也逐渐增多。然而，能够从事国际市场开拓和工程管理的项目经理能力素质还有待提高，主要原因是国际工程项目经理除了要具备国内一般工程项目管理能力外，还应具备其他方面的特殊能力。结合关于项目经理国际化能力理论的相关研究和国际工程承包市场、国际工程项目的特征，根据国际基础设施工程项目的具体特点，要求一个合格的项目经理只有同时具备专业素质、沟通素质和身体素质等各方面的能力素质，才能使一个国际工程项目达到其预期的理想目标。项目经理必须能够了解、利用和管理项目的技术逻辑方面的复杂性，必须能够综合不同专业特点来考虑问题。

一个成功的项目经理需要具备的基础素质有领导者的才能、沟通者的技巧和推动者的激情。国际基础设施工程项目经理是工程项目施工组织的总负责人，是国际合作公司在国外的代理人。其工作要依靠一个有能力、高效率的施工管理团队来完成。这个团队包括管理人员、技术人员、商务人员、计划人员、行政人员，以及财务、物资、合同各方面的专家，他的工作既涉及外国技术人员和工人，也涉及外国的法律、海关、财政、税务和经济问题。因此，作为一名国际基础设施工程承包实施的项目经理，要具备一些基本的素质，才能胜任工作。应具备的主要素质如下。

（一）较高的整体素质

其应具有较高的政治思想觉悟、职业道德和高尚的个人品德；具有较高的文化理论水平，较广阔的知识面及合理的知识结构；具有较高的外语水平，能用外语进行工作；具有参加过国内大型工程或国际工程项目建设的实践经验；具有良好的身体条件等。

（二）高度的责任感

国际工程项目经理代表着企业在国外执行和管理项目的形象，肩负着企业的重大使命和责任。其既要对企业负责，维护企业的利益和形象，为企业创造经济效益，又要对业主和工程负责，管理和执行好工程项目，还要对项目管理部全体员工的生命财产和人身安全负责。因此，其必须具备高度的责任感。工程项目在实施工程中，各种意想不到的事件经常发生，有时甚至会导致重大的经济损失和人员伤亡，并影响工程的正常进行。作为项目经理应该加强组织管理，抓好员工的思想教育和安全教育，杜绝麻痹大意思想，消除隐患苗头，提高全体工作人员的风险防范意识，最大限度地减少和避免意外的经济损失。

（三）较强的组织管理能力

项目经理可根据本项目的大小及项目承担的难易程度，建立一个高效和规范的项目组织机构；项目经理必须熟练掌握项目管理过程及项目管理的生命周期，能够有效地运用沟通手段，建立合理、科学的激励机制；项目经理可以根据本项目的各项要求，建立一个适合本项目的绩效评价体系，其目的是为了项目经理更有效地实施项目的管理与项目的各类指标控制及项目的质量和效益的控制，最大限度地发掘公司资源的潜力，调动公司员工的积极性与创造性，提高公司效益与工程效率；合同管理是工程项目建设管理的中心工作，而合同是项目经理执行项目的法律性文件，是执行项目和进行项目管理的直接依据。

（四）沟通能力以及果断的判断力与决策力

善于沟通，具备一定的领导艺术，这是至关重要的素质。项目经理是受企业法人授权和委托，被派往工程建设现场负责管理本企业所承包工程项目的领导人，其必须具有全面把关、宏观调控和组织项目开展的工作能力，同时还具有果断的判断力与决策力，具备一定的领导艺术，具有严谨的工作作风，注重建立自己的领导形象。在工作中要以身作则、团结同事、尊重对方、发扬民主、讲究用人艺术，善于运用集体的智慧；能正确行使自己的权力，秉公办事，赏罚分明，以理服人，勇于承担责任；遇事沉着冷静，独立工作能力强。工程项目在施工过程中，项目经理不能事无巨细地向国内请示汇报，要充分发挥自己的聪明才智，独立自主地解决问题，具有果断的判断力和决策能力。在处理重大问题时，头脑冷静，反应敏捷。如遇到重大问题应立即向国内汇报，但同时要有自己的意见。

（五）目标市场开发能力

国际基础设施工程承包市场分布于全球各个地区和不同产业范畴，虽然市场容量巨大，但区域市场分布和产业市场分布呈现不均衡性。如何在复杂的基础设施国际市场背景下寻求适合本企业的目标市场，这是工程项目经理开拓国际市场的基本能力。一般而言，工程项目经理首先要开展全球基础设施工程市场调研，对区域市场分布和产业市场分布进行细分化和定量分析，然后结合本企业的核心竞争力及与竞争对手相比的优势进行可行性研究，最终确定目标市场。

（六）项目投标报价能力

在确定目标市场之后，工程项目经理仔细分析政府投资、民间投资、国际组织投资的发展走向，密切关注目标市场内工程项目建设动态，及时跟踪工程项目信息，进而参与市场交易活动。要根据投资方招标文件的要求，报出具有竞争优势的技术标、经济标、商务标，力争更多的中标机会。

（七）项目合同履约能力

国际基础设施工程承包合同具有多国性，各个国家在签订合同的过程中又相继受到各自国家法律、制度、价值取向的限制。因此，工程项目经理在进行工程项目承包合同履约时，必须要格外重视合同所遵循的相关法律法规，严格按合同约定推动工程项目的实施进程，同时妥善处理好双方的分歧。国际合作工程通常都是大型复杂项目，工程技术难度大，关系协调复杂，返修或者重复会给项目带来进度、成本乃至双方、多方关系的重大挑战，进而付出巨大的代价。因此，从事国际基础设施工程的项目经理应该具有合同履约的能力，并熟悉国际上通用的标准、规范和国际工程项目管理惯例。

（八）项目融资策划能力

随着国际工程市场供求关系的变化，资本引领型的工程总承包日益成为主流模式。特别是在一些区域，基础设施类工程投资规模大、建设周期长，常常会采用BOT、PPP等新型建设管理模式，这也意味着工程项目经理应当具备开拓这些类型建设工程市场所要求的融资策划能力、跨界协同能力。

（九）项目风险管控能力

由于国际工程项目所在地的政治、经济、文化、社会、自然环境各有不同，因而具有比一般项目更多的潜在风险因素。任何不确定的风险因素都会给工程项目造成一定的影响，给企业带来经济效益或品牌信誉的损失。因此，工程项目经理必须牢固树立风险防范意识，控制工程项目建设全生命周期范围内各个阶段的风险因素，按照风险识别、风险评估、风险响应、风险监控的流程，建立风险管理体系，降低风险事件发生的概率和风险事件造成的损失，保证工程项目的顺利实施。

（十）跨文化沟通能力

在国际基础设施工程承包市场的开拓过程中，工程项目经理经常要与不同国家、不同文化的专业人士沟通。跨文化沟通能力要求工程项目经理不仅具备熟练的外语听说读写能力，还应该充分了解不同国家的政治环境、经济政策、文化背景、宗教信仰、风俗习惯等信息，融合多元文化，求同存异，掌握跨文化沟通与合作的技巧，善于与来自不同国家的业主、工程师、分包商、分供方等项目利益相关方进行项目相关的谈判、合作、信息交流等工作。

概况来讲，国际工程项目经理的综合素质能力要求是必须能够带领项目班子和项目部管理者在有限的资源约束下，运用系统的观点、方法和理论，对项目涉及的全部工作进行有效地管理，即对项目全过程进行计划、组织、指挥、协调、控制和评价，以实现企业对项目合同履约的预期目标。

·案例 4.1·

苏丹鲁法大桥施工项目

苏丹位于非洲东北部，红海西岸，国土面积为 250.58 万 km^2，人口为 3451.2 万，70% 的人信奉伊斯兰教，39% 的人为阿拉伯人，是非洲最大的国家之一。境内大部分为盆地，南高北低。尼罗河南北纵贯全境，属热带沙漠气候和热带草原气候，常年干旱。其经济增长率约 6.7%，汇率约为 1 美元 = 263.5 第纳尔，失业率约 18.7%。

本项目位于哈萨黑萨市东北方向，处于青尼罗河冲积平原上，地形平坦，地面高程在 391～392m 之间。桥位处于热带草原气候区。最高温度 50℃，最低温度 10℃，雨季为 7—9 月份，月最大降雨量在 200mm 左右（8 月份），全年降雨量在 210～400mm 之间。最大风速为 43.11m/s。

本桥工程包括 RUFA'A 桥梁工程的主桥、引桥及路基工程。其位于哈萨黑萨市东北方向，横跨青尼罗河及苏丹国道，交通比较便利，大型机械设备及材料均可由公路运到施工现场，用水、用电均可解决。工程重点为主桥箱梁的施工，采用挂篮法施工。

一、工程目标

该工程项目的目标主要包括：

（1）工期目标：2007 年 1 月 10 日进场，2009 年 1 月 10 日竣工；总工期 24 个月。

（2）质量目标：工程质量一次验收合格率达到 100%，满足质量要求。

（3）安全施工的目标：杜绝重大伤亡事故，杜绝因工亡人事故，避免因工重伤事故，因工受伤事故率控制在 0.5‰ 以内；杜绝重大机械设备事故；杜绝火灾事故；杜绝因我方责任造成的交通亡人事故。

（4）文明施工的目标：在工程的建设过程中，单位应严格按照中国和苏丹政府有关文明施工管理的相关规定组织施工，争创文明施工工地。

二、施工现场平面布置及临时设施

（一）施工平面布置

施工总平面本着"因地制宜，节约用地，便于施工，安全合理"的原则进行布置。

（二）施工临时设施

施工临时设施主要包括办公生活房屋、生产房屋、拌合站、工地试验室、卫生医疗设施、施工及生活用电、施工及生活用水、通信联络等。

三、单位工程施工进度计划

根据业主要求，拟在24个月内完成本工程。项目部将严格贯彻落实各种工期保证措施，切实可行地安排各分项工程的具体工作计划，且严格落实各工作计划的实施。同时，在保证工期的前提下，须做到动态管理、均衡施工，避免人力、物力的浪费。

施工进度计划分为三个阶段：

第一，施工准备阶段，计划安排65天（2007年1月10日—3月14日），主要完成材料及机械设备清关进场、施工便道、供水、供电、生产生活用房、交接桩和本合同段线路复测及控制测量、复核技术资料、混凝土配合比的选择及进场材料的试验，以及解决通信、组织机械设备、人员进场等。

第二，主体工程展开施工阶段，计划安排463天（2007年3月15日—2008年7月31日）。主要完成桥梁下部结构、上部结构及道路的施工。

第三，工程收尾阶段，计划安排30天。主要完成现场清理、竣工资料编制及验交等工作。

四、质量管理

本工程质量管理目标：工程质量一次验收合格率达到100%，满足质量要求。为优质完成本合同段的施工任务，按照 ISO-9002 系列标准及工程施工的特点，制订完善的工程质量管理制度，建立以项目经理为组长，项目总工程师为副组长，工程技术、质量检查、安全监察、物资设备管理等部门负责人和有关人员参加的质量管理领导小组，建立健全质量保证体系。因此，要求企业建立完善的工程质量体系及管理网络，形成一个有效的保证体系并建立健全质量管理网络。

五、安全生产管理

项目安全生产管理的目标是杜绝重大伤亡事故，杜绝因工亡人事故，避免因工重伤事故，因工受伤事故率控制在 0.5‰以内；杜绝重大机械设备事故；杜绝火灾事故；杜绝因我方责任造成的交通亡人事故。

安全施工是关系到职工的生命安全和国家财产不受损失的头等大事。为了确保工程顺利进行，必须认真贯彻"安全第一，预防为主"的方针，加强教育，严格管理，使整个施工过程处于受控状态。本工程设立以项目经理为主的安全施工管理网络，加强安全管理，做到安全施工，坚持管生产必须管安全的原则，各施工队一定要签订有安全保证指标和措施的安全承包内容的协议书。实行安全目标管理，明确工程标准和职责，形成一个有效的安全保证体系。

六、项目部组织机构设置

（一）组织机构设置

项目部下设四部一室：工程部、计划合同部、财务部、设备物资部、综合办公室；工程部下设试验室和测量班。

考虑一个后勤保障队，一个桩基队，两个桥梁施工队一个桥梁队负责悬灌梁及墩、承台的施工；另一个桥梁队负责现浇梁及墩、承台的施工。施工人员考虑招聘有桥梁施工经验的合同工，并招聘一部分当地人配合，自己管理人员带队伍施工。国内人员根据施工安排陆续上场。路基及路面分包给当地的公司施工。

（二）项目负责人及各部门管理职责

项目负责人及各部门的管理职责见表 4-2。

表4-2　各部门管理职责表

项目负责人、部门名称	人数	主要职责
项目经理	1	全面负责施工组织管理，保证质量、工期等目标实现
项目副经理总工程师	4	一个副经理负责现场施工安排；一个副经理负责对外联系及物资保障；一个副经理负责营地管理及生活保障；总工负责施工技术，制订施工方案，攻克技术难关
工程部	3	负责施工技术指导、交流、监督、检查和工程试验与测量及环保
计划合同部	2	负责合同管理、制订阶段施工计划与工程计量
财务部	1	负责工程财务管理与成本核算
设备物资部	2	负责施工机械设备管理与材料物资供应及清关
综合办公室	2	负责文秘宣传、对外接待、医疗、生活保障及翻译等工作
总计	15	

七、启示与借鉴

通过对项目的分析总结，我们可得到的经验主要有以下几个方面。

（1）组织保障是实施好一个工程项目的前提条件，该案例现场机构精练、职权到位、效率较高，管理层各负其责，起到良好的作用。因此，提高现场管理效率也是国际合作企业一项需要长期重视的问题。

（2）该案例所介绍的项目计划，是行业内不可多得的、精美的、细腻的工程施工组织计划，是完成合同文件规定的指标、保证施工顺利进行的技术性的纲领性文件，体现了企业精心组织、精心施工的总体思路，是值得读者特别是同行业者珍惜和仔细学习研究的一例。

（3）该施工组织设计是根据中苏双方签订的合同制订的，是行业中针对性强、可操作性、技术性高、参数具体、措施到位、业主认可的一份构成合同不可分割的技术文件。这样的施工组织设计能做到确保施工合同的顺利实施，使工程进度、施工质量、投资与造价等基本得以实现，进而达到多赢的目标。因此，凡是招标文件中要求提供施工组织设计的，承包商都应认真做到好中求佳。

第五章 | 国际基础设施
合作合同管理

　　国际基础设施工程项目的合同管理是建筑工程项目管理的核心，工程管理的各方面工作都要围绕着这个核心来开展。国际基础设施工程项目的合同管理的国际规范逐步形成，已经成为项目科学管理的重要内容。基础设施工程项目的合同管理不能陷入僵硬的程式化，它是一个动态的过程，在管理中要讲求方式、方法，要讲究管理的技巧。因此，要在高度重视工程项目的合同管理、深刻了解其重要地位的基础上，在实践中探索及归纳基础设施合作工程项目合同管理的技巧，寻找新方法，解决新问题，促使参建各方自觉履行合同约定的条款，从而降低市场风险，切实维护市场秩序，确保国际基础设施工程项目顺利进行。

第一节　合同管理的特征和作用

一、国际基础设施合作项目合同的特征

　　国际基础设施合作工程项目合同是一种涉外经济合同，它除了具有一般合同的法律特征之外，还具有下列几个方面的特征。

（一）国际性

　　国际基础设施合作项目承包合同的国际性体现在：签约各方属于不同的国别；受多国的法律制约；支付两种或两种以上货币；第三国仲裁等。

（二）多元性

　　在合同实施过程中，要涉及多方面的关系，如工程师、业主代表、合伙人、分包商、供应商、银行、保险公司等。对于规模宏大，技术要求复杂的工程，甚至涉及几

十家公司，需要签订几十个合同。不管是哪一类合同，也不管合同是由哪一方签订的，只要合同的签约方与工程项目的实施有关，承包商就要承担一定的义务。因此，承包商不但要处理好与业主的关系，而且要处理好与工程实施有关的各方的关系。

（三）标的的特殊性

国际间最通行的涉外经济合同是贸易合同。贸易合同的标的，一般是一定数量的货物，这些货物都具有可移动性，并能分割成若干个独立体。而国际基础设施合作项目承包合同的标的，是工程项目。工程项目是一个不可分割的独立整体，具有不可移动的特性。

（四）履约方式的连续性

国际基础设施合作项目承包合同的标的是工程项目，工程项目的实现需要一个施工过程，而施工过程就是合同的履约过程。工程施工必须连续和渐进地进行，这决定了合同履约方式也必须是连续的和渐进的。另外，工程项目质量的确认，贯穿于整个施工过程的始终。承包商对工程质量所承担的义务，受到业主无数次的检查和确认。工程质量所包含的内容繁多，包括施工材料和设备、施工程序和规范、施工方式及设计要求等。只有所有这些都满足合同一方（业主）的要求，合同另一方（承包商）的履约义务才算完成。

（五）履约的长期性

一项工程的建设是一个长期的施工过程，通常需要1~3年才能完成。合同双方履行合同规定的权利和义务，需要一个较长的时间。

（六）风险性

对承包商来说，国际基础设施合作项目承包是通过商务方式进行的一种经济技术活动，是一种资本、技术、设备、劳务和其他商品的综合性输出。在实施承包项目的过程中，受到诸多条件的制约和影响，甚至有些条件是承包商无法估计和控制的，使这项经济活动潜伏着较大的风险。因此，要求承包商在签订合同时，对可能构成风险的因素进行慎重、认真地分析和研究，在合同谈判和签约时重视合同中的风险性条款。

二、合同在基础设施合作项目中的作用

基础设施合作项目管理的过程就是履行合同的过程，项目管理是围绕合同进行管

理的，这是由合同在工程项目管理中的作用所决定的。

（1）合同确定了工程实施和管理的主要目标，是双方在实施过程中各种活动的依据，工程目标主要有以下3个方面：

①工期。包括工程的总工期、工程开始、结束的具体日期，以及工程实施中一些主要活动的持续时间。由合同协议书和进度计划规定。

②工程质量、工程规模和范围。

③价格。包括工程总价格、各分项工程的单价和总价等，其由中标函、合同协议书和工程量报价单等定义，承包商完成工程所应得的报酬。

（2）合同是协调双方关系的核心手段和依据。合同一经签订，双方便结成了一定的经济关系。合同双方的利益往往是不一致的，承包商的目标是尽可能多地取得工程利润，增加收益，降低成本。业主的目标是以尽可能少的费用完成尽可能多的、质量尽可能高的工程。合同双方都从各自利益出发考虑和分析问题，采用一些策略、手段和措施达到自己的目的，这必然导致双方行为的不一致和利益冲突。合同双方的权利和义务是互为条件的，调节这种对立关系正是合同的主要手段，合同限定和调节着双方的义务和权利，体现双方责权利关系的平衡。

（3）合同是双方的最高行为准则。工程实施中的一切活动都是为了履行合同，都必须按合同办事，双方的行为主要靠合同来约束，所以工程管理以合同为核心。合同限定和调节着双方的义务和权利，是最高行为准则。任何问题首先都要按合同解决，合同具有法律上的最高优先地位。

（4）工程的合同体系反映和决定了工程的管理机制。合同将工程的材料、设备供应、运输、设计和施工等各专业的工作联系起来，协调并统一各参加者的行为。工程的每个参与者及其在工程中承担的角色，应履行的义务和责任，都由合同限定。如果没有合同和合同的约束力，就不能保证工程的参与者在工程实施的各个环节上都按时、按质、按量地完成自己的义务，就不会有正常的工程施工秩序，就不可能顺利地实现工程总目标。

（5）合同是双方争端解决的依据。由于双方利益的不一致，出现争议是难免的，合同为合理、顺利解决争议提供了依据。

三、工程合同管理的目标

工程合同管理为工程项目总目标服务，合同管理不仅是项目管理的一部分，而且贯穿于项目管理的全过程，合同管理的目标就是项目管理的目标。

（1）保证项目三大目标的实现，使整个工程在预定的投资、预定的工期范围内完成，达到预定的质量和功能要求。合同中包括了进度要求、质量标准、工程价格，以及双方的责权利关系，贯穿了项目的三大目标。一个工程项目有几份、十几份甚至几十份互相联系、互相影响的合同，只有通过有效的合同管理，才能保证各方面都圆满地履行合同责任，保证项目的顺利实施。

（2）成功的合同管理，还在于能使合同各方都感到满意，使合同争执降到最低，顺利履行合同，而不是钻合同的空子或利用合同迫使对方让步。

四、合同管理在工程项目管理中的地位

合同确定工程的价格（成本）、工期（时间）和质量（功能）等目标，规定着合同双方责权利关系，合同管理必然是工程项目管理的核心，工程的全部工作都可以纳入合同管理的范围。合同管理贯穿于工程实施的全过程，对整个工程的实施起到控制和保证的作用。在国际基础设施合作工程中，没有合同意识，则项目整体目标不明确。没有合同管理，则项目管理难以形成系统，难以有高效率，项目目标也就难以顺利实现。

合同管理作为项目管理的一个重要的组成部分，必须融合于整个项目管理中。要实现项目的目标，必须对全部项目、项目实施的全过程和各个环节、项目的所有工程活动，实施有效的合同管理。合同管理与其他管理职能密切结合，共同构成了工程项目管理系统。

第二节　业主的合同管理

对于基础设施工程项目，业主作为投资者和所有者应确定一些根本性和方向性的问题，诸如采用什么合同形式、招标方式、合同条件等。在项目实施阶段，业主的合同管理工作更多的是委托咨询工程师来进行的。

一、合同类型的选择

在国际工程实践中，按计价方式的不同，合同类型有很多。但归结起来，最具代

表性的合同类型不外乎单价合同、总价合同和成本加酬金合同。

采用什么样的合同，是业主在进行招标决策时要确定的一项重要内容。不同类型的合同，有不同的应用条件、不同的权利和责任的分配、不同的付款方式、不同的风险分担机制。因此，业主在确定具体的合同类型时，应结合工程的情况、自身的要求、风险的分担等多方面因素综合考虑。

二、招标方式的确定

国际工程项目常用的招标方式有 3 种，即公开招标、有限竞争性招标（选择性竞争招标）和议标。各种招标方式都有自身特点及适用范围。一般要根据承包形式、合同类型、招标时间（工程紧迫程度）、业主的项目管理能力和期望控制工程建设的程度等决定。

（一）公开招标

公开招标具有业主选择范围大，承包商之间平等竞争，有利于降低报价、提高工程质量、缩短工期等特点。但招标期较长，业主有大量的管理工作，如准备资格预审文件和招标文件，资格预审和评标工作量大。公开招标在很大程度上会导致社会资源的浪费。许多承包商竞争一个标，每家公司都要花许多费用和精力分析招标文件，进行环境调查，完成施工方案、投标报价及起草投标文件。除中标的承包商外，其他承包商的花费都是徒劳的。这会造成承包商经营费用的提高，最终导致整个市场上工程成本的提高。

（二）有限竞争性招标

业主根据工程的特点，有目标、有条件地邀请几个承包商参加工程的投标竞争，这是国内外经常采用的招标方式。采用这种招标方式，业主的事务性管理工作较少，招标所用的时间较短、费用低，可以获得一个比较合理的价格。国际工程经验证明：如果技术设计比较完备、信息齐全，签订工程承包合同最可靠的方法是采用选择性竞争招标。

（三）议标

议标即业主直接与一个承包商进行合同谈判。由于没有竞争，容易导致工程合同价格偏高。一般在以下情况采用：

（1）业主对承包商十分信任，承包商资信很好，是长期合作伙伴；

（2）特殊工程，如军事工程、保密工程、专利技术和特殊专业工程等；

（3）有些国际工程项目，承包商协助业主进行项目前期策划、可行性研究，甚至初步设计。这类项目一般都采用全包的形式委托工程，采用议标形式签订合同。

此类合同谈判比较省事，无需准备招标文件，无需复杂的管理工作，时间很短，能缩短项目周期，有些项目甚至可以一边谈判一边施工。

三、合同条件的选择

合同协议书和合同条件是合同文件中最重要的部分。在实际工程中，业主可以自己（通常委托咨询公司）起草合同条款，也可以选择标准的合同条件，也可以根据需要通过特殊条款对标准文本做修改、限定或补充。当然，合同双方都应尽量使用标准的合同条件。在国际工程中，有多种合同条件可供选择，对业主来说，选择合同条件体现以下两个方面：

（1）主观上讲，双方都希望使用严密且完备的合同条件，但合同条件应该与双方的管理水平相配套。若双方的管理水平很低，使用十分完备和严格的合同条件的可操作性就较低。

（2）最好选用双方都熟悉的合同条件。如果双方来自不同的国家，选用合同条件时应更多地考虑承包商的因素，使用承包商熟悉的合同条件。承包商是工程合同的实施者，所以应更多地偏向承包商，而不能仅从业主的角度考虑这个问题。

四、关键性合同条款的确定

即便是使用标准的合同条件，比如 FIDIC 合同条件，对一些关键性的合同条款，业主还是可以在专用条件中结合项目和自身要求进行修改、调整。因此，业主应认真分析研究，在确定一些关键性条款时，理性地对待合同，通过合同约束承包商履行义务，以实现合同目标。如果业主利用起草招标文件时所处的主导地位，增加一些不合理要求或苛刻的条款，将使承包商加大不可预见费用，或寻求一切可能的索赔机会，最终影响合同的顺利实施。因此，看似对业主有利的合同，其实也是有害的。在起草招标文件时，需认真确定以下条款。

（1）适用于合同关系的法律及合同争执仲裁的地点、程序等。

（2）付款方式。采用何种方式付款、有无预付款、付款期限、延迟付款是否支付利息等。

（3）合同价格的调整条件、范围、方法，特别是由于物价上涨、汇率变化、法律变化、关税变化等引起合同价格变化的调整规定。

（4）双方风险的分担及保险条款，参照国际惯例，合理分配双方的风险。

（5）对承包商的激励措施。在合同中订立奖励条款可调动承包商的积极性，这有利于项目目标的控制和风险的管理。

（6）认真设计合同的管理机制，通过合同保证对工程的控制权。如变更工程的权力；对进度计划审批的权力；对实际进度监督的权力；当承包商进度拖延时，指令加速的权力；对工程质量的检查权力；对工程付款控制的权力；在特殊情况下，业主的处置权力。

五、承包商的选定标准

业主一般是通过咨询公司进行招标选择承包商，但作为买主，业主对一些关键问题还需制订大的原则，以便咨询公司实施。

（一）确定资格预审的标准和允许参加投标的单位的数量

要保证招标中的竞争环境，必须要有一定数量的单位参加投标，这样才有较大的选择余地，才能以合理的价格发包工程。如果投标单位太多，工作量会很大，招标时间必然要延长。因此，要制订合适的资格预审标准以保证适当数量的承包商参与竞争。一般从资格预审到开标，投标人会逐渐减少。也就是说，发布招标广告后，会有大量的承包商来了解情况，但提供资格预审文件的单位就会少一些，购买标书的单位又会少一些，提交投标书的单位还会减少。对此要有一个基本把握，必须保证最终有一定数量的投标人参加竞争，否则在开标时会很被动。

（二）评标的标准

确定评标的指标对整个合同的签订（承包商选择）和执行影响很大。实践证明，如果仅选择低价中标，又不分析报价的合理性和其他因素，则实施过程中的争执就较多，工程合同失败的比例就较高。因为这违反公平合理原则，如果承包商没有合理的利润，甚至亏损，就不会有履约的积极性。所以，业主越来越趋向采用综合评标，从报价、工期、方案、资信、管理组织等各方面综合评价，以选择中标者。

六、施工阶段的合同管理工作

只有好的合同策划，还必须有好的合同实施控制，才能保证合同目标、项目目标的顺利实现。因此，施工阶段业主的合同管理就更为重要，一般包括以下几方面的内容：

（1）与监理工程师签订工程监理委托合同，并监督合同的执行。

（2）协调各承包商、承包商与有关政府部门，以及工程影响到的或与工程有关（征地、拆迁）的个人和团体的关系。

（3）工程的变更管理。工程的变更会引起工程费用和工期的增加，因此，变更管理是业主在工程施工阶段合同管理的核心。

（4）索赔管理。索赔的审核和确认一般是由监理工程师进行的。与变更一样，索赔的批复必然会引起工期的延长和费用的增加。因此，在项目实施阶段，业主应通过加强合同管理工作，尽可能地减少或降低索赔事件发生的可能性。

（5）风险管理。业主的风险管理对项目的顺利实施起着至关重要的作用，通过有效的风险管理，可为项目的实施创造一个稳定的环境，最大限度地减少或消除对项目实施的干扰，在保证工期和质量的前提下，降低工程总成本。

第三节　承包商的合同管理

一、投标前的合同管理

（一）投标项目的选择

承包商通过市场调查获得大量工程招标信息，但并不是对所有的项目都要投标，必须进行筛选和决策。进行初步的合同分析是投标决策非常重要的内容，承包商应重点分析以下内容：

（1）合同类型是否合理。对于规模大，工期长的工程，若采用总价合同，对承包商就非常不利。

（2）设计深度。对只有初步设计，工程量不准确，特别是工程范围不清楚的项目，应慎重投标。

（3）合同条件及风险的分担是否合理。如变更、索赔条款的规定是否合理。

（4）环境因素的变化。如物价和汇率大幅波动，工程地质、水文地质条件不清楚，合同中又没有相应的补偿条款，则承包商要承担巨大的风险。

（5）是否有足够的投标时间及评标的原则是否公平、合理。

实践证明，工程合同的争议、索赔数量，工期的拖延甚至合同的失败，都与所采用的合同条件、合同形式、合同条款、设计深度、投标时间及评标的公正、合理性等有直接关系。因此，承包商在进行投标项目选择时，应对合同可能存在的风险进行认真分析，做出正确决策。

（二）合作方式的选择

投标前承包商要针对项目的特点及自身的情况，认真考虑是否与他人合作及采用何种合作方式，这直接影响投标的方案和报价。一般来说，承包商不可能独立完成全部工程（即使是大公司），一方面，没有这个能力（特别是大型项目）；另一方面，也不经济。大多数情况下都要与其他承包商合作，这样可以充分发挥各自的资金、技术和管理的优势，共享利益，共担风险。

（1）分包。分包是最为常见和非常有效的合作形式，常常出于如下原因：

①技术上的需要。承包商不可能，也不必具备合同范围内所有专业的施工能力。通过分包的形式可以弥补承包商技术、人力、设备、资金等方面的不足，同时又可通过这种形式扩大经营范围，承接不能独立承担的工程。

②经济上的目的。有些工程内容，如果自己承担会亏本，而将它分包出去，让报价低同时又有能力的分包商承担，不仅可以避免损失，还可以取得一定的效益。

③转嫁或减少风险。通过分包，可以将合同风险部分地转嫁给分包商。

④业主的要求。对于某些特殊专业或需要特殊技能的分项工程，业主仅对某专业承包商信任和放心，要求或建议承包商将这些工程分包给这些专业承包商（业主指定的分包商）。

除指定分包商外，对承包商选定的分包商，业主还要进行资格审查。没有工程师（业主代表）的同意，承包商不得随便分包工程。鉴于承包商应向业主承担全部工程责任，所以分包商出现的任何问题都应由承包商负责，因此分包商的选择要十分慎重。一般在投标报价前就要确定分包商的报价，商谈分包合同的条件，甚至签订分包意向书。

（2）联营承包。联营承包是指两家或两家以上的承包商（最常见的为设计公司、设备供应商、施工承包商）联合投标，共同承接工程。

法人型联营体（Corporate Joint Venture），其实际上是一种合资公司，是具有独立法人资格的各方联合组成的、新的经济实体，联营各方共同承担民事责任，并注册登记为新的法人。联营体的合作方式是各当事人认缴一定的注册资本金，按照认缴资本金在总注册资本中的比例，分享联营体的利润，分担风险和损失。联营各方关心的是整个项目的利润和损失。联营各方必须一同制订项目的目标，共同决策，即便存在某些分歧，但最终目标、权益是一致的。许多承包商在开拓海外市场时都喜欢采用这种方式，特别是在开发有保护性政策的市场，如印度、韩国等，这些国家往往要求国外公司必须与当地公司组成联营体后，才能承包工程。

合同型联营体（Contractual Joint Venture），也称合作型联营体（Cooperative JV）或分担施工型联营体（Superlative JV），具有独立法人资格的各方按照合同的约定进行经营，其权利和义务由合同约定。联营的各方具有共同的目的（获得工程项目），在施工和经营等方面进行协作，就相互间的职责、权利和义务关系达成协议，这个协议（合同）是制约各方的主要手段。各方可根据自己的特长，在实施项目时分担自己的责任，分担的方法可以按咨询、设计、施工、货物采购等工作内容划分，也可以把土建工程分为若干部分（如基础工程、上部结构等），由各方分担。合同的订立只是针对某一工程项目，在完成项目且清理了该项工程的一切财务账目（即清理了 JV 的财务和权益）后，即宣告终止联营。

二、投标阶段的合同管理

（一）投标阶段的合同困境

通过招投标形成合同是国际基础设施合作工程承包的特点，但在招投标过程中承包商始终处于十分艰难不利的境地。具体表现如下：

（1）业主采用招标方式进行工程采购，形成了买方市场，几家、十几家甚至几十家承包商竞争一个工程，最终只有一家中标，所以竞争十分激烈。

（2）由于参加投标的承包商很多，中标的可能性不大，投标期间承包商不可能投入太多时间和精力进行详细的环境调查和详细的计划，否则失标损失太大，这必然影响投标报价的精度。

（3）由于招投标制度渐趋完备，工程师管理水平的不断提高，在招标文件中，往往规定了十分完备和严密的针对承包商的制约条款和招标程序，并且假设承包商富有经验，能胜任相关工作。合同条件中往往包括：如果出现合同争执，调解人、仲裁人、法庭解决争执时都采用合同字面意义解释合同，并认定双方都清楚理解并一致同意合同内容。承包商一经投标或签订合同，则表示其已自动承认了上述条件，也就是承认了自己的不利地位。

（二）加强合同文件的研究

招标文件是业主对承包商的要约，几乎包括了全部合同文件。业主确定的招标条件和方式、合同条件、工程范围和工程的各种技术文件是承包商报价的依据，也是双方商谈的基础。

承包商必须全面分析和正确理解招标文件，弄清楚业主的意图和要求，比较准确地估算完成合同责任所需的费用。承包商在招标文件中发现的问题，包括矛盾、错误、二义性，自己不理解的地方，应在标前会议上向业主（工程师）提出，或以书面的形式询问。按照招标规则和诚实信用原则，业主（工程师）应做出公开的、明确的答复。这些答复（书面的）作为对这些问题的解释，有法律约束力。承包商切不可随意理解招标文件，盲目投标。

（三）合同风险分析

承包商的合同风险有如下几种：

（1）合同中明确规定的承包商应承担的风险。承包商的合同风险与所签订的合同的类型有关。如果签订的是固定总价合同，承包商则承担全部物价和工程量变化的风险；对于成本加酬金合同，承包商不承担任何风险；对于单价合同，风险由双方共同承担。

在合同中一般都明确规定承包商应承担的风险的条款，常见的有工程变更的补偿范围和补偿条件；合同价格的调整条件；工程范围不确定（特别对固定总价合同）；其他形式的风险型条款（如索赔有效期限制等）。

（2）合同条文不全面、不完整，没有将合同双方的责权利关系表达清楚，没有预计到合同实施过程中可能发生的各种情况，从而引起合同的争执，导致承包商的损失。例如，缺少工期拖延违约金的最高限额的条款或限额太高；缺少工期提前的奖励条款；缺少业主拖欠工程款的处罚条款；对工程量变化、通货膨胀、汇率变化等没有规定价格调整的方法、计算公式、计算基础等。合同中缺少对承包商权益保护条款，如工程受到外界干扰情况时的工期和费用的索赔权等。

（3）合同条文不清楚、不细致、不严密，承包商不能清楚地理解合同内容。这可能是由于招标文件的语言表达方式、表达能力有不当之处，承包商的外语水平、专业理解能力不够或工作不细致，以及仓促投标等原因所致。

（4）业主为了转嫁风险提出单方面约束性的、过于苛刻的合同条款。如：业主对招标文件中所提供的地质资料、试验数据、工程环境资料的准确性不负责；业主对工程实施中发生的不可预见的风险不负责；业主对由于第三方干扰造成的工期拖延不负责等。

（5）其他对承包商苛刻的要求，如要求承包商垫资承包，工期要求太紧，超过常规，过于苛刻的质量要求等。

（四）合同风险防范

在工程承包合同中，问题和风险总是存在的，没有不承担风险、绝对完美的合同。承包商必须对合同风险进行认真地研究，关系到工程的成败，任何企业都不能忽视这个问题。

（1）提高报价中的风险附加费。对风险大的合同，可以提高报价中的风险附加费，以弥补风险发生所带来的损失，使合同价格与风险责任相平衡；也可采取一些报价策略来降低、避免或转移风险。在法律和招标文件允许的条件下，采用多方案报价，在投标书中使用保留条件、附加或补充说明等。由于业主和工程师工程管理水平的提高，采用规范的招标程序和健全的招标规则，使承包商投标报价策略的回旋余地和作用越来越小，很可能会因此而丧失投标资格或引起工程投标失败。

（2）通过谈判完善合同条款，合理分担风险。合同双方都希望签订一个有利的、风险较小的合同，但许多风险是客观存在的，问题是由谁来承担。通过谈判完善合同条款，使合同体现双方责权利关系的平衡。这在实际工作中是使用最广泛，也是最有效的对策。

对不符合工程惯例的单方面约束性条款，在谈判中可列举工程惯例，如 FIDIC 条件的规定等，以使合同更加公平、完善。

三、项目实施阶段的合同管理

在合同实施阶段，承包商的中心任务就是按照合同的要求，认真负责地、保质保量地按规定的时间完成工程并负责维修。承包商在项目实施阶段应做好以下几方面的工作：

（1）按时提交各类保证。如履约保函、预付款保函等。

（2）按时开工。根据工程师的开工命令或合同条件规定的日期按时开工。

（3）提交施工进度计划。按合同的工作范围、技术规范和图纸要求，在规定时间内呈交施工进度计划（施工进度计划需经工程师同意），根据此计划组织现场施工。

如果工程师对施工进度计划进行检查后认为承包商的工程进度太慢，不符合施工期限要求时，有权下令承包商赶工，由此引起的各种开支由承包商承担。如果承包商无视工程师的书面警告或不采取相应措施，可认为承包商违约。

（4）保证工程质量。工程质量的标准是规范和图纸规定的，承包商应制订各种有效措施保证工程质量。根据工程师的指示，承包商提出有关质量检查的办法和建议，经工程师批准执行。承包商应负责按工程进度及工艺要求进行各项有关现场及实验室的试验，所有试验成果均需报工程师审核批准，承包商对试验成果的正确性负责。承包商应负责施工放样及测量，所有测量的原始数据、图纸均需经工程师检查并签字批准，承包商对测量数据和图纸的正确性负责。

在订购材料之前，如工程师认为必要，应将材料样品送工程师审核，或将材料送工程师指定的试验室进行检验，检验成果报请工程师审核。承包商应对进场材料随时抽样检验。

承包商应按合同要求，负责设备的采购检验、运输、验收、安装调试及试运行。如工程师认为材料或设备有缺陷或不符合合同规定，可拒收并要求承包商采取纠正措施；工程师也有权要求将不合格的材料或设备运走并用合格产品替换，或要求拆除重新施工。如果承包商拒不执行这些要求将构成违约。

（5）设计。承包商应根据合同规定或工程师的要求，进行全部（采用设计—建造与交钥匙合同时）或部分永久工程的设计或绘制施工详图，报工程师批准后实施，承包商对其设计的正确性负责，工程师的批复不解除承包商的责任。如果工程按批准的设计图纸进行施工时，暴露出设计中的问题，在工程师要求时，承包商应拆除并重新施工，否则会构成违约。

（6）协调。如果承包商是主要的承包商，则应按合同规定和工程师的要求为其他承包商及分包商提供方便和服务，可以收取相应的费用。

（7）分包。按照合同规定，不得将整个工程分包出去，在确定对工程的部位如何进行分包之前，必须取得工程师（或业主代表）的同意，否则将构成违约。

（8）保险。承包商应按合同条件中的要求及时办理保险（包括对自己的工作人员和施工机械的保险）。在工程条件发生变化（如延期、增加新项目等）时，也应及时去补办保险，以免造成意外的损失。

（9）安全。承包商应按合同要求和工程师批准的安全计划，全面负责工地的安全工作，包括安装各种安全设施，采取安全措施等。同时要在移交证书颁发前保护工程、材料和未安装的设备。

（10）承包商提交报表的要求。根据工程师的要求，每月报送进、出场机械设备的数量和型号；报送材料购入量和使用量；报送进、出场人数。承包商还应按工程所在国有关主管单位、业主或工程师的要求，按时报送各类报表，办理各种手续。

第四节　工程师的合同管理

为国际交往的便利，将中国的监理工程师和国际上通用的咨询工程师和 FIDIC 条件下的工程师均采用工程师（Engineer）或咨询工程师（Consultant）称谓。

按照 FIDIC 合同条件进行工程管理，工程师在施工阶段从工程施工组织计划的审查批准开始，便介入项目的全面管理。凡是在施工中有关进度、质量、费用方面的一切信息，都需要在监理过程中进行采集、储存和处理。这就需要采取多层次的组织机构，根据各项监理工作的性质和条件，明确各层次机构及其人员的职责，实行不同层次的监督和管理，做到分工明确，层层把关，确保按合同规定完成工程项目。

根据 FIDIC "土木工程施工合同条件"，工程师的层次划分为工程师、工程师代表和助理。在实际工程项目中，或根据 FIDIC 的原则和具体情况，采用相应的工程师组织机构模式。通常对工程规模较小、管理较简单的工程，可采用两个层次的组织机构模式；对规模大、技术要求比较复杂或涉及较大空间的工程，可采用三级组织机构的模式。

一、合同管理的内容

在工程项目实施阶段，咨询公司涉及管理的合同有业主与咨询公司之间签订的服务协议、咨询公司与各专业公司签订的咨询服务协议、业主与承包商之间签订的工程施工承包合同等。其内容主要包括：

（一）按承包商的工作进度计划对项目进行进度控制

FIDIC合同条件规定，工程师在发出中标函后，承包商应在合同规定的时间内向工程师提交一份可行的工程进度计划供其审批。工程师依据该进度计划来监督工程进度、安排提供图纸时间和发布指示、确定提出指定分包合同的时间及协调承包商与其他各方的关系。

（二）工程计量与支付管理

工程计量与支付管理是合同管理的核心，承包商的每道工序、每一分项工程必须在工程师验收合格后才能进行计量与支付。工程师对不合格的工序和分项工程，不应予以支付。且在进行计量与支付时，必须遵守合同规定的方法和程序。

（三）工程质量监督与验收

在施工过程中，工程师必须严格按照ISO9000系列标准和合同规定的其他质量标准，对施工质量进行检查。在承包商提出申请时，对承包商的已完工程进行质量验收，包括阶段验收和整个工程的竣工验收，并对验收合格和工程签字认可。

（四）工程变更管理

无论哪一方提出工程变更请求，工程师均应与各方协商，在达成一致意见后，签发工程变更令，并按合同有关规定进行变更工程的估价。

（五）工程索赔管理

索赔包括工期索赔和费用索赔。处理索赔问题常涉及技术、经济和法律等方面的问题，工程师必须按合同规定的索赔程序和方法，公平、合理、及时地解决索赔争议，以便顺利完成合同。

（六）分包管理

分包管理具有两方面含义：一般分包合同管理和指定分包合同管理。FIDIC合同条件规定："承包商不得将整个工程分包出去。除合同另有规定外，无工程师的事先同意，承包商不得将工程的任何部分分包出去。"这是合同授予工程师进行工程分包管理的权力，工程师必须依此批准合格的分包商实施分包项目，指定分包与一般分包的主要区别是合同条件中单列"指定分包商"条款，在承包商无故拖延对指定分包商的支付时，业主有权直接向指定分包商支付分包合同款，并从应支付给承包商的任何款项中扣回。

（七）合同文件的澄清

在构成合同的各个文件出现含糊和歧义时，工程师要进行解释和纠正，并负责向有关各方解释合同，必要时发布书面解释文件。

二、合同管理的具体方法

工程师在进行合同管理时，常采用的方法有发布书面指示、召开施工现场会议和特殊会议、监督记录等。

（一）书面指示和通知

工程师的书面指示将构成合同的一部分，具有法律效力。因此，工程师必须按照合同规定的程序发布书面指示和进行口头指示的书面确认。工程师在项目实施过程中，经常发布以下书面指示：开工批示；工程师代表及其助理的任命通知书和权力委托书；临时会议通知；暂停或恢复支付工程款指示；暂停施工和复工指示；工程变更指示；修改进度计划指示；需颁发的其他指示等。

（二）施工现场会议

第一次现场会议应在中标通知书发出之后，咨询工程师认为合理的时间召开。参加会议的业主、咨询工程师和承包商将协商和检查工程的准备情况，咨询工程师根据会议协商的结果，确定工程开工日期，适时发出开工指示。

在工程进展中，应定期召开现场会议，协调和商讨有关事宜。一般涉及下列内容：检查上次现场会议纪要的执行情况，制订新的短期工程进度计划，承包商到场的施工人员、机械设备和材料状况，技术、财务、合同事宜，与有关部门协调事宜，下次会议召开的时间及其他方面需解决的问题。

（三）记录

（1）监理日志。咨询工程师应每日记录或指示其代表每日记录施工现场工程进展的具体情况。同时，每周应对承包商的施工进度、施工质量和技术及其他方面的问题做出评价。监理日志应制订一个标准表格供有关人员直接填写。监理日志应记录的具体内容主要有：

①现场施工记录。其包括天气状况、施工操作面的部位、人员及机械配备、发生的问题和解决方法及其他方面的情况。

②工程师的工作记录。其包括做出的决定和发出的指示、通知，与他人达成的各种协议，协调现场各方工作的有关内容等。

（2）报表资料。咨询工程师应每月向业主提交一份月报，其内容一般包括承包商实施合同的基本情况、工程进度、财务、施工现场情况及需进一步解决的问题。

（3）来往文件。建立收发文件记录，需记录的内容包括各类正式函件、便函和草图、会议纪要、承包商发来的文件、业主发来的文件、地方当局发来的文件及其他与工程实施有关的文件。

（4）计量与支付情况记录。计量记录包括计量的工程部位、计量过程、计量的方法以及其他与此次计量有关事宜。支付中常用的表格，包括支付月报表、费用索赔表、工程变更一览表、计日工一览表、价格调整表、现场材料计量表、财务支付报表及工程进度表等。

（5）质量检验记录。质量检验记录的内容，包括检验的工程名称和部位，完工日期，检验日期，施工单位，检验依据的标准、规范，其他与检验相关的数据资料及检验的结论。

（四）文档管理

咨询工程师的全部文件、来往信函等均应分类归档，便于查询，并设立专人负责。

（1）一般函件。其包括业主的函件、承包商的函件、咨询工程师内部往来函件、会议纪要。

（2）支付记录和证书。其包括索赔文件，包括承包商的索赔报告、批准的索赔文件、承包商保留进一步索赔权利的文件；计日工和暂定金额，这两个项目的实施均需咨询工程师发布书面指示，同时工程师应说明费率的确定方法；证书，包括中间工程支付证书（承包商的付款申请和工程师的支付证书）、移交证书、缺陷责任证书和最终证书；价格调整，包括依据的资料和调整的方法；其他，如各种结算单据和进度报告等。

（3）合同。合同管理包括合同文本，规范、图纸，变更的内容，工程变更。

第五节　工程合同变更管理

由于工程合同涉及面广，实施时间长，特别是技术复杂的项目，受工程自身的技术条件以及外部的环境因素，如自然条件、社会条件等影响很大，这些因素在合同签订前很难做出详细的预测，因此合同变更就不可避免。合同变更管理是合同管理中的重要工作。

一、工程合同变更的原因及影响

（一）工程变更的原因

工程合同变更是工程变更的必然结果，工程变更产生的原因通常有以下几方面：

（1）施工条件的变化。由于工程环境变化，预定的工程条件不准确，或是出现不利的自然条件，使原施工方案和计划无法实施，导致工程变更。

（2）工程范围发生变化。业主对工程提出新的要求，要求增加或取消某些工程内容，导致原工程范围发生较大变化。

（3）设计原因。如设计考虑不周，不能满足施工或业主的要求，或是业主对工程质量或技术标准有更高的要求，必须通过修改设计来满足。

（4）合同文件本身有缺陷，导致合同变更。如招标文件提供的资料有缺陷。

（5）工程项目所在国的法律法规的变化。

（6）由于合同实施出现问题，必须调整合同目标，或修改合同条款。

（二）工程变更的影响

工程变更的直接结果是工程费用的增减和工期的变化。工程变更是不可预见的和不可避免的，因而合同各方控制工程变更都非常困难。变更的实质是对合同的修改，虽然这种修改不能免除或改变承包商的合同责任，但对合同实施影响很大，必须对原合同规定的内容做相应的调整。主要表现在如下几方面：

（1）各种合同文件，如设计图纸、成本计划、支付计划、工期计划、施工方案、技术说明和适用的规范等，都应做相应地修改和变更。其他计划也应做相应地调整，如材料采购计划、劳动力安排、机械使用计划等。这不仅引起承包合同的变化，还会引起分包合同、供应合同、租赁合同和运输合同的变更。有些重大的变更甚至会打乱整个施工部署。

（2）引起合同双方、总承包商和分包商之间合同责任的变化。如工程量增加，则增加了承包商的工程责任，增加了费用开支和延长了工期。

（3）有些工程变更还会引起已完工程的返工，施工的停滞，施工秩序打乱，已购材料的损失等。

此外，承包商往往将工程变更视为向业主索赔的机会，在合同实施中，只要发生与原合同不符的工作内容，都想方设法让工程师发布变更指示，使索赔合法化。而业主则希望在满足设计和功能要求的前提下，使工程变更降到最低限度，以控制投资。业主与承包商主观愿望上的不同，增大了变更管理的难度。

合同变更对工程影响较大，是索赔的主要起因。合同变更会造成工期的拖延和费用的增加，容易引起争执。因此，合同双方应十分慎重地对待合同变更。合同变更的次数、范围和影响的大小与招标文件（特别是合同条件）的完备性、技术设计的正确性，以及实施方案和实施计划的科学性有关。

二、工程合同变更的范围和程序

（一）工程合同变更的范围

工程合同变更范围很广，一般对于工程范围、进度计划、工程质量、合同条款、双方责权利关系的变化等，都可以看作合同变更。最常见的变更有以下两种：合同条款的变更，如合同条件、合同协议书中一些重大问题的变更；工程内容的变更，即工程的质量、数量、性质、功能、施工次序和实施方案的变化。

（二）工程合同变更程序

FIDIC 合同条件授予工程师很大的工程变更权力。工程师如认为有必要，可对工程或工程中某些部分做出变更指令。同时规定，没有工程师的指示，承包商不得做任何变更，除非是工程量表中工作量的自然增加或减少。工程变更的一般程序如下：

（1）提出变更要求。工程变更可以由承包商提出，也可以由业主或工程师提出。承包商提出变更多是从施工条件出发，同时应提供变更后的图纸和费用计算；业主提出变更多是由于工程性质、质量要求的变化；工程师提出变更多是设计错误或不足。

（2）工程师审查变更。无论是哪一方提出的工程变更，均须工程师审查批准。工程师审批工程变更时应与业主和承包商进行适当地协商，尤其是一些费用增加较多的工程变更项目，更要与业主进行充分地协商，征得业主同意后才能批准。工程师批准工程变更的原则：变更后的工程不能降低使用标准；变更项目在技术上可行；变更后的工程费用业主可以接受；变更后的施工工艺不复杂，且对总工期的影响保持在最低限度。

（3）编制工程变更文件。工程变更文件包括工程变更令，主要说明变更的理由、变更的概况和变更的估价；工程量清单，工程变更的工程量清单与合同中的工程量清单相同，并附工程量的计算方法及确定单价的相关资料；设计图纸（包括技术规范）；其他相关文件等。

（4）发出变更指示。工程师的变更指示应以书面形式发出。如果工程师认为有必要以口头形式发出指示，指示发出后应尽快加以书面确认。

三、工程变更的估价

（一）工程变更估价的步骤

工程变更会引起费用的变化，工程师应将工程变更的全部情况通报业主，其对变更费用的批准遵循以下步骤：

（1）工程师准备授权申请，提出对规范和合同工程量所要进行的变更及变更的依据和理由，并提出相应的费用估算。

（2）在业主批准了授权的申请后，工程师要同承包商协商，确定变更的价格。如果价格等于或少于业主批准的总额，工程师有权向承包商发布变更指示；如果价格超过批准的总额，工程师应请求业主给予进一步授权。

（3）为了避免影响施工，工程师在和承包商就变更价格达成一致之前，有必要发布变更指示。此时发布的变更指示包括两项，一是在没有规定价格和费率时，指示承包商继续工作；二是通过协商确定适用的费率和价格。

（4）在紧急情况下，不应限制工程师向承包商发布其认为必要的此类指示。如果在上述紧急情况下采取行动，其应就此情况尽快通知业主。

（二）工程变更估价的方法

工程变更估价的方法如下。

（1）如工程师认为适当，应以合同中规定的费率及价格进行估价。如合同中未包括适用于变更工作的费率和价格，应以合同中的费率和价格作为估价的基础。若清单中，既没有与变更项目相同，也没有相似项目时，在工程师与业主和承包商适当协商后，由工程师和承包商商定一个合适的费率或价格作为结算的依据；当双方意见不一致时，工程师有权单方面确定其认为合适的费率或价格。费率或价格确定的合适与否是导致承包商费用索赔的关键。为了支付的方便，在费率和价格未取得一致意见前，工程师应确定暂行费率或价格，以便在期中支付证书中对变更工作进行支付。

（2）工程师在颁发工程移交证书时，若实际工程量的增加或减少（不包括暂定金额、计日工和价格调整）使合同价格的增加或减少合计超过合同价的15%，在工程师与业主和承包商协商后，应在合同价格中加上或减去这笔款额。若双方未能取得一致意见，则由工程师在考虑承包商的管理费后确定此款额。该款额仅以超过或等于"有效合同价"15%的那一部分为计算基础。

（3）按计日工估价。如工程师认为必要，可以签发指示，按计日工进行工程变更的估价。对这类工程变更，按计日工表中确定的项目和投标书中的费率或价格向承包商付款。

四、工程变更的责任分析

工程变更的责任分析是进行工程变更问题处理、确定赔偿的依据。

（一）设计变更

设计变更会引起工程量的增加或减少，新增或删除工程分项，工程质量和进度的变化，实施方案的变化等。一般承包合同赋予业主（工程师）这方面的权力，可以通过下达指令、重新发布图纸或规范实现变更。其起因和责任有以下两种：因业主要求、政府城建环保部门的要求、环境变化（如地质条件变化）、不可抗力等导致设计的修改，由业主承担责任；因承包商施工过程、施工方案出现错误、疏忽而导致设计的修改，由承包商负责。

（二）施工方案变更

施工方案变更的责任分析比较复杂。

（1）在投标文件中，承包商提出了比较完备的施工方案，但施工组织设计不作为合同文件的一部分，对此有如下问题应引起注意：施工方案虽不是合同文件，但它也有约束力；施工合同规定，承包商应对现场作业和施工方法的完备、安全和稳定性负责；承包商具有决定和修改施工方案的权利，业主不能随便干预承包商的施工方案；在施工过程中，承包商采用或修改施工方案要经工程师的批准或同意；承包商要求变更方案（如变更施工次序、缩短工期），但业主无法完成配合责任，如无法按这个方案提供图纸、场地、资金、设备，则工程师有权要求承包商执行原方案。

（2）重大的设计变更常常会导致施工方案的变更。如果设计变更的责任由业主承担，相应的施工方案的变更也应由业主承担；反之，由承包商承担。

（3）不利的、异常的地质条件引起施工方案的变更，一般为业主的责任。一方面，这是一个有经验的承包商无法预料的障碍或条件；另一方面，业主负责地质勘察和提供地质报告，其应对报告的正确性和完备性承担责任。

（4）施工进度和施工顺序的变更。施工进度和顺序的变更是十分频繁的，特别是市政项目，若业主不能按时提供施工场地或改变提供施工场地的顺序，会使承包商的费用增加或工期延长，这时业主应承担责任。在招标文件中，业主给出工程的总工期目标，承包商在投标书中制订总进度计划，中标后承包商还要提出详细的进度计划，只要工程师（或业主）批准（或同意）承包商的进度计划（或调整后的进度计划），该进度计划就具有约束力。如果业主不能按照该进度计划完成业主的责任，如及时提供图纸、施工场地、水电等，均属违约，应承担相应的责任。

第六节　FIDIC 条款内容简介

FIDIC 出版的主要合同文件包括：（1）土木工程施工合同条件（1957，1965，1977，1987，1992（DAB），2017），即红皮书；（2）机电设备安装合同条件（1963，1980，1987，2017），即黄皮书；（3）设计—建造与交钥匙合同条件（1995），即橘皮书；（4）业主与咨询工程师标准服务协议书（1979，1990，1998），即白皮书；（5）土木工程施工分包合同条件（1994）。

表 5-1　FIDIC 彩虹族合同条款

名称	简明合同格式	施工合同条件	生产设备和设计——施工合同条件	设计采购施工（EPC）/交钥匙工程合同条件
英文名称	Short Form of Contract	Conditions of Contract for Construction	Conditions of Contract for Plant and Design-Build	Conditions of Contract for EPC Turnkey Project
简称	绿皮书	新红皮书	新黄皮书	银皮书
承包商工作	视具体合同而定	施工	设计、施工	规划设计、采购、施工
风险	视具体合同而定	双赢原则	双赢原则	承包商承担绝大部分风险

资料来源：International Project Management。

其中，红皮书的适用范围：各类大型或复杂工程、主要工作为施工、业主负责大部分设计工作、由工程师来监理施工和签发支付证书、按工程量表中的单价来支付完成的工程量、业主承担的风险较大。黄皮书适用范围：机电设备项目、其他基础设施项目以及其他类型的项目、业主只负责编制项目纲要（即"业主的要求"）和工程设备性能要求，承包商负责大部分设计工作和全部施工安装工作、工程师来监督设备的制造、安装和施工，签发支付证书、在包干价格下实施里程碑支付方式，在个别情况下，也可能采用单价支付、风险分担均衡。银皮书的适用范围：私人投资项目，如BOT项目（地下工程太多的工程除外）；固定总价不变的交钥匙合同，并按里程碑方式支付；业主代表直接管理项目实施过程，采用较宽松的管理方式，但严格竣工检验和竣工后检验，以保证完工项目的质量；项目风险大部分由承包商承担，但业主愿意为此多付出一定的费用。"绿皮书"只是一个简单的小型合同，其特色是尽量体现工程合约的核心问题，适用于小项目，并能从操作上满足这方面的实际需求。"绿皮书"与其他FIDIC"彩虹系列"的合同条件差异很大，并且一改过去的传统作风，在尽可能简化合同内容的理念支配下，给人以一种更加国际化的感觉。其中，最大的变化是业主不一定必须雇用独立的咨询工程师（当然也可选择雇用咨询工程师），即使决定采取雇用咨询工程师的方式来管理合约，也不再强调咨询工程师要公正无偏。此外，合同中不再要求强制使用工程量价单（Bill of Quantities），并提供了可以比选的计价方式。

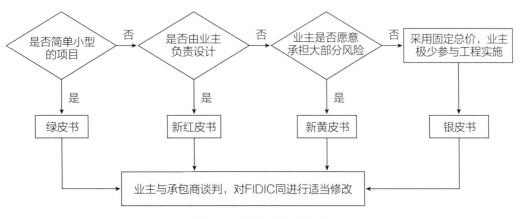

图 5-1　FIDIC 条款的选择

·案例 5.1·

土耳其 TRACIM 项目

土耳其 TRACIM 项目，作为天津水泥工业设计研究院有限公司在欧洲区域承揽的第一个 EPC 承包项目（工程设计、全套设备供货、安装指导调试服务等），于 2006 年 11 月正式生效，2008 年 9 月完成水泥磨的试车，2009 年 1 月完成熟料线的试车，2009 年 9 月通过整个生产线考核，得到业主颁发的临时接收证书（PAC）。2011 年 3 月，项目通过质保期的考核，得到业主颁发的最终接收证书（FAC）。该项目在 2010 年分别获得了中国勘察设计协会授予的优秀工程总承包项目铜钥匙奖和国家建材协会颁发的优秀总承包项目一等奖。

TRACIM 项目为一条日产 5000t 熟料的现代化水泥生产线，位于土耳其最大城市伊斯坦布尔西北部 120km，地处欧洲区域，濒临爱琴海和黑海，距离保加利亚 30km，投资方为土耳其的最大房地产开发商之一的 SOYAK 集团。在过去的几十年中，受地缘优势和文化的影响，土耳其的水泥工厂全部由欧洲的公司建设，设备也全部产自于欧美一些发达国家。或许考虑到性价比等综合优势，经过前期的考察和艰苦的谈判，业主把本项目交给中国公司来承建，成为第一家勇于"吃螃蟹"的土耳其公司。但实事求是地讲，建设初期业主对我们的项目执行能力、工程质量，特别是设备质量及工厂性能考核指标能否实现等还是充满顾虑与怀疑的。

针对本项目的以上特点，无论是在项目前期的实施方案策划中，还是在项目执行的具体过程中，始终把业主满意和认可作为项目管理的最关键要素来进行重点关注和把握。

一、工程总承包管理的基本原则

（1）采取最为有效的工程总承包管理的模式，实现项目质量和工期等综合目标，有效地节约工程成本，优质高效地完成业主交付的任务。

（2）负责工程总承包范围内自行组织实施项目的管理和对各分包商的工程质量、施工进度、施工安全等承担总包管理责任。

（3）统筹协调与工程建设有关各方关系，树立工程总包管理的核心地位，充分体现总包的管理地位和作用，并综合协商处理好与业主、监理、设计及各专业分包商、指定分包商之间相互关系，理顺管理程序。

（4）履行工程总承包协调、服务、监督职能，各施工单位应服从总承包的施工安排和进度安排。总承包应对各施工单位的人、机、料、法、环进行监督和管理，特别是工序穿插和施工程序要合理安排，将专业间的矛盾和干扰降到最低。

（5）按照工程总承包的要求，各分包商建立工程、技术、质量、安全及文明施工等管理体系，总包将其纳入业务系统管理，并检查、督促其正常运行。

（6）工程总承包管理具有严密性、科学性、程序性和针对性。

二、组建一支知识型、管理型的项目团队

天津水泥工业设计研究院有限公司的总承包项目管理模式是一种矩阵式的管理模式。由工程管理部向公司提名，总经理任命本项目的项目经理。项目经理负责组建项目经理部，项目经理部的管理人员分别来自工程管理部、采购部、设计管理部、后期服务部及其他专业生产室。

项目经理作为院法定代表人在本工程项目上的全权委托代理人，代表公司行使并承担工程承包合同中承包方的权利和义务；设计经理在项目经理领导下，负责组织、指导和协调项目的设计管理和技术人员驻厂工作，处理设计问题或技术问题；采购经理在项目经理领导下，组织编制采购计划、组织协调项目的采购（分包）管理工作，对采购（分包）工作的进度、费用和质量负责；调试经理在项目经理领导下，负责组织项目的培训、现场安装指导，调试和性能考核、验收等工作。

完成一个总承包项目，完善的项目组织结构是必要条件，但不同岗位的人员能力能否满足其岗位职责要求也是一个非常重要的因素。在土耳其项目的管理团队人员配备上，主要包括以下特点：

（1）年轻而有朝气。其项目团队平均年龄约 35 岁。大家在项目部这个临时家庭里，互相帮助，精诚团结，有共同的项目愿景，希望用自己的辛勤

汗水把项目建设成为公司，乃至中国水泥工程业在欧洲发达地区建设水泥工厂的示范项目。

（2）强烈的责任心。项目管理，特别质量控制管理，在管理理念和思路正确的情况下，更多的是每天处理大量的具体工作来实现项目各阶段、各环节的目标控制。回顾土耳其项目的执行，在每个关键项目环节的把握和各种困难的处理过程中，充分体现了项目部成员强烈的工作责任心。

（3）专业知识和工作能力的互补性。总承包的项目管理，带有很强的技术性，有时单靠工作努力和热情无法解决问题，还需要很好的专业知识和工作能力作为支撑。在此项目团队中，大多成员都具有工程设计背景，具有较强的专业知识并具备解决具体技术问题的能力。但是，项目许多重大问题的顺利处理和解决更多取决于一个团队的智慧，是大家群策群力、互相帮助的结果。

三、做好项目前期的策划

所谓项目管理，就是在合同约定的时间内用一定的成本来完成合同约定的项目内容和目标。以上简单注释，其实就定义了质量、成本和费用这三大项目管理的控制要素。当然，结合现代项目管理的特点，许多专家把风险和安全管理也作为非常重要的控制要素。同时，项目管理作为管理学的一个分支，其也必将遵循计划、组织、领导和控制的管理步骤和程序。

（1）项目前期的策划（项目计划）最重要，往往是一个项目最终成败的关键。它首先需要建立在研究合同并与业主、海外市场部、技术部、费用控制部等充分沟通基础上，找出项目的关键点和控制难点，经过认真的合同评价与风险分析，编制出可操作的项目实施细则，包括进度计划、质量控制计划、成本控制计划、人员组成计划等。对于土耳其项目，经过合同分析并与业主的交流，项目存在的主要难点和重点是合同中约定的土建设计标准为DIN标准，该标准对于公司而言没有任何的经验，必须引起高度关注并尽快解决。

（2）项目的钢结构（大约5000t）由当地公司制造，对制造图纸的深度要求与国内常规设计有很大区别。

（3）如何打消业主对中国产品质量的不稳定性的质疑，中国设备的安装资料不完整如何解决？项目所在地遵循欧盟的一些质量标准，所有机电设备必须经 CE 认证，如何解决？

（4）合同中的主要生产线考核指标和设备的主要技术参数如何保证？

以上几个问题看似简单，但却非常关键。有些问题的解决需要增加项目成本并影响项目工期，如 CE 认证问题和图纸深度问题。有些问题，如土建设计标准问题，必须与业主讨论出双方可以接受的方案。针对此现状，项目在前期策划过程中进行全面分析、认真研究、充分讨论，在编制项目计划过程中，制订了可能遇到的具体问题的处理预案和措施，从而确保了项目的执行基本上按照预定的轨迹推进。

四、加强项目执行过程中的控制

对于工程总承包项目，必然涉及承包商利益的问题。项目经理作为代表，责无旁贷需要代表总包商和业主去争取利益最大化，因为这是他的责任和义务。但反过来讲，在涉及维护业主的利益，包括质量控制、进度控制等，项目经理有时又需要承担"业主代表"的一个角色，主动去配合业主发现并解决一些问题。

在项目执行过程中，专业经理和具体成员在项目的设计、采购、设备监造、现场服务等控制环节做了很多工作，包括许多问题都是属于对隐形缺陷的处理，主动帮助业主发现并解决了很多实际问题。

业主为了保证合同的质量控制，在设计方面聘请了咨询公司进行把关，在设备制造方面聘请了第三方质检公司。但随着项目的有序推进和互相的熟悉与了解，从项目执行的中后期开始各方保持了很高的工作效率和默契的配合。

五、加强与业主的沟通

土耳其地跨欧亚大陆，是一个典型东西方文化的汇集地。土耳其近百年来受西方文化的影响很大，工作中非常严谨，项目管理手段比较先进，对产品质量，特别是质量过程控制非常关注，但同时因为其民族起源于中国西北部的游牧民族，受中国传统文化的影响，也保留了热情、友好、忧患意识强烈、敏感的性格特点。基于此，在与业主的沟通过程中，应注意以下两点：一是在感情沟通上要真诚；二是业务沟通过程中要严谨、专业化。

六、充分利用企业和社会资源

总承包项目的执行效果，绝对不是一个项目团队的几个人能力所能左右的。作为一个合格的项目团队，必须学会利用企业资源和社会资源作为项目支撑。

（1）设备质量。项目部聘请一家国内权威的质检公司完成本项目关键设备的全部质检工作。此做法极大地改变了项目的不利局面，其先进的检测仪器、专业化的检测手段，发现并暴露了许多前期没有发现的问题，使他们及时进行整改。该公司规范的检查报告、权威的检查资质也获得了业主的充分信任，极大地缩短了设备出厂前的最终检验程序和时间。

（2）本项目的钢结构（大约5000t）按照合同要求，交由土耳其当地的施工单位完成现场制造，但图纸由天津水泥设计研究院有限公司设计，当地公司受其经验限制，对图纸的要求非常苛刻，要求其必须画出零件详图并附上完整的材料表，这与其他项目的要求截然不同。按照项目的工期要求和公司的人力资源状态，在合同约定时间内根本不可能完成以上任务。为此，该公司借助网络做了大量调研工作，终于从天津周边发现了一家合作伙伴，这家公司是一家专业的钢结构设计和制造公司，拥有目前中国最先进的钢结构设计软件程序。"他山之石，可以攻玉"，在双方的配合之下，原来认为无法攻克的难题，一个多月的时间便迎刃而解了。

七、平衡项目管理各要素的关系

当研究项目管理的几大要素时，该公司发现它们之间必须是相对平衡的。过分突出一点，或者只是把握一点往往会影响项目整体目标的实现。举例而言，项目质量管理是非常重要的工作，但过高的质量控制要求会增加项目的成本、延长项目周期作为代价，而且一旦后两者超出平衡点，其结果对项目整体而言也是灾难性的。

在如何把握以上要素间的关系时，该公司考虑以下三点：一切控制点和要素的确定要基于合同要求；控制点和控制要素随着工程不同阶段要进行调整；对项目要素的控制难点要有前瞻性和必要的预案。

八、启示借鉴

此例抓住 EPC 工程总承包中的侧重点，结合总承包项目管理实际，进行针对性的剖析。主要如下：

（1）工程总承包的管理原则是重点问题，是影响全局的核心问题。企业必须站在高处、谋在深处、干在实处，从工程项目管理的大目标全局考虑管理原则的实施。

（2）合同风险是工程总承包中的牵一发而动全局的主要矛盾，也是业主和总承包商比较关注的热点。合同条件的风险解决不好，措施不利，会影响工程的顺利进行。对此，需要始终倾注，着力探研，使出自己的招数。

（3）如何全面理解"业主的要求"及其操作商务和技术问题是企业的难点问题之一。工程总承包中困难常在，艰难常有，疑难常现，对此要坚持常学不懈，理解到位，责权利到位，适时解决。

（4）工程总承包管理的创新方面。能否颠覆传统项目管理的概念，对此要调动项目团队全员积极性，勤于思维、勇于突破，细心抓设计、采购、施工、试运行中的问题，以求提升研发创新能力。

（5）对总承包项目管理而言，永远不能奢望项目团队涵盖所有的资源。如何调配好有限的项目资源，充分利用好企业资源和相关的社会资源应该是项目管理者始终认真思考的课题。

第六章 | 国际基础设施
合作工程索赔

在国际基础设施合作项目施工过程中，工程索赔是不可避免的，其最终目的是实现工期索赔或费用索赔。为做到既保证工程质量，又能维护业主和承包商双方利益，并实现成功管理和经济效益最大化，就必须重视工程索赔问题，增强索赔意识，充分了解索赔的程序及各合同主体的索赔事项，从而切实保障自身利益。

第一节　工程索赔概述

在国际基础设施合作市场，工程索赔是承包商保护自身正当权益、弥补工程损失、提高经济效益的重要手段。许多国际工程项目，通过成功的索赔能使工程收入的改善达到工程造价的 10%~20%，有些工程的索赔甚至超过了工程合同额本身。索赔管理以其花费小、经济效益明显而受到承包商的高度重视。

一、索赔的基本概念

（一）索赔的含义

"索赔（Claim）"一词具有较为广泛的含义，其一般含义是指对某事、某物权利的一种主张、要求等。在国际工程承包活动中，索赔则是指签订合同的一方，依据合同的有关规定，对非自身原因引起的损失，向对方提出工期、费用或其他方面的合理要求，以弥补不应由自己承担的损失，维护自身的合法利益。

索赔是一种正当的权利要求，它是业主、工程师和承包商之间一项正常的、大量发生而且普遍存在的合同管理业务，是一种以法律和合同为依据的、合情合理的行为。

在国际基础设施合作工程承包实践中，承包商向业主的索赔可以是由于业主违约，未履行合同责任，如未按合同规定及时移交施工场地、提供图纸，未按时支付工程款等引起的；在许多情况下，尽管业主无任何违约行为，但由于其他原因，诸如工程环境出现事先未能预料的情况或变化，如恶劣的气候条件，与勘探报告不同的地质情况，国家法令的修改，物价上涨，汇率变化等原因给承包商造成损失，承包商也可提出补偿要求。

因此，从承包商的角度来看，索赔是承包商要求或申请他认为应当有的，尚未达成协议的权利或付款。

（二）索赔的特征

从索赔的基本定义，可以看出索赔具有以下基本特征：

（1）索赔是双向的，不仅承包商可以向业主索赔，同样业主也可以向承包商索赔。在工程实践中，大量发生的、处理比较困难的是承包商向业主的索赔，也是索赔管理的主要对象和重点内容。

（2）只有实际发生了经济损失或权利损害，才能向对方提出索赔。经济损失是指因对方因素造成合同外的额外支出，如人工费、材料费、机械费、管理费等额外开支；权利损害是指虽然没有经济上的损失，但造成了一方权利上的损害，如由于恶劣气候条件对工程进度的不利影响，承包商有权要求工期延长等。

（3）索赔是一种未经确认的单方行为。索赔是单方面行为，对对方尚未形成约束力，这种索赔要求能否得到最终实现，必须要通过确认（如双方协商、谈判、调解或仲裁、诉讼）后才能实现。

二、索赔的目的与意义

索赔产生的主要原因有：合同文件引起的索赔；不可抗力和不可预见因素引起的索赔；业主方原因引起的索赔；工程师方原因引起的索赔；价格调整引起的索赔。了解和明确索赔产生的原因，对于工程索赔非常重要。

（一）索赔的目的

1. 工期索赔

工期索赔就是承包商向业主要求延长施工的时间（Claim for Extension of Time），使原定的工程竣工日期顺延一段合理的时间。由于合理的工期延长，承包商可以避免承担"误期损害赔偿费"（Liquidated Damages for Delay）。

如果施工中发生进度拖延的原因在承包商方面，则承包商无权要求工期延长，即无工期索赔权。唯一的出路就是自费采取赶工措施（如延长工作时间，增加劳动力和设备，提高工作效率等），把延误的工期赶回来。

2. 费用索赔

费用索赔（Cost Compensation）就是承包商向业主要求补偿不应由承包商自己承担的经济损失或额外开支（Losses and Expenses），也就是取得合理的经济补偿（Financial Compensation）。承包商取得费用补偿的前提：在实际施工过程中所发生的施工费用超过了投标报价中该项工作的预算费用，而这项费用超支（Cost Overrun）的责任不在承包商方面，也不属于承包商的风险范围。

具体地说，施工费用超支的原因主要来自两种情况：一是施工受到了干扰（Interference/Disruption），导致工作效率降低（Loss of Efficiency）；二是业主指令工程变更或额外工程（Variations of Extra Works），导致工程成本增加。由于这两种情况所增加的施工费用，即新增费用（Additional Cost）或额外费用（Extra Cost）。

（二）索赔的意义

索赔作为对合同的完善和补充，其作用表现在以下几个方面：

（1）索赔是合同有效实施的一项保证措施。索赔是合同法律效力的具体体现，并且由合同的性质决定。如果没有索赔和关于索赔的法律规定，则合同形同虚设，对双方都难以形成约束，合同的实施就得不到保证。

（2）索赔是落实和调整合同双方责权利关系的手段。谁未履行责任，构成违约行为，造成对方损失，侵害对方权利，就应承担相应的合同责任，予以赔偿。离开索赔，合同责任就不能体现，合同双方的权责利关系就不能平衡。

（3）索赔是合同和法律赋予受损失者的权利。对承包商来说，是一种保护自己、维护自己正当权益、避免损失的手段。

（4）索赔是挽回成本损失的重要手段。在合同实施过程中，由于建设项目的主客观条件发生了与原合同不一致的情况，使承包方的实际工程成本增加，业主为了挽回损失，通过索赔加以解决。显然，索赔是以赔偿实际损失为原则的，承包方必须准确地提供整个工程成本的分析和管理，以便确定挽回损失的数量。

（5）索赔有利于国内工程建设管理与国际惯例接轨。熟练掌握索赔和处理索赔的方法和技巧，有助于对外开放和对外工程承包的开展。索赔是国际工程建设中非常普遍的做法，尽快学习、掌握运用国际上基础设施建设工程管理的通行做法，不仅有利于中国企业工程建设管理水平的提高，而且对中国企业顺利参与国际工程承包、国外工程建设都有着重要的意义。

第二节　索赔的证据和程序

任何索赔事件的确立，其前提条件是必须有正当的索赔理由。对正当索赔理由的说明必须要有证据，因为索赔的进行主要靠证据说话。没有证据或证据不足，索赔是难以成功的。同时，索赔必须遵守一定的程序。

一、索赔证据与文件

索赔证据具有真实性、全面性、关联性、合法性和法律证明力的基本特征。索赔的证据要完全反映工程实际情况，实事求是，基本资料和数据要经得住推敲，并且能够相互说明，相互关联，不能互相矛盾。证据的取得和证据的提出要及时全面，准确无误，所提出的证据要能说明事件的全过程，有关的记录、协议、纪要必须是当事人双方签署的，工程中的重大事件、特殊情况的记录、测试必须由工程师签字认可。

（一）索赔证据的种类

对承包商来说，保持完整、详细的工程记录，保存好与工程有关的全部文件资料是非常重要的。在提出索赔的时候，承包商必须要有足够的资料证明自己的索赔要求是合理合法的。工程记录是解决索赔的依据，是编写索赔文件的基础，还是提交仲裁听证和裁决的证据。工程记录是所有与工程项目相关的各种记录的综合，其包括基础资料和加工资料两类。

所谓基础资料，是指关于工程项目的原始记录，主要包括施工日志、气象资料、工程图纸、工程报告、工程核算资料、工程照片及声像资料、建筑材料和设备采购、订货运输使用记录、市场行情记录、国家法律、法令、政策文件、政治经济资料及重大新闻报道记录等。

所谓加工资料，是经过人为加工整理的资料，主要包括来往信件、签证及更改通知、各种会议纪要、工程进度计划、招标文件及其参考资料、现场调查备忘录、编标资料和合同文本、附件等。

（二）索赔文件的构成

索赔文件是承包商向业主索赔的正式书面材料组合，也是业主审议承包商索赔请求的主要依据。索赔文件通常包括以下几部分：

1. 索赔信

索赔信是一封承包商致业主或其代表的简短的信函，应包括说明索赔事件列举索赔理由、提出索赔金额与工期、附件说明等。整个索赔信是提纲性的材料，它把其他材料贯通起来。

2. 索赔报告

索赔报告是索赔文件的正文，其结构一般包含三个主要部分。首先，报告的标题，应言简意赅地概括索赔的核心内容；其次，事实与理由，这部分应叙述客观事实，合理引用合同规定，建立事实与损失之间的因果关系，说明索赔的合理性、合法性；最后，损失计算与要求赔偿金额与工期，这部分只需列举各项明细数字及汇总数据即可。索赔报告通常由题目、索赔事件陈述、理由、影响、结论组成。

3. 附件

索赔文件中附件主要是索赔报告中所列举事实、理由、影响等的证明文件和证据。详细计算书是为了证实索赔金额的真实性而设置的，为了简明，可以大量运用图表。

二、索赔的程序

图 6-1 是国外某项目管理公司的索赔工作程序。它将索赔工作分为内部处理阶段和解决阶段两个阶段。每个阶段又分为许多工作。在国际工程实践中，索赔工作可细分为如下几大步骤：

（一）索赔意向通知

在干扰事件发生后，承包商必须抓住索赔机会，迅速做出反应，在一定时间内（FIDIC 2017 规定为 28 天），向工程师和业主递交索赔意向通知。该通知是承包商就具体的干扰事件向工程师和业主表示索赔愿望和要求，是保护自己索赔权利的措施。如果超过这个期限，工程师和业主有权拒绝承包商的索赔要求。

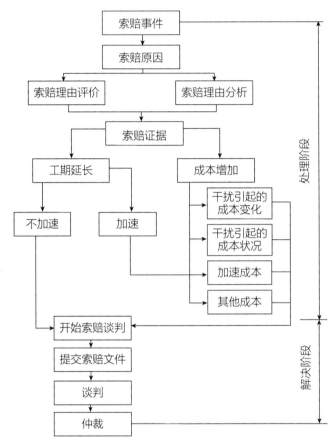

图 6-1 国外某项目管理公司索赔管理程序

（二）索赔的内部处理

一旦干扰事件发生，承包商就应进行索赔处理工作，直到正式向工程师和业主提交索赔报告。这一阶段包括许多具体的复杂的分析工作（见图 6-2）。

（1）事态调查，即寻找索赔机会。通过对合同实施的跟踪、分析、诊断，发现索赔机会。

（2）干扰事件原因分析。即分析这些干扰事件是由谁引起的，它的责任该由谁来承担。如果干扰事件责任是多方面的，则必须划分各个人的责任范围，按责任大小分担损失。

（3）索赔根据，即索赔理由。主要是指合同条文，必须按合同判明干扰事件是否在赔（补）偿范围之内。

（4）损失调查，即为干扰事件的影响分析。它主要表现为工期的延长和费用的增

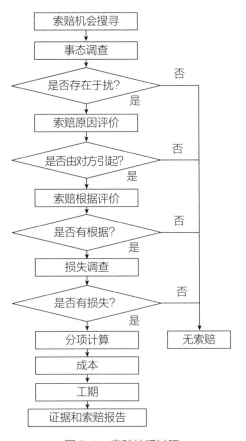

图 6-2　索赔处理过程

加。损失调查的重点是收集、分析、对比实际和计划的施工进度，工程成本和费用方面的资料，在此基础上计算索赔值。

（5）收集证据。一旦干扰事件发生，承包商应按工程师的要求做好并保留（在干扰事件持续期间内）完整的当时记录，接受工程师的审查。

（6）起草索赔报告。索赔报告表达了承包商的索赔要求和支持这个要求的详细依据，将由工程师、业主或调解人或仲裁人审查、分析、评价，是决定承包商的索赔要求能否获得有利和合理解决的关键。

（三）提交索赔报告

索赔报告是承包商向工程师（或业主）提交的一份要求业主给予一定经济（费用）补偿和延长工期的正式报告，承包商应在索赔事件对工程产生的影响结束后，在合同规定的时间内向工程师和业主提交正式的索赔报告。

（四）解决索赔

从递交索赔报告到最终获得赔偿是索赔的解决过程。这个阶段工作主要包括：

（1）工程师审查分析索赔报告，评价索赔要求的合理性和合法性。如果觉得理由不足，或证据不足，可以要求承包商做出解释，或进一步补充证据，或要求承包商修改索赔要求，工程师做出索赔处理意见，并提交业主。

（2）根据工程师的处理意见，业主审查、批准承包商的索赔报告。业主也可能反驳，否定或部分否定承包商的索赔要求。承包商常常需要做进一步的解释和补充证据；工程师也需就处理意见做出说明。对达成一致的，或经工程师和业主认可的索赔要求（或部分要求），承包商有权在工程进度付款中获得支付。

（3）如果承包商和业主对索赔的解决达不成一致，有一方或双方都不满意工程师的处理意见（或决定），或产生了争执，此时双方应按照合同规定的程序解决争执，最典型的和在国际工程中通用的是 FIDIC 合同条件规定的争执解决程序。其最终的途径是通过国际仲裁或法院诉讼解决。

三、索赔的处理方式

在处理索赔的方面，通常可以遇到两种不同的索赔，即单项索赔和综合索赔。

（一）单项索赔

单项索赔（Single Case Claim）就是采取一事一索赔的方式，即在每一件索赔事项发生后，报送索赔通知书（Notice of Claim），编报索赔报告书，要求单项解决支付，不与其他的索赔事项混在一起。

单项索赔的优点是涉及的范围不大，索赔的金额小，工程师证明索赔事件比较容易。同时，承包商也可以及时得到索赔事件产生的额外费用补偿。它避免了多项索赔的相互影响制约，所以解决起来比较容易。因此，单项索赔是施工索赔通常采用的方式。

（二）综合索赔

综合索赔（Compound Claim）又称总索赔，俗称一揽子索赔。即对整个工程（或某项工程）中所发生的数起索赔事项，综合在一起进行索赔。

综合索赔也就是总成本索赔（Total Cost Claim），它是对整个工程（或某项工程）的实际总成本与原预算成本之差额提出的索赔。综合索赔一般是在履行合同过程中，提出对索赔事件保留索赔权，而在工程项目基本完工时提出，或在竣工报表和最终报表中提出。

第三节　各合同主体的索赔

各合同主体的索赔主要包括承包商的索赔、业主的索赔及工程师在索赔中的作用。

一、承包商的索赔

（一）承包商索赔的步骤

1. 承包商索赔准备

FIDIC 条款中规定了"承包商的索赔"，这一条款只是对承包商索赔的总的规定，详细说明了承包商进行索赔的内容和程序，并没有明确承包商可索赔的事项，这些承包商可索赔的事项都是分散在各条款中的。

（1）目标的确定。承包商在索赔开始前应确定索赔所要达到的目标。承包商的索赔目标通常为承包商的索赔基本要求。目标可能有几个，有容易实现的，有难以实现的。目标又是承包商对索赔的最终希望，它由承包商根据合同实施状况、承包商所受的损失和总的经营战略确定。

（2）承包商继续施工，同时准备索赔材料。索赔事件发生后承包商原则上应当继续施工，并保持从索赔事件发生日至终止日的同期记录，同时提请监理工程师说明是否还需要做其他记录。同期记录的内容：索赔事件发生时及过程中现场实际状况，必要时可以拍照、录像、公证；索赔事件导致现场人员、设备闲置的清单；索赔事件对工期的影响；索赔事件对工程的损害程度；索赔事件导致费用增加的项目及所用的人员、机械、材料数量、有效票据等。同期记录应当有现场监理工程人员的签字。

索赔事件发生后，承包商应当进行详细调查，分析事件发生的原因，全面收集证据。索赔事件的证明材料很大程度上决定了索赔的成败，其为工程索赔的依据。因此，承包商在正式提出索赔报告前的资料准备工作极为重要，这就要求承包商注重记录、整理、保存各方面的工程信息资料，比如施工日志、来往信件、气象资料、备忘录、会议纪要、工程照片和工程声像资料、工程进度计划、工程核算资料、工程图纸、招投标文件等方面的资料，以随时从中提取与索赔事件有关的证据资料。

2. 索赔的实施

（1）提交索赔文件

承包商应在发生索赔事件后，在向工程师发出索赔通知后的 28 天内，或在工程师同意的合理时间内，向工程师报送索赔文件，说明索赔款额和索赔依据。索赔文件是承包商向业主索赔的正式书面材料，也是业主审议承包商索赔请求的主要依据，其包括索赔信、索赔报告、附件三部分，其中最主要的为索赔报告。

（2）工程师审核索赔文件

工程师收到承包商递交的索赔报告和有关资料后，应在 28 天内给予答复，或要求承包商进一步补充索赔理由和证据。如果在 28 天内既未予答复，也未对承包商作进一步要求的话，则视为承包商提出的该项索赔要求已经认可。

一般情况下，工程师接到承包商的索赔报告后，会建立该索赔事件的索赔档案，核查承包商的同期记录，对其随时提出意见或者向承包商提出制作其他相关记录的要求。工程师接到正式的索赔文件后，会根据事实情况及合同约定对索赔文件进行审核，必要时会要求承包商提供进一步的材料及索赔的计算依据。

（3）工程师做出处理决定

工程师审核索赔文件后，如认为承包商的索赔同时符合以下条件，则一般会认可索赔成立：第一，与合同相对照，该事件已造成了承包商施工成本的额外支出，或直接工期损失；第二，该事件造成费用增加或工期损失的原因，按合同约定不属于承包商的责任或风险责任；第三，承包商按合同规定的程序提交了索赔意向通知和索赔报告。对于索赔事件的补偿额度，工程师审查索赔文件后予以初步确定，其往往与承包商的索赔报告中要求的额度不一致，这主要是因为双方对承担事件损害责任的界限划分不一致，索赔证据不充分，或索赔计算的依据和方法分歧较大等，因此双方应就索赔的处理进行协商。通过协商仍达不成共识的话，承包商仅有权得到工程师认为索赔成立部分的索赔付款和工期。

（4）业主审查索赔处理

当工程师确定的索赔额超过其权限范围时，必须报请业主批准。业主先根据事件发生的原因、责任范围、合同条款审核承包商的索赔申请和工程师的处理报告，再依据工程建设的目的、投资控制、竣工投产日期要求及针对承包商在施工中的缺陷或违反合同规定等有关情况，决定是否批准工程师的处理意见。索赔报告经业主批准后，工程师即可签发有关证书。

（5）承包商是否接受最终索赔处理决定

若承包商接受了最终的索赔处理决定，这一索赔事件即告结束；若承包商不接受监理工程师及业主单方面决定，则须采取下列方法之一对索赔处理决定做出反应：第一，向工程师发出对该索赔事件保留继续进行索赔权力的意向通知，等到颁发整个工程的移交证书后，在提交的竣工报表中做出进一步索赔。第二，在合同约定的时间内进行友好协商解决，如果未能协商解决，则通过诉讼或者仲裁解决。

（二）承包商预防和减少索赔的措施

一般地讲，承包商在预防和减少索赔与反索赔方面，可采取如下措施：

1. 严肃认真对待投标报价

在每一项工程招标投标与报价过程中，承包商都应仔细研究招标文件，全面细致地进行施工现场勘察，认真地进行投标估算，正确地决定报价。切不可疏忽大意进行报价，或者为了中标，故意压低标价，企图在中标后靠索赔弥补盈利，这样在投标时留下冒险和亏损的根子，在工程施工过程中，千方百计去寻找索赔机会。实际上这种索赔很难成功，并往往会影响承包商的经济利益和承包信誉。

2. 注意签订合同时的协商与谈判

承包商在中标后，在与业主正式签订合同的谈判过程中，应对工程项目合同中存在的疑惑进行澄清，并将重大工程风险问题提出来与业主进行协商与谈判，修改合同中不适当的地方。特别是对于工程项目承包合同中的特殊合同，如不允许索赔、付款无限制期限、无利息等，都要据理力争，促使对这些合同的修改。同时，以"合同谈判纪要"的形式写成书面内容，作为本合同文件的有效组成部分。这样，对合同中的问题都补充为明文条款，也可预防和避免施工中不必要的索赔争端。

3. 全面完成合同责任

承包商应以积极合作的态度完成合同责任，主动配合业主完成各项工程，建立良好的合作关系。

4. 加强施工质量管理

承包商应严格按照合同文件中规定的设计、施工技术标准和规范进行工作，并注意按设计图施工，从原材料到各工艺工序严格把关，推行全面的质量管理，尽量避免和消除工程质量事故的缺陷，则可避免业主对施工缺陷的反索赔事项的发生。

5. 加强施工进度计划与控制

承包商应尽力做好施工组织与管理，从各个方面保证施工进度计划的实现，防止由于承包商自身管理不善造成的工程进度拖延。若由于业主或其他客观原因造成工程进度拖延，承包商应及时地申报延期索赔申请，以获得合理的工期延长，预防和减少业主因"拖期竣工的赔偿金"的反索赔。

6. 注意业主的随意工程变更及工程范围扩大

承包商应注意业主不能随意扩大工程范围。另外，所有的工程变更都必须是有书面的工程变更指令，以便对工程变更进行计价。若业主或工程师下达了口头变更指令，要求承包商执行变更工作，承包商可以予以书面记录，并请业主或工程师签字确认，若工程师不愿确认，承包商可以不执行该变更工程，以免得不到应有的补偿。

7. 加强工程成本的核算与控制

承包商的工程成本管理工作是保证实现施工经济效益的关键工作，也是减少和避免索赔与反索赔工作的关键所在。承包商自身要加强工程成本核算，严格控制工程开支，使施工成本不超过投标报价时的成本计划。

二、业主的索赔

（一）业主索赔的实体权利

在 FIDIC 合同条款中明确规定了业主的索赔权利，与承包商索赔权利相比，其实体内容比较简单，程序内容基本一致。

1. 实际进度延误索赔权

在施工过程中，经常会发生实际进度落后于计划进度的情况。这时工程师会要求承包商修订进度计划，以便能按合同规定的工期完工。同时，还要区别责任人，如果是由承包商原因造成的，则根据合同规定，承包商不仅要执行修订后的计划，而且业主有权向承包商索赔由于修订计划而支出的附加费用。在判断实际进度是否拖期而影响到工程按时竣工时，工程师是按照批准的进度计划或上一次修订的进度计划进行判断，依据的竣工时间应以合同原定的竣工时间加上工程师已经批准的竣工延长时间值为准。

2. 竣工时间延误索赔权

在施工过程中，虽然承包商经常修订计划、采取措施，但仍然会出现实际竣工日期超过计划竣工日期的情况，从而影响业主按计划使用工程，给业主造成经济损失。竣工时间延误的原因多种多样，如果是由于承包商原因造成的，业主可依据合同向承包商进行竣工工期的索赔，即要求承包商支付误期损害赔偿。但根据 FIDIC 合同的规定，实际工程量显著大于投标时依据的工程量、异常不利的气候、流行病或政府行为造成的人员或货物的不可预见的短缺等情况，不属于承包商的原因，业主不能主张索赔权。

3. 施工缺陷索赔权

在施工合同中，一般规定如果承包商的施工质量不符合技术规程的要求，或者使用的材料和设备不符合合同规定，或在责任期未满以前未完成应该修补的缺陷工程，业主有权向承包商要求赔偿经济损失。

施工缺陷一般包括承包商施工完成的工程不符合合同规定的质量标准，承包商使用的建筑材料或设备不符合合同指定的规格或质量标准，从而危及建筑物的牢固性，承包商负责设计的部分永久工程出现质量问题，其他没有完成合同约定的质量标准等问题。业主的这项索赔一般数额较高，不仅包括修补工程缺陷所产生的直接损失，也包括由该缺陷所带来的间接经济损失。

4. 违反合作指示索赔权

在 FIDIC 合同中规定了业主承包商负有安全履行、避免干扰、现场保安、保护环境等合作义务，工程师有权根据现场施工情况指示承包商履行此类任务，承包商负有合作的义务。当工程师指示承包商将不符合合同要求的生产设备或材料移出现场并进行更换，或去除不符合要求的工作并重新施工，或者因意外、不可预见等原因引起的，为工程的安全迫切需要实施其他工作时，承包商应在规定的时间内执行这些指示。否则工程师有权雇用他人完成这些工作。此时，业主有权向承包商索赔。

（二）业主索赔的程序

FIDIC 新红皮书规定了业主索赔程序条款，它分为工程师解决索赔程序和 DAAB（争议避免与裁决委员会）解决索赔程序，它们是两种性质不同又相互衔接的索赔解决程序。

1. 工程师处理索赔的程序

（1）发出索赔通知

当索赔事项发生时，工程师应及时进行业主索赔，尽快向承包商发出索赔通知，通知的内容包括索赔的依据、索赔的要求、索赔的证据。如果是关于缺陷期限延长的通知，应在原期限到期前发出。但合同同时规定，在确因工程需要，承包商使用现场的电、水、燃气，使用业主设备等服务的数量及应付费用，工程师或业主不需要发出索赔通知，即可按专用条款中所规定的细节和价值，直接与承包商协商确定价格，从工程款中扣除。

（2）协商处理结果

当发出索赔通知后或发生承包商使用现场可供的电、水、燃气，使用业主的设备等其他服务后，工程师应当按照合同规定，及时与业主和承包商协商，如果协商达不成一致意见，工程师可以根据合同和其他可以作为索赔依据的法规，考虑有关事实情况，确定一个公正的解决结论。

（3）通知处理结果

当工程师经与业主和承包商双方协商，根据协商的一致结果或不一致时做出的确定结论后，应当及时将结果通知业主和承包商。在通知中，工程师应写明索赔处理时的详细依据。

（4）执行处理结果

如果是业主有权得到的索赔款额，则直接从合同价格和付款证书中作为扣减额扣除或冲销，或者按照批准的索赔数额以承包商的应付款等方式直接支付给业主。

2. DAAB 解决索赔争议程序

（1）争议提交 DAAB

如果业主和承包商双方既不同意对方意见，也不同意工程师意见，这时可以按照 FIDIC 合同规定的 DAAB 争议解决方式解决，即工程师在规定的时间内将索赔报告及其证据与资料向 DAAB 报告，委托 DAAB 做出裁决，并将副本送交另一方当事人和工程师。

（2）现场调查，召开听证会

DAAB 在收到索赔报告书及证据材料后，到施工现场开展调查研究，召开争议双方意见听证会，听取意见后，DAAB 召开内部秘密会议，研究争议解决方案。

（3）做出裁决决定

DAAB 在争议提交之日起 84 日内或双方认可的期限内提出决定。业主或承包商任何一方不满意裁决决定，可在 28 日内将不满决定通知另一方，否则任何一方无权诉诸争端的仲裁；28 日内未发出不满意通知，该 DAAB 决定则成为最终具有约束力的索赔解决方案。

（4）决定的执行与仲裁

对索赔决定不满的任何一方在规定日期内通知对方并将争议提交仲裁。对于双方均表示同意，但之后又有一方不执行索赔决定的；另一方可以根据未遵从 DAAB 决定条款，就对方当事人的违约行为申请仲裁，DAAB 的决定可以作为仲裁裁决的依据。

在国际基础设施工程承包实践中，索赔事项的发生是不可避免的，但索赔的发生意味着工期的延长或工程成本的增加，这与业主按期接收质量合格的工程项目的愿望相违背。为了业主自身的利益，业主应采取一切可能的措施，预防索赔事项的发生，或将索赔事项尽量减少。一旦施工中出现了条款中可引用的索赔事件，要仔细审查哪些因素符合合同索赔条件，在可以引用的合同中选择最恰当的条款来论证自己的索赔权，提高索赔的针对性；业主还要遵守合同规定索赔的时效，做到索赔及时；应积极主动地与承包商沟通协商，切忌采取敌对态度，力求友好协商解决索赔。

三、工程师在索赔中的作用

工程师工作的重心在于合同管理，而合同管理工作中的一项重要任务，就是处理施工合同索赔问题。工程师是施工全过程的现场监理，对于业主和承包商而言，是施工索赔最直接、最公正的现场见证，在处理施工合同索赔过程中，工程师起着十分重要的作用。

（一）预防索赔发生

在国际工程项目承包施工中，索赔是正常现象，是一项难以避免的工作。尤其是规模大、工期长的土建工程，索赔事项可能多达数十项。但是，从合同双方的利益出发，应该使索赔事项的次数减到最低限度。工程师应在施工开始时就对合同文件和现场条件做一个详细深入的分析对比，列出可能导致索赔事件发生的种种隐患条件，及时提请业主和承包商注意和重视，并且从工程师的角度采取必要的措施来预防索赔的发生，从而人为主动地减少索赔发生的可能性或者削弱其发生的严重程度。

（二）分析索赔文件

1. 进行合同文件分析

合同文件分析的目的，是将引起索赔的事项，对照合同文件中的相关条款进行严格地分析，以确定索赔事项的起因是否可以人为避免，在事件发生后承包商是否采取了减轻损失的措施及其合同责任的判别等方面的情况。根据索赔事项的具体情况和合同文件进行严格分析，最终目的在于确定合同责任、澄清这些问题，从而为解决索赔打下坚实基础。如承包商的索赔要求没有合同依据，应否决其索赔要求。如果承包商的索赔要求依据充分，应给予支持。

2. 评审承包商的索赔报告

工程师应按照合同要求及时评审承包商的索赔报告，提出解决问题的建议，力争达成协议，解决索赔争端。为此，工程师应做好以下工作：

首先，要详细审阅索赔报告，对有疑问或论证不足的地方，要求承包商补报证据资料。同时，工程师要独立地进行资料收集和调查研究取证，除了收集现场工程师的记录以外，还要收集其他必需的资料，如国家有关法律法规政策文件、政府部门发布的物价指数工资指数，以及合同双方的往来函件、业主批准的施工组织设计、会议纪要、工程变更指令、设计修改通知单，还有现场施工记录，材料的采购运输、工人工资单，施工进度报告、月结算单，工程成本核算表、付款收据及水文气象方面的声像资料、事件发展过程记录等。

其次，测算索赔要求的合理程度。对承包商的索赔要求，无论是工期延长的天数，还是经济补偿的款额，都应该由工程师自己独立测算一次，以确定合理的数量。

最后，提出索赔处理建议。对于每一项索赔，工程师都必须指出索赔报告中套用定额不适当、计算依据不充分及不应列入或重复计算、漏算的项目，编写全面翔实的索赔处理建议书，邀请雇主和承包商协商，力争达成协议，及时确定解决争端的方案，不致影响工程的后续施工。

（三）索赔分析

索赔分析是指在评审阶段后对"索赔处理建议"中成本影响和进度影响的具体计算做详细分析，以得到准确的应赔付数额。

1. 施工进度影响分析

承包商在工期索赔报告中提出的工期延长天数，往往把同时进行的作业工种的受影响的延误天数简单地叠加起来，要求按叠加的总天数进行补偿。工程师应分项具体分析，通常应用施工网络图，将原定计划进度与实际进度对索赔事件的干扰进行对比，查明受到延误且处于施工关键线路上的作业工种，确定延误因素对工程进度及整个工程竣工日期的影响天数，求得必需的工期延长天数，作为工期赔付依据。

2. 工程成本影响分析

承包商往往夸大损失发生的成本，在投入人工和机械、材料的数量上有不真实的数据，工程师必须独立地进行判断和计算，考虑哪些费用是合理的，哪些费用增加是真实发生的，承包商的计算方法和套用定额是否正确合理。

（四）写出索赔审查意见

在上述工作进行的同时，工程师应与承包商随时协商沟通，核对支持材料和计算过程，去伪存真，并在征求业主的意见达成一致后，写出索赔审查意见。审查意见内容一般分为四部分：第一部分叙述该索赔事件的前因后果及建设各方曾采取的对策和措施；第二部分详细指明该事件相对应的合同，并描述条款内容，以明确其适用性和针对性，同时简明扼要地写出工程师的处理建议或意见；第三部分详细写出索赔处理思路和计算依据方法、过程和结果；第四部分为附录，附注详细计算过程和表格及支持材料。

（五）协商决定义务

FIDIC 2017 明确规定，工程师负有鼓励双方通过协议解决索赔的积极义务。就涉及的索赔而言，工程师必须做到与各方协商并试图达成协议；如果在 42 天内没有达成任何协议，则须在之后 42 天内做出"公平的决定"。

（六）工程师逾期做出决定的后果

如果工程师未能在合同规定的时限内做出决定，则认为工程师已经驳回了索赔主张，该索赔可提交 DAAB 审理。如果各方对工程师的决定不满意，应当在工程师决定做出之日 28 天以内提出"不满意通知书"（Notice of Dissatisfaction，NOD），否则将视为各方最终接受工程师的决定，并丧失一定的权利。

第四节　工期索赔与费用索赔

按照施工索赔的目的可将索赔分为工期索赔和费用索赔两种。

一、工期索赔

在国际基础设施工程施工中，常常会发生一些未能预见的干扰事件使施工不能顺利进行，使预定的施工计划受到干扰，造成工期延长。承包商进行工期索赔的目的通常有免去或推卸自己对已经产生的工期延长的合同责任，使自己不支付或尽可能少支付工期延长的违约金；进行因工期延长而造成的费用损失的索赔。对已经产生的工期延长，业主通常采用两种解决办法：一是不采取加速措施，将合同工期顺延，工程施工仍按原定方案和计划实施。二是指令承包商采取加速措施，以全部或部分地弥补已经损失的工期。如果工期拖延责任不由承包商承担，业主已认可承包商的工期索赔，则承包商还可以提出因采取加速措施而增加的费用的索赔。

（一）工期索赔的分析方法

工期索赔分析的依据主要包括合同规定的总工期计划；合同签订后由承包商提交的并经过工程师同意的详细进度计划；合同双方共同认可的对工期的修改文件，如认可信、会谈纪要、来往信件等；业主、工程师和承包商共同商定的月进度计划及其调整计划；受干扰后实际工程进度，如施工日记、工程进度表、进度报告等。

工期索赔分析的基本思路是假设工程施工一直按原网络计划确定的施工顺序和工期进行，现发生了一个或一些干扰事件，使网络中的某个或某些活动受到干扰，如延长持续时间，或活动之间逻辑关系变化，或增加新的活动。将这些影响代入原网络图中，重新进行网络分析，得到一新工期。新工期与原工期之差，即为干扰事件对总工期的影响，即为工期索赔值。通常，如果受干扰的活动在关键线路上，该活动的持续时间的延长即为总工期的延长值。如果该活动在非关键线路上，受干扰后仍在非关键线路上，则这个干扰事件对工期无影响，故不能提出工期索赔。

这种考虑干扰后的网络计划又作为新的实施计划，如果有新的干扰事件发生，可在此基础上可进行新一轮分析，提出新的工期索赔。工程实施中的进度计划是动态的，需进行不断地调整，干扰事件引起的工期索赔也可以随之同步调整。

工期索赔分析主要有两个步骤：第一，干扰事件对工程活动的影响，因干扰事件发生，使与之相关的工程活动发生变化；第二，工程活动变化对总工期产生的影响，可以通过新的网络分析得到，总工期所受到的影响即为干扰事件的工期索赔值。

（二）干扰事件对工程活动的影响分析

干扰事件对工程活动的影响主要包括工程拖延影响、工程变更影响和工程中断的影响。

1. 工程拖延影响的分析

在施工过程中，业主推迟提供设计图纸、建筑场地、行驶道路等，会直接造成工期推迟或中断，影响整个工期。通常，这些活动的实际推迟天数可直接作为工期延长的天数，即为工期索赔天数，有现场实际的记录为证，但同时也应分析每个环节产生的实际影响。

2. 工程变更的影响分析

工程变更的情况主要有：如果工程量增加，超过合同规定的承包商应承担的风险范围，可进行工期索赔；增加新的附加工程；对因业主责任造成的工程停工、返工、窝工、等待变更指令等事件，可按经工程师签字认可的实际工程记录延长相应网络活动的持续时间；业主指令变更施工次序会引起网络中活动之间逻辑关系的变更，对此必须调整网络结构等。

3. 工程中断的影响分析

对于罢工、恶劣气候条件和其他不可抗力因素造成的工程中断，或业主指令停止施工，其工期索赔值一般按工程实际停滞时间计算。但如果干扰事件的后果要处理，还要加上处理后果的时间。如恶劣的气候条件造成工地混乱，需要在开工前清理场地，重新招雇工人，组织施工，安装和检修施工设备。这些因素的影响以工程师填写或签证的现场实际工程记录为证。

（三）干扰事件对整个工期的影响分析

通过采用合适的分析方法可实现干扰事件对整个工期的影响分析。常用的分析方法包括网络分析法、比例计算法和直接法。

1. 网络分析法

网络分析法是工程索赔实践中使用最多的方法，也最能说明问题。网络分析法通过分析干扰事件发生前后的网络计划，对比两种工期计算结果来计算索赔值。它是一种科学的、合理的分析方法，适用于各种干扰事件的工期索赔。它要以计算机网络技术进行计划和控制为前提条件。

2. 比例计算法

网络分析方法是最科学的，也是最合理的，但它需要有计算机的网络分析程序，否则分析极为困难，甚至不可能。因为稍微复杂的工程，网络活动可能有几百个，甚至几千个，人工分析和计算几乎是不可能的。在实际工程中，可采用简单的比例类推法计算，此法分为按工程量和工程造价进行比例类推。

比例类推法计算简单、方便，不需进行复杂的网络分析，人们也容易接受，所以用得也比较多。但是它往往不符合实际情况，不太合理，不太科学。因为从网络分析可以看到，关键线路活动的任何延长，即为总工期的延长；而非关键线路活动延长常常对总工期没有影响，所以不能统一以合同价格比例折算。而且这种分析方法对有些情况不适用，例如业主变更工程施工次序，业主指令采取加速措施，删减工程量或部分工程等，如果仍用这种方法，会得到错误的结果。

3. 直接法

有时干扰事件直接发生在关键线路上或一次性地发生在一个项目上，造成总工期的延误。这时可通过查阅施工日志、变更指令等资料，直接将这些资料记载的延误时间作为工期索赔值。

二、费用索赔

费用索赔是承包商索赔的重要内容，工期索赔在很大程度上也是为了费用索赔。

（一）可索赔的费用

可索赔的费用包括以下几个方面：

1. 人工费

在国际基础设施合作工程施工合同索赔中，因可原谅的延误而导致承包商提出人工费索赔时，承包商可就额外雇用劳务人员、加班工作、工资上涨、人员闲置和工效降低费用提出索赔。

2. 机械费

在建筑和土木工程施工合同中，在计算施工机械费时，应考虑如下不同的情况：承包商自有的施工机械设备、租赁设备、新购设备、增加台班数费用、机械闲置费用、工效降低、台班费上涨、计日工等。

3. 材料费

材料费原则上按照计日工材料单价计算。对于材料积压损失费的计算应遵守以下原则：合同中已支付材料预付款的，原则上不考虑材料积压损失费；合同中未支付材料预付款的，可根据材料费价格及积压材料的费用总额计算其利息；对于使用时间有要求的材料，当材料积压时间太长时，应根据实际情况考虑材料超过使用期限后报废的损失；延迟付款利息，业主未按约定时间进行付款的，应根据投标函附录中规定的逾期付款违约金的利率进行计算。

4. 延长工期后的费用

延长工期后的费用主要包括工程保险费追加，可根据保险单或调查所得的保险费率来确定保险费用（当合同规定由承包商办理工程保险时）；延长期间的临时租地费，可根据租地合同或其他票据参考确定（当合同规定临时租地费由业主承担时）；临时工程的维护费，可根据临时工程的性质及实际情况由业主、承包商、工程师协商确定；保函手续费，工程延期时，保函手续费相应增加。

5. 管理费

管理费用分为现场管理费和公司管理费，由于两者的计算方法不一样，所以在审核过程中应区别对待。

6. 利润

对于不同性质的索赔，取得利润索赔的成功率是不同的。一般来说，由于工程范围的变更和施工条件变化引起的索赔，承包商是可以列入利润的；由于业主的原因终止或放弃合同，承包商除有权获得已完成工程款外，还应得到原定比例的利润。而对于工程延误的索赔，由于利润通常是包括在每项实施的工程内容的价格之内的，而延误工期并未影响、削减某些项目的实施而导致利润减少。所以，一般工程师很难同意在延误费用索赔中加进利润损失。

索赔利润款额的计算通常是与原报价单中的利润百分率保持一致，即在索赔款直接费的基础上，乘以原报价单中的利润率，即为该项索赔款中的利润额。

7. 其他费用

其他费用根据实际情况由业主、承包商及工程师协商确定。

（二）费用索赔计算方法

1. 分项法

分项法是按每个索赔事件所引起的损失费用项目分别分析计算索赔值的一种方法。这一方法是在明确责任的前提下，将需索赔的费用分项列出，并提供相应的工程记录、收据、发票等证据资料。这样可以在较短时间内给以分析、核实，确定索赔费用，顺利解决索赔事宜。在实际工作中，绝大多数工程的索赔都采用分项法计算。

2. 总费用法

总费用法又称总成本法，就是当发生多次索赔事件后，重新计算出该工程的实际总费用，再从这个实际总费用中减去投标报价时的估算总费用，计算出索赔余额。

3. 修正总费用法

修正总费用法是对总费用法的改进，即在总费用计算的原则上，去掉一些不合理因素，使其更合理。修正的内容：将计算索赔款的时段局限于受到外界影响的时间，而不是整个施工期；只计算受影响时段内的某项工作所受影响的损失，而不是计算该时段内所有施工工作所受的损失；与该工作无关的费用不列入总费用中；对投标报价费用重新进行核算，按受影响时段内该项工作的实际单价进行核算，乘以实际完成的该项工作的工作量，得出调整后的报价费用。

·案例 6.1·

S 国纺织厂项目工程索赔案例

S 国位于亚洲大陆西部，地中海东岸。北靠土耳其，南邻约旦，西南与黎巴嫩等连接，西与塞浦路斯隔海相望。海岸线长 183km。沿海和北部地区属亚热带地中海气候，南部地区属热带沙漠气候。沙漠地区冬季雨量较少，夏季干燥炎热。最低气温 0℃ 以下，最高气温达 40℃ 左右。年平均降水量沿海地区 1000mm 以上，南部地区仅 100mm。2007 年是该国政府贯彻实施经济建设和社会发展"十五计划"（2006—2010 年）的第二年，该国经济逐步向社会市场经济转轨。该国经济持续发展，石油、旅游等收入不断增加，吸收外资大幅度增长，私营经济进一步发展，农业收成良好。但受国际多重因素的负面影响，该国经济改革进程之路仍较慢。此外，该国与中国关系良好，投资环境较好，中国公司在价格方面的竞争优势比较明显。

一、工程项目简况

业主：S 国国家纺织总局。

总承包商：中国某国际工程公司，承担该项目设计、采购、施工、设备安装、交验、试车、人员培训等（类似 EPC/T 型）。

分包商：中国某建筑工程集团。

咨询商：S 国某大学工程管理系承担项目管理（CM）。

工程总造价：1.80 亿美元（设计费为 4%）。

工期：合同规定为 21 个月。

合同文本：S 国国家工程标准合同（参照 FIDIC 版本）；其中明确规定不准承包商进行索赔。

预付款：为工程总价的 15%，从支付工程款中扣除；履约保函 10%；维修期保函 5%（维修期一年）。

保险：人寿险、第三方责任险、工程保险、重要设备险等。

二、业主索赔要点与承包商的质疑

（一）业主提出索赔的主要问题

(1) 施工迟缓，延误了该厂正常生产，影响了该国国民经济。按月完成总工程量的 8%~10%，中方拖延工期一年多。

(2) 根据合同规定，中方提供的成套纺织设备未按计划到位、某些设备的技术指标不符合国际标准，如安全保障问题（符合中国出口标准），严重地造成工厂误期生产。

(3) 按双方认可的该项目的施工组织计划，承包商的技术人员和技术工人数量不够，并且有的专业还不符合咨询工程师要求等。

(4) 根据合同规定，承包商对 S 国的技术人员和技术工人的业务培训工作，未达到合同指标（技术管理、操作规程等）。

(5) S 国国家验收清算委员会最终要求中方赔付 S 国 600 万美元以上或没收 1800 万美元的履约保函。

（二）承包商的质疑

(1) 自开工之日起 4 个月内，该项目咨询工程师未到现场及完成签证工作，中方多次向业主报告无果，无奈之下中方自行坚持施工，这是造成该工程拖期一年多的主因之一。

(2) 按合同专用条款规定，业主理当提供承包商施工用水、用电，但直到工程后期尚未完全解决电力供应，由中方采购的柴油发电机自理，造成了施工、设备安装、试运行等的严重困难。

（3）该项目厂区内有一个不明建筑物，按合同规定应由业主负责拆除移走，但直到完工前几个月（不到半年）才清理完毕，极大地影响了施工进度（拖期一年多）。

（4）人员培训是根据合同附件的要求，中方对业主人员按时按人安排进行的，培训对象不达标是对方人员素质问题，主要责任不在承包商而在对方。

（5）S国的赔付要求不合法（不符合所在国的法律和合同中的约定）、不合理（事实与双方责任和义务不清楚）等。

三、中方对业主索赔的应对策略

（1）有针对性地制订索赔应对规划，预计总体需半年左右的时间。

（2）该项目总目标：双方持平维持现状；支付该国要求的1%即200万美元；上限（底线）为400万~500万美元；力争维持现状、确保支付该国的1%、不破上限。

（3）总的策略：通过协商解决、中间调解、调停和解、评判裁决、友好妥协等多元办法解决问题（充分利用国家关系），确保核心利益。

（4）确定索赔权。双方是否具备索赔权，标准如下：以合同条件为依据，凡是在合同条件、施工技术规范、工程量清单及施工图纸中能找到索赔依据的均属合同索赔；国际工程索赔先例与惯例，国际工程适用普通法的重要原则之一是"案例解决"，这已成为国际承包界的共识，称之为非合同索赔；按FIDIC规定，应符合工程所在国的法律，国际工程的合同文件受该国有关法律、法规的约束，并按其法律规定解释行使，不符合该国法律的合同被视作无效，即是国际工程合同的普通规则。此案应具索赔权。

（5）组织索赔谈判小组。由该组负责提出和研讨索赔报告，详尽计算与评估经济损失，确认干扰事件的铁证，分清责任与义务。根据工程索赔的特殊性及本工程的特点，特别在索赔谈判中应注意如下要点：谈判应严格地按照双方签订的合同条件中的规定进行争议，切忌不能采取强加于人、惹怒对方的态度；应客观冷静地进行谈判活动，以理服人，并具有灵活性，为后续和谐谈判留有广阔空间和余地；正式谈判前应做好有针对性的充分准备，拟好谈判提纲，对拟达到的目标心中有数；善于采纳对方合乎情理的意见，在坚持原则的基础上适当地渐进让步，寻求双方都可以接受的解决问题的妥善办法；编制好索赔报告，作为有经验的承包商应十分重视索赔报告的编写，并使索赔报告充满说服力，逻辑性强，符合实际，论述准确，合情合理，有理有据，有利于索赔的成功；处理好与业主和工程师的关系，是搞好索赔的关键点之一；合理运用争议程序，力争和推进取得友好协商、解决索赔问题的途径；应有良好的组织保障和称职的项目经理（主谈人）；发挥各级次团队精神，树立信心，相互配合，默契地把此项索赔工作完成好；注意索赔技巧与策略的适宜运用，如索赔目标的确定、核心利益的保证等；承包商自身经营战略方面的分析，索赔前景与结果的分析预测，立足索赔的成功率，避免和降低索赔成本及代价等；专人专项做对方的工作，以便及时掌握工作发展动态等。

（6）与该国国家验委会直接接触谈判，需时 2~3 个月。

（7）必要时（大型工程项目），需要花费一定的代价，聘请国内外（按项目合同额度或项目大小提成等）索赔专家协助会，从而收到较理想的索赔目标。

（8）投入包括人、财、物等一定的经费，疏通方方面面的关系（该国国家主管部门、业主、工程师及相关利益部门等）。

（9）可参照 FIDIC 合同文件索赔相关条款研讨。

（10）必需时请中国主管部门和使馆出面（大多数国家很有效果）。

（11）该国是否是 WTO 成员国，是否符合国民待遇原则、非歧视原则等重要规定，如双方都是成员国，对索赔有一定的效应。

（12）必须弄清合同原件、工程量及报价表、双方确认的施工组织计划及工程师签字文件等原始资料。

（13）掌握费用索赔计算的基本原则和主要方法。

四、该项目有关索赔方面的主要教训

从项目的施工过程中，可得到索赔方面的经验教训，主要包括：

（1）从领导到技术人员及其项目团队，缺乏索赔意识与理念，不熟悉索赔知识、理论和手段是关键所在。

（2）大中型项目至少有专人管理索赔问题（人、财、物保障）；大型项目最好有索赔经理，统筹索赔事项。

（3）该项目签订合同前缺乏深入研究，致使合同不公正、不合理，许多关键性条款明显地不符合国际标准和国际惯例。如支付条款的明确性、付款的及时性、拖延付款是否加息等；是否有工期延长条款，允许工期延长的条件；物价上涨时如何进行价格调整，其计算公式或调整方法的合理性；有哪些对业主因业主原因产生的索赔不予补偿的开脱性条款；风险分配原则是否公正、合理；合同中有无索赔条款或当出现"不利的自然条件"时，是否允许承包商提出索赔要求等。

（4）发生索赔干扰事件及其问题没有及时按合同条款程序化处理，如一揽子索赔难度极大，表现为花费大、时间长、成本高、效果差，这是大中型工程项目索赔普遍值得注意的问题。

（5）按国际惯例，该项目咨询工程师开工后不到位进行正常签证工作，是不符合合同的法律规定、不称职的，作为承包商没有当即或坚持向业主提出更换工程师的书面报告，视为一个教训。

（6）财务部的保函管理也是一大问题，工程项目完成，财务结算结清，履约保函到期应及时办理，一刻也不能拖延。

（7）人力资源部门应加强对派出人员素质的管理（严格按合同要求，或按业主、工程师批准的施工组织计划办理，如不符合要求应及时更换）。

（8）出口设备质量的管理（严格按合同设备出口供货协议办）。

五、启示借鉴

该案例提供了一个索赔要点，罗列了业主与承包商双方的主要分歧点、承包商对此项索赔规划及其应对策略、索赔谈判中应注意的事项、该项目索赔的经验教训等。

（1）此项目是一个不成熟、不理想、不成功的案例，可对其进行深刻反省借鉴，问题主要在于对工程索赔不重视，缺乏索赔意识，不懂索赔规律，到头来还是国家、企业的损失。

（2）索赔本身是一把"双刃剑"，搞好了会创收、赢利，处理不善会惨败、名裂，这是许多事实证明了的。国际工程承包公司，特别是国际型的大公司，对大型项目理应设置工程索赔管理系统，全权处理工程实施中的干扰事件及其发生的索赔问题。

（3）培育自己的索赔谈判专家和项目经理，整理、总结、汇编索赔案例，学习、研究、探索索赔规律性的课题，提升企业的国际竞争力。

第七章 国际基础设施合作风险管理

国际基础设施合作工程事业是一项"高风险事业"，不管是投资者、业主还是承包商，都要面临一系列的风险，都必须进行风险决策，可以说风险无处不在，无时不有。但是，风险与机遇并存，风险与利润同在。因此，有远见和胆识的承包商或企业要正视风险，研究风险，分析和预测风险，建立风险管理体系，从而实现风险管控。

第一节　风险及管控思路

风险通常是指在某一特定环境下，在某一特定时间段内，某种损失发生的可能性。风险由风险因素、风险事故和风险损失等要素构成。它是在某一个特定时间段里，人们所期望达到的目标与实际出现的结果之间产生的距离，也就是生产目的与劳动成果之间的不确定性。其含义大致有两层：一是强调了风险表现为收益不确定性；二是强调风险表现为成本或代价的不确定性。通俗地讲，风险就是发生不幸事件的概率。换句话说，风险是指一个事件产生我们所不希望的后果的可能性，某一特定危险情况发生的可能性和后果的组合。一般来说，风险的特征主要表现：风险的不确定性，包括风险是否发生的不确定性、风险发生时间的不确定性、风险产生结果的不确定性（损失程度的不确定性）；风险的客观性；风险的普遍性；风险的可测定性；风险的发展性等。

一、风险概述

基础设施合作项目的风险是指在项目决策和实施过程中，造成实际结果与预期目标的差异性及其发生的概率。项目风险的差异性包括损失的不确定性和收益的不确定性。目前，中国企业国际基础设施合作业务呈现逆势增长的良好发展态势，其面临着重要的机遇，但同时也面临着巨大的风险和挑战。如果"走出去"的企业不能很好地应对挑战，管理好风险，将风险控制在可接受的范围，将会影响中国基础设施企业海外经营的收益，从而影响中外基础设施合作行业的长远、可持续发展。

国际环境的多样性、复杂性及国际基础设施合作项目自身的竞争激烈性、综合性、复杂性和不确定性决定了项目在实施过程中具有较高的风险。一般来说，国际基础设施合作项目投资巨大，并且实施更需要适应其他国家或地区的政治环境、经济形势、社会文化，受国际政治、经济等因素影响更多，将面临更大的风险和挑战。例如，某些国家出现动乱或战争，某些国家对承包商实行地区和国别的限制或歧视政策等因素，都有可能使国际基础设施合作项目中断或造成损失。

因此，国际基础设施合作既要关心项目本身的风险，还必须密切关注项目所在国及其周围地区，乃至国际大环境的变化和影响。

二、主要风险介绍

国际环境的复杂性决定了中外合作项目比国内项目面临更大的风险挑战。国际项目的风险来源于国际工程项目所处的环境比国内环境更为复杂，中国企业并不一定完全了解和熟悉。国外工程项目与国内工程项目的区别不仅在于地理位置和语言等差别，而且在政治体制、政府工作状况、国家安全状况、社会治安状况、当地市场情况、适用的建筑标准和规范、适用的法律、文化风俗习惯与宗教习俗、疾病状况、医疗条件、工程项目管理、分包商供应商的选择、外汇与项目资金管理、税务会计管理等方面都有差异。因此，按照风险来源进行划分，可将国际基础设施合作项目所面临的风险分为政治风险、经济风险、社会风险、法律风险及其他风险等。具体内容包括以下几项。

（一）政治风险

政治是指政府、政党、社会团体和个人在内政与国际关系方面的活动。而政治风险则是指合作所在地或者项目业务关联国发生革命、内乱、武装冲突事件、政权更迭、政策重大变化等因素造成承包商损失的可能性。国际承包商由于所涉项目的跨国性，必然受到政治因素的影响；而政治因素也是直接关系到项目成败、人身与资金安全的重要影响因素。因此，政治风险是国际基础设施合作首先考虑的风险。

中外基础设施国际合作的政治风险主要包括中国与所在国关系风险、战争与国家内乱风险、国家体制风险、政府或政党换届风险、法律变更风险、国家司法环境状况风险、国家政府经济和信誉风险、国家征收风险等。

（二）经济风险

国际基础设施合作项目涉及跨国工程承包、多种金融货币结算，受各国经济政策及世界金融环境等各种因素的影响，不可避免地要面对外汇汇率波动、原材料价格上涨、通货膨胀、税收歧视等经济风险。如当地市场容量小，国家突然在基础设施上兴建大型项目，对建筑材料价格就会产生比较大的影响，从而对整个地区的市场产生较大冲击，造成物价上涨，形成潜在的通货膨胀因素。

由于中外基础设施合作主要集中在金融市场发展并不稳定或经济高度外向型等存在潜在通货膨胀风险的发展中国家，再加上中国金融行业与国际金融环境接轨过程中通过采取汇率改革等金融完善手段，这对对外承包企业在项目投标报价进行物价走势分析及金融货币的选择都提出严峻的挑战。因此，对汇率波动、价格上涨及通货膨胀风险形势进行认真分析、积极研究、合理预测并采取适当的措施来规避或降低经济风险带来的影响显得尤为重要。

（三）社会风险

社会风险是指项目所在国的社会服务条件、基础设施情况、民风民俗等社会文化环境的差异所产生的风险。

基础设施国际合作的具体实施必须要处在项目所在地的社会大环境下，当地的社会服务条件、基础设施情况、人文民风等对基础设施项目的实施均有着非常重要的影响。当地行政机构的办事程序和办事效率会直接影响到项目的进度，如在一些阿拉伯国家，行政机构办事节奏缓慢拖沓，而且当地的公休制度与中国不同，公休日为每周四、周五，再加上时差差异，这都可能会导致项目效率较低，进而造成工期延误。当地的居住条件和医疗卫生条件常与项目现场工作人员的健康息息相关，特别是在非洲地区，必须注意预防蚊虫叮咬，注意饮用水的安全。同时，其交通情况对货物运输的影响也非常大，充分了解并尊重当地风俗习惯是运作好项目无法回避的，也是十分重要的环节。因此，为了控制好社会风险对项目的影响，在承包国际基础设施工程时，必须入乡随俗，充分了解当地的社会文化风俗。

（四）法律风险

法律是由立法机关或国家机关制定，国家政权保证执行的行为规则的总和，包括宪法、基本法律、普通法律、行政法规、技术标准规范和地方性法规等规范性文件。各国因为法律传统与法律渊源的不同，其表现形式也会有所差异。

中外基础设施国际合作项目面临的法律风险是指与工程所在国法律、法规等规范性文件或其变更给工程项目所带来的风险。具体来说，基础设施国际合作项目面临的法律风险包括对工程所在国行政法律、民事法律、相关刑事法律规定不了解或存在违法的风险、工程所在国法律法规变化带来的风险、对与工程有关的国际条约和国际惯例不熟悉的风险等。最常见的法律风险包括用工风险、税收风险、仲裁诉讼风险等。如有些国家为保护本国公民的就业率，法律规定雇佣当地工人的最低用工比例，未符合比例的，须缴纳补偿费用。同时，了解税收法规更为重要，国家间是否有《避免双重征税协定》，从事业务所涉及的税种及其计税基础是否存在特殊性等，必须提前进行研究，否则会增加企业大额税收负担。

（五）其他风险

其他风险主要包括自然风险、管理风险、技术风险等。其具体内容如下。

1. 自然风险

自然风险是指工程所在地区发生的不可抗拒的自然灾害或突发事故，如洪水、地震、台风等自然灾害、复杂恶劣的气候条件和现场条件等。自然灾害的形成既有自然因素，也有社会因素；自然灾害既影响自然环境，但更重要的是影响社会。在沿海及岛屿国家承接项目，需注意台风海啸；在多地震国家需提前做好抗震准备工作；在附近有河流及湖泊的区域建设项目，需提前做好详细的地质勘查工作。譬如，某水泥熟料生产线总承包项目，石膏堆场位于河流附近，最初项目勘查并未对此局部区域进行详细勘测，待此单体基坑开挖后，发现底部有暗流，土质全部为淤泥质土，监理现场要求全部大开挖，底部回填碎石土，上部回填混凝土，地基处理费用增加了近 600 万元人民币。可见，前期地质勘查工作一定要十分详细，尤其对复杂现场环境，更应给予足够重视。

2. 管理风险

管理风险是指在项目执行过程中，因项目管理失误带来损失的可能性。基础设施国际合作项目工程管理涵盖设计、采购、施工、运营，甚至包括前期规划、方案选择、可行性分析及环境影响评价分析等工作，工作内容复杂烦琐，管理难度极大。承担此项目对于任何企业来说，都是对管理水平的巨大挑战。而工程管理不到位通常是由于缺乏管理人才、与项目各方沟通不畅或缺乏制度管理等因素造成。具体表现为人力资源风险、现场管理风险、超预算风险、工期风险等。近年来，随着国际工程承包业务的发展，高级项目管理人才非常紧缺，人力资源风险时有发生。另外，由于项目管理不善，也会发生工期风险、超预算风险，这都会影响公司的信誉及效益。

3. 技术风险

与国内工程项目相比，国际工程项目往往需要适应新的技术需要，特别是经济相对发达地区的一些工程项目需要采用欧美标准。不能熟练掌控和适应新的技术标准，常常给工程施工阶段埋下隐患，引发后期工程量增加，而施工工艺和施工组织修改等也会影响承包商设计成本。因此，无论是设计阶段还是施工过程中，都要严格按照合同签订阶段或后期双方达成一致认可的技术方案和标准去执行。

三、风险管控的手段和方法

对于从事国际合作的企业来说，风险无处不在，无时不在。企业不应惧怕和嫌恶风险，好的企业家也是冒险家。利润往往与风险并存，利润高的项目，其风险也大。当然，冒险不是蛮干，不是碰运气，企业所承担的风险应当与企业对风险的管控能力相适应。此外，对企业危害最大的不是风险，而是没有被识别和控制的风险。要提高企业的竞争力就应当坚持"预防控制为主，补救为辅，全程管控风险"的原则，建立全过程的风险管控机制，对于项目可能遇到的风险，特别是可能造成严重后果的核心风险、重大风险和紧急风险予以识别和管理控制。

目前，关于国际合作项目风险管理的研究较多，各种风险防范措施也不尽相同，找到企业可以拿之即用、用之有效的方法是关键。中国对外承包企业一方面，可以依据国际工程风险管理理论，制订适合本企业实际的管理制度；另一方面，也要注意积累之前本企业和国内同行在"走出去"中遇到的典型风险，积累形成企业的风险数据库。企业在条件成熟以后应设立风险管理体系，成立风险管理委员会、风险管理部等机构，建立完善的风险管理制度。

总的来说，风险管控工作流程主要包括风险识别、风险评估、风险响应、风险监控四个方面。主要内容如下。

（一）风险识别

风险识别即针对风险源（工期、成本、财务、技术、合同、法律等）和风险征兆，识别预测项目可能存在的风险及产生的影响。同时，收集项目风险相关信息，确定风险因素，编制风险识别报告。风险的识别是进行风险管理的第一步，也是其中最重要的一步。基础设施国际合作项目应在项目开展之初，就要对可能影响项目实施进度、影响项目质量等目标的潜在风险进行准确识别。在风险识别的过程中，不准确的或错误的判断都会给工程项目造成严重的经济损失。

在风险识别过程中，通常可采用以下方式：研究和审核所有文件条款可能引发的风险；通过某种风险识别方法广泛收集风险信息；与已建类似工程项目信息进行对比，寻找风险源；采用假设推测方式，预测可能发生的风险，再经过层次筛选、预测和识别后，列出可能发生的征兆并加以确认。其中，风险识别的方法主要有专家分析法、分解法、情景分析法及头脑风暴法等。

风险识别需成立专门的风险管理小组，建立风险预警机制。其中，风险管理小组要由熟悉本行业的专业管理团队组成。建立外部环境监控系统，对风险进行科学的预测，针对可能发生的风险进行模拟训练，从而达到处理危机的目的。基于此，为对风险进行有效地规避，在对基础设施国际合作项目进行投资之前，要充分考虑各种风险出现的可能性，对风险进行准确地辨识，列出风险清单，降低投资的盲目性，使项目的风险降到最小。而在预测和识别风险的同时，也需制订风险控制和管理规划，主要包括风险管理策略、选择合适的风险控制方法、确定风险评判的依据等，是指导进行风险管理的指导性文件。

（二）风险评估

风险评估是以定性、定量相结合的方式分析风险发生的概率及带来的损失，从而确定风险等级。风险的评估及分析是衡量风险影响力的一种手段。中外基础设施合作项目风险评估与分析是项目风险管理中极为重要的一个环节。该环节通过对各种风险进行定性及定量分析，对风险出现的概率及可能造成的损失进行估算，从而为风险的管理提供依据。通过对风险的评估，可依据风险发生的可能性和风险强度的大小，将风险划分为高、中、低三个层次。

国际工程项目风险可能带来的损失具有不确定性，风险评估主要针对具体项目进行，包括定性分析和定量分析两种方法。其中，定性分析包括德尔菲法、专家打分法、专家访谈法等；定量分析包括蒙特卡罗模拟法、关键事件法、敏感性分析法、模糊数学法、层次分析法等。

（三）风险响应

针对已经评估的风险，企业要进行风险响应，主要包括风险规避、风险转移、风险减轻、风险自留等措施。具体内容如下。

（1）风险规避就是在提前预估风险的情况下，将一些风险能够有效地避免，让其不再发生，或是对一些风险进行合理预估。对准备参与的国际基础设施合作项目，经过定性和定量分析后，得出存在较大的风险，一旦风险发生，又无很好的控制措施来减轻风险，且会造成严重后果，只有选择规避风险，放弃参与项目的机会。这种方法虽然彻底规避了参与合作项目存在的重大风险，但也彻底放弃了从事国际工程项目竞争的机会。因此，从事国际工程项目的企业，对预参与的工程项目存在的风险要进行充分认识，对发生风险的可能性及产生的后果进行深入研究，在充分了解和掌握事情的情况下，综合考虑各方面因素后，决策是否规避风险，放弃项目。如在投标过程中研究招标文件条款，发现有违背公司规定或极其不合理的付款条件，企业可以选择风险规避策略，放弃此项目。

（2）风险转移是设法将某种可能发生的风险或造成的不良后果转移给第三方。风险转移的方式主要有出售、发包、开脱责任合同、利用合同中转移责任条款、保险和担保。采用风险转移方式所付出的代价取决于风险发生的可能性和危害程度的大小。当项目发生又无法减轻风险，产生的影响和损失又较大，此时可采用风险转移策略。如购买保险是风险转移最常见的措施之一。

（3）风险减轻是设法将风险产生的不良后果降到最低程度。减轻风险的措施有多种，可以是一种行动方案，也可以是变更环境条件。按照落实减轻风险措施的执行时间，可分为风险发生前、风险发生时和风险发生后。风险发生前采取措施降低风险，称为风险预防；风险发生时采取措施降低风险，称为风险控制；风险发生后采取措施降低风险，称为风险抑制。

（4）风险自留也称为风险承担，指企业非理性或理性地主动承担风险，即企业以其内部资源来弥补损失，可分为主动风险自留和被动风险自留。主动风险自留是指项目管理者在识别和权衡风险大小的基础上，通过风险处理方式的比较，权衡利弊关系，决定将风险留置内部。被动风险自留是项目管理者对风险存在的严重性认识不足，没有及时对存在的风险进行处理，最终承担风险造成的损失。在国际工程项目实施中，被动风险自留是不可避免的，究其原因，一是没有识别出存在的某种风险；二是虽识别出存在的风险，但低估了可能造成的损失，便产生了被动风险自留。

（四）风险监控

风险监控是在项目实施过程中收集和分析风险相关信息，预测可能发生的风险，动态监控并实时提出预警。风险监控主要是监控项目进展和项目环境，即项目参数的变化的行为，是项目实施过程中的一项重要工作。其目的：核对这些策略和措施的实际效果是否与预见的相同；寻找机会改善和细化风险规避计划，获取反馈信息，以便将来的对策更符合实际；对新出现及预先制订的策略或措施不见效或性质随着时间推移而发生变化的风险进行控制。

第二节　政治风险管控及识别

一、政治风险的特点

国际基础设施合作项目政治风险具有以下特点。

（一）不确定性因素多

随着世界政治经济格局的改变，两极制度性冲突不再是政治环境的主要表现，民族、经济、人权等矛盾突显，使得跨国企业所处的投资合作环境更加不确定。世界政治格局发生变化之后，局部矛盾及地域性利益冲突全面升级，这些矛盾相互影响，互相之间的作用使得政治环境更难以掌握，跨国企业面临的相关因素更为复杂多变。

（二）评估难度大

由于政治风险不确定性因素极多，跨国企业所处的环境十分复杂，政治风险的评估往往并不能完全预见。东道国政治环境的变化往往由于突发事件引发，在企业遭遇这种突发状况的同时，损失也往往就已经产生，进行政治风险预测的难度在于掌握局势的瞬变，其难度不言而喻。

（三）恐怖主义成为新的主要诱因

全球化发展使得恐怖主义发动袭击所必需的人员、物资、信息等准备变得更为便利和迅速。当今社会面临的恐怖主义袭击正以全球蔓延之势发展扩大，恐怖组织以跨国公司为名可以轻易地突破国家和地域的限制在全球范围内策划和开展恐怖活动，为受恐怖危害的国家及跨国经营带来恐怖阴影。恐怖主义往往在策划袭击时追求恐怖效应，因而在发动袭击的方式和时空选择上无所顾忌，造成的危害无论在程度、范围上都十分巨大，严重影响社会政治进程。2004 年，巴基斯坦就曾发生三起刻意针对中国国际工程项目员工的伤害和绑架恐怖事件，为中国跨国投资面临的政治风险增添了恐怖主义阴云。

（四）造成的损失非常严重

政治风险一旦发生，对企业造成的影响或损失通常都十分巨大。对于国际工程项目而言，项目实施通常需要企业垫付资金，项目完成后通常也是以实体建筑的形式存在，成本集中于实体中无法转移，遭遇风险后的损失也就无法挽回。政治风险评估工作能够为企业判断出政治风险发生概率，但是无法规避这种风险；可以采取一定的措施在风险发生之后减小损失，但是收效往往很小；可以在政治风险来临之前采取一定的措施应对政治风险，但是不能消除政治风险。

二、政治风险的管控

政治风险的管控主要涉及：企业如何评估东道国或项目所在国发生预料之外的政治环境变化的可能性；企业如何估算上述政治环境的变化对企业的利益可能造成的影响；企业如何保护自己的利益，避免受到上述政治环境变化的不利影响，或者从某些政治环境的变化中获利。

根据政治风险管控所涉及的三个方面，企业在实际的操作中，应具体把握以下内容：必须对一个国家的政治风险做出评估；在进行对外合作之前，企业必须与东道国的有关部门就合作环境问题进行专门谈判，以取得对方的某种承诺；一旦做出合作决策，企业或投资者必须做好调整经营策略的准备，以不断强化自己适应东道国合作环境变化的能力；在制订日常经营计划的同时，企业或投资者还必须制订一个反危机的计划，以时刻应付可能发生的政治事件及由此引发导致的一系列危险。

政治风险的应对手段主要有风险回避策略、风险转移策略、风险分散策略。其中，风险回避策略主要是与东道国政府签订书面保证，在风险发生前进行周密安排，如与东道国政府签署协议等。一旦政治风险来临，要获得东道国政府的担保，以便在最小损失的前提下终止工程项目，减少因政治风险给企业带来的损失，防止更大的政治风险。同时，也可以采取聘请法律顾问的方式，聘请熟悉当地法律的律师，通过法律手段，有效防范和回避政治风险。防范政治风险也可以采取风险转移策略，如购买保险等。此外，风险分散策略主要包括寻找国际合作伙伴共同投资，如其他大跨国公司、金融机构等；与东道国的不同利益集团建立联系，如向当地企业出售股票、债券等。

第三节　经济风险管控及识别

一、经济风险的特点

国际基础设施合作工程经济风险具有以下特点。

（1）多样性。基础设施国际合作项目周期长、规模大、涉及范围广，面临的经济风险种类繁杂，且各风险之间内在关系错综复杂。经济风险主要包括经济形势恶化风险、通货膨胀风险、外汇风险、差别税收风险、物价波动风险、没收保函风险和业主资金筹措风险等。

（2）客观性。基础设施国际合作项目经济风险很大程度是一种不以人的意志为转移的客观存在。可以通过人为干预降低各类风险发生的频率和损失程度，从总体上来看，这些风险是不可能彻底消除的。

（3）不确定性。基础设施国际合作项目经济风险的不确定性主要表现在：一是该风险是否发生不确定；二是该风险发生的时间不确定；三是该风险产生的结果不确定，即损失程度无法计量。

（4）可变性。在基础设施国际合作项目建设周期中，经济风险在质和量上永远处于变化状态，非一成不变。在整个过程中，有的风险会得到控制，有的风险会突然发生，同时在项目的每一阶段都有可能产生新的风险。

二、经济风险分析

可针对基础设施国际合作中的经济风险进行有效分析，主要包括：

（1）经济形势恶化风险。如果项目所在国债务繁重，则随时可能爆发债务危机，导致整个国家陷入混乱；如果项目所在国经济连年滑坡，整体经济不景气，容易出现持续恶化的局面，也会给承包商带来不可估量的损失。

（2）通货膨胀风险。由于项目所在国的通货膨胀因素使项目成本增加或实际收益减少，又叫"购买力风险"。

（3）外汇风险。一是外汇管制风险，由于部分国家工业基础薄弱，出口创汇能力不强，导致政府对外汇的管理非常严格。如埃塞俄比亚就属外汇管制国家，企业利润及分成只能在履行相应报批审查手续后汇出。二是汇率风险，由于两国之间的汇率变动导致项目实际收益减少的风险。

（4）差别税收风险。由于种种原因，各国的税收政策各有不同，税种和税率差异较大，部分国家又出于对本国经济和企业的保护，对国内外企业实行不同的税收政策。

（5）物价波动风险。受总供给与总需求、消费、投资等因素影响，项目所在国的工、料、机价格水平将出现波动，大幅度的波动会对国际基础设施工程承包收益构成严峻考验。

（6）没收保函风险。国际工程承包中，业主为避免因承包商违约而蒙受损失，通常都会要求承包商提供一定的经济担保，而其中银行保函就因其信用最高成为业主接受的最常见的经济担保形式。但在当前全球经济不景气的背景下，业主没收保函的概率也大幅攀升。

（7）业主资金筹措风险。基础设施合作项目通常需要大额资金，但部分项目的业主受资金筹措能力低等影响，会出现建设项目资金不到位的情况，从而导致企业资金回笼困难，收益无法保证。

三、经济风险管控策略

针对基础设施国际合作中所面临的经济风险，可采取必要的管控策略及措施。主要包括如下几项。

（一）强化调研，避免项目先天性不足

在项目进行前期，企业一定要做足功课，做好项目前期调研。一是要认真研究所在国的货币政策、税务政策、外汇管制政策和债务状况等，准确把握各类经济风险；二是全面考察投资业主资金实力，慎重选择合作伙伴，防止出现工程款结算困难，使自己陷入被动。

（二）强化分析，制订经济风险评价方案

在进行国际工程承包时，各企业要组建由项目管理人员、相关领域专家等人员组成的风险分析小组。首先，可采用头脑风暴法、德尔菲法、影响图法、图解法和核对表法等方法进行经济风险识别，建立经济风险清单。其次，要评价各类经济风险的等级，对风险进行排序。可以采用的方法主要有主观评分法、决策树法、层次分析法、模糊风险综合评价法、灰色关联分析法、蒙特卡罗模拟法等分析方法。

（三）制订对策，建立经济风险应对机制

在完成国际工程承包经济风险分析的基础上，要结合实际情况，利用风险规避、风险转移、风险减轻以及风险自留等多种方法，制订经济风险应对策略，以减少损失。如可以在合同中约定采取固定汇率或强势货币规避汇率风险；可以借助项目对国家的战略意义与政府展开谈判，争取有利的税收政策；可以制订相关的应急预案，在经济形势恶化时第一时间做好应急处置，最大限度确保财产安全。

第四节　社会风险管控及识别

针对社会环境因素，企业要提前收集相关资料，对项目所在国的社会政治情况、文化习俗、法律制度等因素进行了解。在项目的实施过程中要尊重当地的风俗习惯，严格遵守当地的法律法规，认真履行社会责任，做好相关的公关工作，并与当地政府建立良好的关系，最大限度地取得政府的支持。与此同时，企业要充分认识国际合作项目的社会风险，熟悉掌握项目所在地区的社会治理体系，积极开展项目周期全过程的社会风险分析、检测和管理。

企业应高度重视项目建设的社会影响及社会风险，并将社会风险管理有效嵌入到项目规划、开发、建设、竣工及运营的各个阶段。如在项目规划阶段需准确识别影响范围内有战略意义的社会要素，综合制订流域开发的社会目标及社会规划；在项目选择阶段，应具体评估项目影响范围内的社会发展现状和社会发展目标，依据社会承受能力和社会兼容程度调整选址及规模；在项目准备阶段，重点关注非自愿移民、减缓贫困、少数民族发展、劳工保障、文化遗产、公共健康、公众参与、反腐败、信息公开与透明、环境保护等社会风险高发高危领域，并制订减缓社会风险应对方案；在项目实施阶段，应制订可核查的社会风险监测预警机制，定期动态评估项目带来的正面及负面影响程度，预测社会风险发生概率及影响程度，根据行动计划的效果调整完善社会风险应对方案；在项目竣工及运营阶段，应持续监测项目影响群体及组织的发展状况，评估社会目标实现程度，总结反馈社会风险管控效果。

第五节　法律风险管控及识别

一、法律风险分析

就具体的国际市场开拓和项目法律风险的管控来说，主要应做好以下几个方面法律风险的管控：国际新市场的法律尽职调查；项目签约前的合同与法律风险评审；项目履行过程中的风险控制；国际项目竣工接收后的风险管理；国际工程项目纠纷发生后的风险化解等。

从事国际基础设施合作的企业也应当提高法律风险管控能力，特别注意：企业应当重视海外经营法律风险的管控工作，树立契约意识，提高企业领导和管理人员法律风险的管控水平；熟悉工程所在国的政治法律制度、与工程相关的法律规定，依法依规经营；尊重当地法律和宗教信仰、文化风俗习惯，主动承担企业社会责任，处理好中国企业、项目与当地政府和社区的关系，根据情况逐步实行属地化经营；培养具有国际视野，掌握海外工程相关的国际条约、国际惯例和通用的招标文件、合同条件等常用文件，熟悉国际工程良好实践，并培养具有项目管理能力的国际工程项目管理人才，提高海外项目国际化与规范化管理水平；要建立全过程合同风险管控机制，全程控制海外项目的风险，特别注意应当对新的国际市场和没有经验的新承包模式的项目进行法律尽职调查；在风险预防过程中，还应当做好关键环节的风险管理；在合同实施过程中，严格履行合同规定，注重对合同文件的管理，而在业主违约时，应积极利用合同规定维护自己的权利；熟练掌握工程师确定、专家裁决、友好解决与国际仲裁等国际工程纠纷解决方式，发生纠纷时，能够熟练运用纠纷解决方式，有效维护自己的利益；整合国际资源为企业国际化经营服务，包括整合使用全球国际工程人才、专业国际工程律师、国际工程咨询公司、会计事务所、投资银行等资源为自己服务。

二、法律风险管控措施

（一）事前预防，建立有效的国际合作项目法律风险评估预警机制

有针对性地开展法律风险的防范，增强抗击法律风险的主动性、前瞻性和计划性，对海外法律风险进行提前预估、评价、预警，增强抗风险能力是法律风险防范的基本要求。国际合作项目经过多年的实践经验和总结，从人员配置、制度建立、法律调研、风险防范体系、防控形式等方面，建立了一整套国际项目法律风险评估和预警机制。主要内容如下。

（1）合理配置法律人员为国际合作项目服务，确保人员数量和专业水平。主要包括优化国际项目法律人员构成；普法活动与对项目相关人员的法律培训相结合，加强对非法律人员法律意识的培养。

（2）建章立制，规范程序，建立监督约束管理体系，实现有章可循。

（3）甄别研究法律信息，综合抉择项目运作主体。

（4）整理归纳项目合同审查要素和标准合同范本，按要素识别合同风险。

（5）对合资合作及合同相对方进行尽职调查，知己知彼。

（二）事中控制，积极应对和处理国际项目法律风险

法律风险尽管可以事先预防。但由于国际项目的特殊性，"事中控制"在国际项目运作过程中显得尤为重要和关键。主要包括寻求政治外交手段保护；增加"稳定性条款"，积极谈判，获取合同外补偿；以业主名义运作项目或增加业主义务，努力转移风险等。

（三）事后补救，妥善处理海外争议纠纷

针对法律风险，要做好事后补救工作，妥善处理争议纠纷。主要包括要注重日常证据的收集、整理和保存；注重调解或和解优先，避免争议纠纷扩大化；充分利用当地法律资源，处理中小法律纠纷案件；聘用国际律师事务所专业律师参与重大法律案件、事件；重视诉讼或仲裁，发生争议积极主张权利、不惜一战；及时分析重大案件和总结经验教训。

企业在国际业务不断发展的同时，也要不断引入好的法律管理理论和做法，真正做到法律事务的"事前预防、事中控制、事后补救"，积极实施贯彻法律风险防范指导思想，才能从根本上降低法律风险。面对错综复杂的国际外部环境和自身发展变化

的挑战，企业要继续增强管理思维意识，总结经验，摈弃不足，发扬成绩，开拓进取，争取将国际工程法律风险的预防工作和纠纷案件处理工作开展得更加富有实效，为企业国际项目快速发展做出贡献。

第六节　其他风险管控及识别

对气候条件等自然环境，企业要合理安排施工计划。基础设施国际合作项目在施工过程中，受天、地、人等各种因素的共同影响，而天气对施工过程的影响通常不以人的意志而改变，直接影响到工程的工期、质量、投资费用及施工安全。因此，参与工程建设的相关技术、管理人员，必须对工程项目可能面对的自然风险及其对建设项目的影响有所了解，尤其对于气象及天气变化等常遇到的风险情况要了解，并运用于相应的施工管理过程，从而预防一些重点自然灾害对建设工程的影响。同时，要制订并采取安全合理的施工方案，减少恶劣自然环境对工程的影响，对流行疾病也要加强预防和紧急处理，最大限度地减少自然风险带来的损失。

针对管理风险，企业要打造一支具有专业水平的高素质人才队伍，以保障对项目风险进行有效控制与管理。如：人力资源管理、高级管理人才的培养、管理制度的建立与完善等。具体措施：要强化国际合作项目工程管理风险理论的研究；不断丰富完善国际基础设施合作项目风险管理的内容及应对方法；建立并健全工程项目风险管理制度体系。此外，要积极结合工程项目的特点和性质，制订切合工程实际的项目风险管理规章制度，为开展风险管理工作打下制度基础；要积极健全风险管理组织体系，将风险管理工作的任务细化，以保证各项风险管理工作制度的执行；要制订符合实际的工程风险管理监督机制，对于做得不够理想的环节可以及时要求其进行调整和改善，以实现对风险的全方位管控；以岗位责任制度和绩效考核制度的健全，实现对于员工风险管理工作积极性的激发。

而对于技术风险，在基础设施国际合作设计过程中，应与业主代表进行充分的沟通，在获得业主技术认可后再开展项目实施的准备工作。在施工过程中，施工方案及施工技术标准应严格按照合同签订阶段或后期双方达成一致认可的方案和标准去执行，切忌投机取巧，为了节省开支或推进工期而不执行双方认可的方案。此外，也要做好其他方面的工作，主要包括专业技术人员要认真研究标书和合同，做到心中有数，不断进行方案优化，不断学习新技术，积极引进新工艺、新方法提高工作效率；加强同技术工程师的沟通，在引进和推广新方案或新措施时，要做好技术交流；在保证工程质量和工期的前提下，安排均衡施工，避免抢工窝工等。

·案例7.1·

承包Y国S市住宅城工程项目风险分析

S市住宅城工程总计为644套住宅。建筑面积为8.05万 m²，是原国家住宅银行与住宅合作社采用集资模式为中上层政府官员及知识分子建设的住宅；是政府稳定工程技术人员，避免人员外流的一项重要政策措施。该工程建于市哈达路南侧，占地24hm²。地势平坦，交通便利。住宅城小区内规划有小学、清真寺、儿童公园、商业网点等设施。

该项目承包内容包括地质勘探、住宅设计与施工全过程，属交钥匙工程，按两层楼房设计，先建一层。每套住宅建筑面积125m²。设有卧室3间、卡特室、餐厅、厨房、浴室、厕所、储藏室等9个房间。室外有庭院222m²，四周有围墙，庭院内设有排污水深井，形成一家一户独立院落形式。工程总工期为x年，分期分批办理交工并交付房主使用。前500套工程的合同工期741天，合同维修期自初交之日起一年。

一、合同概况

业主：原国家住宅银行；

总承包：原中国建筑工程公司；

设计单位：原中国建筑科学研究院设计所；

勘察单位：原中国建筑科学研究院勘察技术研究所；

分包单位：原陕西分公司和宁夏分公司；

咨询监理：原该国国家住宅银行技术委员会。

该项目首次签约350套住宅，而后又陆续签约增加50套、签约增加100套，一年以后又4次签约增加140套，实际施工过程中略有修改，总承包数为 644 套住宅。总合同额为 16737 万里亚尔，折合为 3640 万美元，全部以当地币支付。前 500 套住宅为免税工程，后 141 套住宅为上税工程。合同规定前 500 套住宅工程的施工设备、剩余物资可以在后续的 141 套工程中使用。为前 500 套住宅施工的人员也可以留在后续的 141 套工程中施工。

本项目资金来源由原国家住宅银行与 Y 国住宅合作社采用集资方式筹集。预付款比例为合同价的 15%，签约时外汇汇率：美元与里亚尔比值为 1：4.6。

二、风险因素辨识与评价

（一）政治风险

（1）政局基本稳定，时有国际纠纷。1965 年 9 月 24 日与中华人民共和国建立外交关系。中国对该国进行无私的援助，为巩固双方友谊奠定了良好的基础，也为我们在该国市场开展承包工程业务开辟了好的开端。

（2）办事效率低下，法制不健全。Y 国是一个经济不发达的国家，为了完善管理体制，需要逐步建立各项规章制度和法律。

（二）经济风险

（1）经济较困难，主要靠外援。

经济上以农牧业为主，许多工业品靠进口。由于受西方经济影响较深，属于西方经济模式，经济上缺乏独立自主的能力。该国经济来源主要靠产油国援款和外出劳务侨汇，较为脆弱，沙特援款占据很大比例，时与沙特关系出现僵局导致援款和侨汇减少，经济状况面临更大困难。

（2）工程款支付迟缓。

在施工过程中，工程款不能按期结算和支付，是普遍存在的现象，影响按期付款的主要原因是付款手续烦琐，有的是业主无钱而拖欠，也有的是工程质量存在问题等待修补后重新验收，这说明对工程款的回收存在风险。

侨汇收入的主要开支有三大项：盖房、买汽车、娶妻生子，其中盖房是最主要的项目。住宅城工程的建房地点在市哈达路南侧，环境幽雅、交通便利、房价低廉，吸引市民踊跃购房，增加了投资者筹资盖房的积极性，这对本项目按期回收工程款起到积极作用。

由于大多数生产资料和生活物资从国外进口，因此无法完全排除物价上涨、当地币贬值的风险。在一个经济不发达的国家，其经济来源靠的是外国，受外界影响较大，更不能排除经济风险因素的存在。

（3）对国际承包市场、项目所在国承包条例及其习惯做法、当地的各种法规、税率税种不了解、不熟悉，是很大的难题和风险。但执法不是很严，有些琐碎的事情需要当地朋友帮助。

（三）工程与施工风险

1. 工程自然条件

工程占地 $24m^2$，地势平坦，施工条件较好，通往各地区有沥青道路，交通比较便利。S 市海拔 2400m，属高原气候。气压较低，高血压和心脏病患者不适于在此地工作。荷台达是对外通商的重要港口，S 市—荷台达公路长 180km，使内地与沿海港口相连通。

2. 工程地质条件

工程地质属于粉质黏土，有些地段夹有砂石层，地质勘察报告表明地耐力为 $187N/m^2$。

3. 施工准备

条件较好，公司在国外开展工程承包业务已经多年，可以有其他项目组支援和借鉴。为了本项目的施工，企业建立了项目组，直接指挥工程施工，履行合同条款，判定施工实施方案。

4. 施工设备供应与运行条件

施工设备可以根据要求订货进口，从而满足施工需要。但所选用的混凝土泵车，输送管直径10cm，偏小，混凝土坍落度小时容易堵塞，影响了施工进度和混凝土质量。

5. 主要材料供应条件

钢筋、水泥、石油沥青、油毡、水磨石预制块、瓷砖、地砖及卫生设备等可订货进口。当地砂石资源比较丰富，市附近有采石场，石子可以就近购买。砂子也可以就地购买。质量较好的砂子，运距远，价格高；当地盖房普遍采用扎马尔砂子，因其价格便宜，但粒度小、含泥量偏大，施工时应采取相应的技术措施。当地有油漆生产厂，油漆可以就地购买。

6. 技术标准

经业主认可，本工程选用中国设计规范和施工验收规范，企业可以较熟练地按规范要求进行设计和施工。

7. 设计变更

原设计选用条形基础，审核设计图时总监理工程师提出改为独立基础，而且减少工程量，降低工程造价。基础安全系数相对减少，对承包施工是个不利因素，要求更严格地按操作规程施工。否则，有影响工程质量的危险。

8. 代理人

中标后代理人办事不力，遇到问题不能及时帮助解决。因此，代理人的服务范围应该有明确的要求，避免盲目性和无从着手。代理人及其支付办法在代理合同应予以明确规定。也应广交朋友，代理人解决不了的问题，可以寻找其他渠道帮助解决。

9. 施工管理

结构简单，形式单一，对施工是个有利条件。国外施工班子多数是临时组织的新班子，人员来自各方，需要相互理解和配合。国外施工受雇于人，地位发生变化，有些人不适应这种变化影响工作积极性和主动性，出现消极怠工的现象，有了问题不是积极去解决，而是一拖再拖。

工程施工期较长，主要人员不能坚持到底，中途换人，情况不明，责任不清，有了问题相互推托，业主借机钻空子，使得一些问题更难于解决。施工管理人员对当地的条法、习惯做法、风土人情、市场行情不了解、不熟悉等都给施工带来困难。

（四）公共关系风险

（1）沟通关系。业主不能按时交地，或交地后又受到地主阻挠，以致影响施工。本项目施工时曾有一栋住宅因围墙土地有争议，只做完围墙基础就停止施工，年维修时才给予补建围墙。还有一栋住宅因土地问题没有解决，不得不更换建房地点，但至今业主却以此栋房屋未建为理由扣留维修款。

业主办事机构部门多，处理事物手续烦琐，工程完工后虽经监理工程师验收签字和结算，但办事部门不能及时审查结算单和付款，逐月积累，造成前款不能及时回收。

（2）工程师是关键。监理工程师是业主代理人、技术主管，技术问题都要经过监理工程师决定与确认。本工程的总监理工程师是该国某大学工学院技术局局长，与中方关系比较融洽。

（3）处理好与业主的关系。业主的主要人员是董事长和总经理，董事长是政府官员，总经理是资方人员。日常事务由总经理处理，工程款结算单除总经理审核外，还要经董事长签发，他们之间的矛盾也会对我们的工作造成影响，有一方不配合，工作就很难进行下去，尤其是如果处理日常事务的总经理不配合，工作更无法开展。与双方的关系都要妥善处理。

人员指标、入境签证、居住证、劳动证、设备与物资进口许可证等都要经过业主办理报批手续，他们的合作与否将直接或间接影响工作进程，应当与主管人员建立良好的合作关系。

住宅城工程的业主，开始尚能较好地配合工作。但初交工后面对 644 户房主和住户，他们要求不一，有一些人要求很苛刻，故意找麻烦，他们利用工程设计和施工中的某些缺陷，拒绝最终交工验收，而业主推卸责任转移矛盾。在办理终交工过程中，业主根据房主和住户的要求提出组成有国家工程部、业主及业主技术委员会、房主代表等参加的验收委员会进行验收，有一方反对或不能到会，就不能办理验收，使住宅城工程的维修期拖延了 8 年之久。10%的维修扣押金（折合为 364 万美元）不能及时收回，由于增加维修费用和货币贬值，几乎全部造成损失。

（4）疏通其他关系。在办证过程中，工程部、劳动部、市政工程部、交通大队、海关等执权机关都是施工离不开的单位。

20 世纪 80 年代以后，由于国家管理体制和制度日臻完善，并想解决就业问题，以稳定民心，其对外国承包商的限制不断增加，中方人员入境签证不能及时办理，施工人员不能按期更换，新人进不了，到期的人员不能按时回国，亦不能安心工作，这些都影响了工作进度。

港口不允许中方车队拉货，办理执照、证件的手续日趋严格。不允许外国承包商加工一些工程范围内所需的建筑制品，如石膏窗等；借故拖欠工程款，冻结工程保证金等。基于该国政府对中国公司的友谊，中方公司是其对在该国的外国承包商中采取友好政策的最后一家。

（五）维修期风险

维修期是对已交付使用的工程包括设计、施工质量的综合考察。业主能否按合同规定支付最后的工程款，也将得到验证。本工程合同维修期为一年，实际拖延了七八年。原因是多方面的，其中工程质量确实存在一些问题。

1. 质量风险

主要包括屋面渗漏水、混凝土顶板裂纹、内外墙油漆损坏及其他质量问题。其中，其他质量问题主要包括个别住宅因回填土压实不够，造成台阶、地坪下沉裂纹，厕所下水堵塞，门窗框封闭不严而渗水等，属于中方原因造成的，都必须进行修理。

维修组根据不同类别制订维修技术措施，并经监理工程师确认后贯彻落实到项目组，班组认真执行，实行谁维修谁负责到底的岗位责任制。经过维修后住户都比较满意，大多数人能够顺利地在最终交工证书上签字，只有个别住户提出额外要求。

2. 严守风险

以往每次维修完以后没有办理终交工验收手续，维修也不够彻底，造成多次反复修理，业主仍不承认验收，这次维修前总部派维修先遣工作组与业主商谈并签订维修协议和维修计划，明确维修范围、双方职责、交验条件、付款条件等，双方达成一致意见后再选派对情况熟悉、有验收经验的维修人员进行维修，修完以后先经住户签字验收，再经两名工地监理工程师和一名总监理工程师检查和签字确认。

每栋住宅办理两份最终交工证书，一份是进入住宅维修前，住宅银行委托住户提出维修内容和部位，并签字，另一份是维修后验收签字，这样避免了修完仍无验收手续的现象。

在维修程序上采取先易后难的方法，这稳定了住户的情绪，同时避免相互攀比。对个别疑难户，放到最后进行处理，必要时由总监理工程师做出最后裁决。

维修过程中受到海湾战争局势影响，业主经济困难，借故不支付监理工程师工资，监理工程师不上班，无人验收签字，若继续拖下去对中方不利，从大局出发，由业主方派出的监理工程师的工资由中方支付，这样解决了无人验收的状况。按照与业主共同签订的维修协议和维修计划，一年半维修完，实际一年完成，终于办理了终交工手续。

3. 维修金回收风险

根据维修协议，每修完 20 栋住宅结算一次，并作为一个付款单位支付给中方维修金。企业所选派的维修人员，大多数参加过本工程施工，对情况熟悉，技术熟练，一到工地很快就形成生产能力，同时实行承包方式，维修进度比较快，办理终交工验收手续和结算后，业主不能按时审查结算单和办理付款手续，一度几个月不付还中方维修金，使中方资金周转困难，这时我们已经修完半数以上，继续修下去，收不到维修款，就需要垫款维修。若停止维修，等于中止终交工，问题继续存在，拖延下去会造成新的损失，进退两难。面对这种新情况，企业一方面，把已开工的房号收尾；另一面，向住户说明因为业主住宅银行不付款，没有钱买材料，准备停止维修，未维修的住户得到消息后，担心不给维修，纷纷找住宅银行，提出尽快维修的要求，从而起到了向业主住宅银行施加压力的作用，业主不得不答应每月付给 50 万里亚尔（相当于 20 栋住宅的维修金)，使维修工作正常进行下去。

在维修过程中，对未结算的工程款也进行了清理和结算，维修结束后，最终仍欠我方工程维修金 600 万里亚尔，业主总是找出种种借口推迟还款时间。

4. 清关风险

该项目前 500 套住宅属于免税工程，终交工后所进行的设备、材料需要进行清关工作。工程自 1981 年 4 月开工至 1991 年 2 月办理终交工，时间长达 10 年之久，由于档案资料保管不善和中途多次换人，已经很难找到当时进口的设备、材料清单，给清关工作带来很大的困难，经过与业主多次协商，请海关提供资料，结果他们也拿不出资料来。最后以业主的名誉清关，根据仓库现有的设备、材料等物资进行盘点，经反复与业主和海关沟通协调，总算把问题解决，免除了巨额罚款和上税的风险。

（六）不可抗力风险

如地震、战争等造成的损失索赔问题，合同应该给予明确。本工程在施工过程中曾发生一次 7 级以上的地震，工程所在地距离震中 100 多公里，没有发生损失，但对工程施工也有一定影响。

三、风险管控的措施和过程

（一）合同额中外汇资金不足

1. 当地币贬值的风险

本工程合同款全部支付当地币，从第三国订购设备、材料所需要的外汇必须自行解决，若当地币贬值，就存在着较大的风险。

工程开工前业主提供 15% 预付款，1980 年，Y 国市场外汇并不紧缺，可以通过朋友或兄弟单位用 15% 的预付款换取外汇，预付款不足部分通过中国银行贷款解决，贷款利息应计入工程成本。

收回工程款后应尽快兑换成外汇，以减少因当地币贬值造成的风险。

2. 带资承包的风险

工程开工前靠预付款订购设备、材料和其他费用是远远不够的，这就需要承包商投入一部分资金。资金投入越多，工期越长，风险越大。风险大小也和以下因素有关：承包项目利润大小，工程款能不能按期收回，货币贬值不贬值及其贬值的程度。

住宅城工程全部支付当地币，该国 20 世纪 90 年代货币开始贬值，当年贬值一倍以上，而工程大部分在当年以前完工，尚有未施工的 40 多套住宅遇到货币贬值的风险，工程进度款受到一些损失。整个工程由于拖延了终交日期，10% 的维修扣押金 1675 万里亚尔（折合为 364 万美元）几乎全部损失。

减少风险的措施：签订合同时，合同款按有利于保值的国际常用货币进行报价和结算，付款时以外汇支付，也可以折算成当地币支付；合同款一部分用当地币报价和支付，一部分用外汇报价和支付，以减少风险；先干的部位，投标报价时价格报高一些，后干的部位价格报低一些，以利于早期收回工程款；加快工程进度，缩短工期，及时催收工程进度款。

（二）严重风险管控

1. 业主国家政府部门办事效率低

解决办法是做好计划，该办的工作，尽可能提前报批和办理，如进入指标、入境签证、居住证、劳动证、设备物资进口许可证、海关手续等。同时应根据情况尽量与办事人员沟通，以提高办事人员的工作积极性。

2. 业主国家部分政府官员不廉洁

办事需要花费一定的代价，这是一件很平常的事，所以必要时应做好疏通的工作。但应防止违反当地法律，增强法制观念，合法经营。

3. 进入新市场首先要调研

中国公司开始进入国际承包市场的年代，一切从头开始，困难较多，只能是边干边学。该国属发展中国家，中国对 Y 国曾有过国际主义无私援助的历史，他们对中国人比较友好，中方依靠驻 Y 国大使馆及经参处的帮助，结交当地新老朋友，开展和平外交，避免和减少工作中的困难，加强市场调研和风险因素分析，不断总结经验教训，为完成各项工作做出艰辛努力，困难终究是可以克服的。

4. 当地代理人办事不力

对代理人的政治地位、办事能力、与业主的关系及其政治态度都应该有基本的了解，代理业务要有明确的要求，避免只挂空名拿代理费而不办实事，代理人不起作用时要及时采取措施，请其他朋友帮助，免得影响工作。

5. 业主国家对承包商的限制

该国的劳动法、税法、投资法、合营公司法、商业法等对外国承包商都有限制，企业的施工人员对当地各种法律法规的了解较少，大多数不了解，这是一个很不利的因素。

按劳动法规定，外国公司雇用当地工人应占 90% 比例，重要工程也要占 60%~70%。而实际没有按这个比例执行，有些工作不允许外国人干，不执行规定给许多工作带来困难，甚至要受到罚款。一些技术性不强的工作应该尽可能雇用当地工人，要学会管理当地工人的方法，实行承包管理是管理当地工人的一种重要方式，把一些技术性不强的工作尽可能包给当地工人去干，就地培养一些管理当地工人的工头。

汇出外汇亦有限制，不了解对承包商的各种限制，盲目自大，风险也大。

四、启示借鉴

Y 国是西亚与中国比较友好的国家之一，承包市场环境对中国公司来说有利好的比较优势，是较早期采用的设计施工（D+B）总承包模式。本案例总体来讲不是成功的，但有许多方面值得企业学习借鉴。

（1）项目选择。该项目的选择本身就有一定的潜在风险和较大的不确定性因素，如合同问题（无索赔、不可抗力）、垫资问题、无外汇问题、内部管理问题等，而当这些问题出现在工程实施过程时，尚缺乏心理准备、思想准备、措施准备，更谈不上预警了，致使该项目的严重经济损失，这是必然的。

（2）维修期问题。在本项目中，所谓维修期问题，实际上是一个质量问题。在维修期中至少发生了4~5起大的质量事故，如屋面漏水、顶板开裂、地坪下沉、内外墙油漆脱落等，造成了数百万美元维修费的经济损失和工程误期，关键是没有完善的、被双方确认的施工组织计划。

（3）合同问题。在合同条款中，没有明确的谈定并列出有关不可抗力（如发生地震等）和相应的索赔（如业主干扰事件）条款，承包商没有获得数百万美元的应得利益。

（4）经济风险。工程资金来源上采用的是该国国家住宅银行与住宅合作社集资模式，但全部是当地币支付给承包商的工程款，即承包商本身的资金风险压力很大。

总而言之，此案例详细分析了该企业所遇到的政治方面、经济方面、工程施工、公共关系、维修期、不可抗力等多层面、各细节的风险因素及其应对和规避方式，尽管有些并不是很成功，甚至有部分是至今仍需要注意的教训，但这对于企业基础设施国际合作的风险管控具有积极指导意义。

第八章

中外基础设施合作经验比较

国际基础设施合作市场的前景未来必将更加广阔。基础设施合作面临着机遇，同时也面临着激烈的市场竞争和巨大的挑战。企业只有努力打造自身的核心竞争力，提升自身的实力，才能在国际基础设施市场站稳脚跟，实现持续、稳定发展。通过对基础设施合作的基本策略、必要条件和准备、决策方法及基本经验总结的分析，可以为企业"走出去"提供帮助和借鉴。

第一节　中国企业海外基础设施合作基本策略

通过对中国企业海外基础设施合作项目的调研与分析，可总结其基本策略。主要包括如下几方面。

1. 加强政府间合作，营造良好环境

基础设施国际合作需要机制作为制度保证。目前，中国已和许多国家签署了关于加强基础设施合作的协议或谅解备忘录，建立了相应的工作机制，定期交换意见，协商解决合作中出现的重大的问题，收到了良好的效果。希望有关国家以积极开放的态度对待基础设施国际合作，在人员设备出入境、税收、汇兑等方面提供便利化措施，坚持开放、透明、非歧视的原则，维护投资者合法权益，保护投资者安全，不断提升合作信心。

2. 秉承共商共建，互利共赢的理念

国家重大倡议为国际基础设施合作带来了新的机遇和动力。在有关各方的共同努力下，一批有影响力的标志性项目已经建成或正在推进，更多的铁路、公路、港口、电力、通信等项目将陆续启动。企业将继续秉承共商共建共享的理念，与有意愿的国家、国际组织、金融机构、各类企业开展务实合作，共享发展红利。

3. 充分利用政策支持力度

在国家政策支持下，利用税收、银行、金融、保险、行业保障、出入境、外交等部门的服务体系和有力密切配合，加强拓展市场力度和深度，加大对基础设施市场的开拓，扎扎实实地贯彻落实"走出去"的国家战略。

4. 要参与合理分工体系的建设，实现差异化发展

基础设施国际合作市场要解决同质化竞争严重的问题，唯一的出路是要通过政府、行业组织及企业的共同努力，使不同公司根据自身情况确定市场定位，推动企业差异化发展，形成以专业化为基础的社会化分工合作体系，风险分担、共赢发展、优化资源、强化合作，防止过度竞争恶习。

5. 多种方式培养人才

企业普遍存在缺乏适应国际市场所需的人力资源问题，这已成为制约企业发展的"瓶颈"因素。企业要建立人才培养的常效机制，重视中高级经营管理和技术专业人才的培养和储备，可采取短训、长训、企校结合、企业内部培训等多种渠道和方式，达到培养企业精英的目的。

6. 坚持企业主体、政府引导、市场运作

坚持市场化运作为主，充分发挥企业主体作用，支持有能力、有条件的企业开展透明规范的对外国际基础设施合作，积极参与国家重大倡议建设，融入全球产业链和价值链。政府通过建立和完善合作机制，根据各国发展的实际需求，加强基础设施合作重点领域的对接，营造良好的合作环境。

7. 加强融资模式创新，解决资金缺口

以制度建设为先导，大力推动 BOT/PPP 模式发展，以政府投资作为种子资金，给予必要的配套政策支持，吸引和带动商业性股权投资基金和社会资本进入。优化融资模式，加强金融产品创新，探讨灵活高效、丰富多样的融资产品，通过银团贷款、项目融资、股权融资等方式支持基础设施项目，增加企业融资渠道、提升融资能力、降低投资风险。

8. 建立中国海外开发的企业协调机制

目前重大项目的协调方式主要是政府直接指导或直接进行企业的协调。但从长远看，有必要建立以企业为主体的协调机制，以便更好地解决中国企业相互间低水平竞争的问题，提高海外投资和政策利用的效率。

9. 充分发挥行业组织作用

一是企业积极参与商会的市场调研工作，认真研究开拓市场中遇到的各种困难和问题，及时请商会帮助解决；二是企业要积极参与工程项目的协调，推动企业间合作；三是在商会的工作主线下，努力发挥商会的作用。

第二节　基础设施国际合作的必要条件和准备

通过对基础设施国际合作项目的分析，可总结出企业"走出去"所应具备的必要条件和准备，从而为企业走向国际市场提供帮助。

一、国际合作的必要条件

基础设施国际合作企业的必要条件主要包括以下几方面。

（1）专业突出，核心竞争力强，拥有独特的专利专有技术，或品牌、管理技能，或企业规模、资金实力，或利用资源和控制市场的能力等优势，即"所有权优势"。

（2）产权责任清晰。产权激励与约束机制健全，具有良好的公司治理结构和严格、审慎的决策机制。

（3）基础设施合作战略成熟、清晰。国际合作有明确的战略动机，是经民主化科学化的理智决策成为公司战略的有机组成部分。合作的境外项目，应是核心业务或纵向延伸业务，或可弥补技术开发能力不足，并具有将其内部化的优势。

（4）企业管理良好，财务制度严谨，监管体系健全，信用等级较高。

（5）领导团队具有国际全球视野，拥有通晓基础设施国际化经营和熟用国际准则的人力资源团队。

（6）国际合作的主体是强竞争力的企业。企业的素质及国际竞争力，在一定程度上决定着基础设施国际合作的成败。

二、国际合作的准备工作

基础设施国际合作的准备工作主要包括思想理念准备、组织架构准备、目标体系准备、战略措施准备、人才技术支持准备及市场评估评价准备等。具体内容如下。

（1）思想理念准备是要以习近平新时代中国特色社会主义思想为指导，建立全面的风险防范机制，提高决策的民主化科学化，包括企业定位、区域发展战略、运营模式、本企业中长期发展规划等。

（2）组织架构准备主要在于一个干练的高素质的市场开拓、投标报价部门的构成，该部门应由有丰富实践经验的工程师、设计师、经济师，熟悉物资采购的工程师、了解项目所在国法律法规的人员等组成。

（3）目标体系准备是要求承包商明确国际合作的目标、重点区域、市场重点和战略措施，在本企业规划框架内，注重工程项目的经济指标。其可细分为约束性与预期性的指标等。

（4）战略措施准备是指企业走向国际在政府层面、国家服务体系及企业内部管理体制等方面的保障措施。

（5）人才技术支持准备指人才是企业的核心竞争力。人才技术支持不但要调动本企业全员的积极性，还应包括分包商的素质，必要时还可请外部专家帮助。

（6）市场评估评价是走向国际市场的关键点之一，承包商应高度重视。一般情况下，市场评估的依据有自然条件、资金来源、后续项目、工程性质、风险度、经济开放度、货币稳定度、工资物价水平、政局状况、经营基础、投资要求和市场现状等指标。

第三节　基础设施国际合作的决策方法

工程决策是指项目管理者按照自己的意图和目的在调查分析、研究的基础上，通过科学方法和手段对项目进行综合分析和评价，以确定工程项目是否必要和可行的过程。其遵循的基本原则是科学化、民主化，可从市场、技术、经济、环境等多方面进行决策分析评价。而基础设施国际合作中常用的决策方法包括决策树法、层次分析法、模糊综合评价法、贝叶斯决策等。

一、决策树法

决策树是对决策局面的一种图解，也是风险型决策中常用的方法，用决策树可以使决策问题形象化，它把各种备选方案、可能出现的自然状态及各种损益值简明地绘制在一张图上，便于决策者审度决策局面，分析决策过程，尤其是对于缺乏所需数学知识从而不能胜任运算的决策者来说，会特别方便。

用决策树做风险决策，就是按决策过程将决策的基本要素依照一定的方法以树形结构绘制出决策树，然后按决策树的结构计算各决策方案枝的期望收益值或期望损失值，最后利用期望收益值或期望损失值进行比较，并做剪枝决策，以选定最佳方案。

二、层次分析法

层次分析法（AHP）是指将一个复杂的多目标决策问题作为一个系统，将目标分解为多个目标或准则，进而分解为多指标（或准则、约束）的若干层次，通过定性指标模糊量化方法算出层次单排序（权数）和总排序，以作为目标（多指标）、多方案优化决策的系统方法。

层次分析法是将决策问题按总目标、各层子目标、评价准则直至具体的备投方案的顺序分解为不同的层次结构，然后用求解判断矩阵特征向量的办法，求得每一层次的各元素对上一层次某元素的优先权重，最后再用加权和的方法递阶归并各备择方案对总目标的最终权重，此最终权重最大者即为最优方案。

三、模糊综合评价法

模糊综合评价法是一种基于模糊数学的综合评价方法。该综合评价法根据模糊数学的隶属度理论把定性评价转化为定量评价，即用模糊数学对受到多种因素制约的事物或对象做出一个总体的评价。它具有结果清晰、系统性强的特点，能较好地解决模糊的、难以量化的问题，适合各种非确定性问题的解决。

其决策步骤主要包括如下几个。

（1）模糊综合评价指标的构建：模糊综合评价指标体系是进行综合评价的基础，评价指标的选取是否适宜，将直接影响综合评价的准确性。进行评价指标的构建应广泛涉猎与该评价指标系统行业资料或者相关的法律法规。

（2）采用构建好权重向量：通过专家经验法或者层次分析法构建好权重向量。

（3）构建评价矩阵：建立适合的隶属函数从而构建好评价矩阵。

（4）评价矩阵和权重的合成：采用适合的合成因子对其进行合成，并对结果向量进行解释。

四、贝叶斯决策

期望值决策法是根据各种事件可能发生的先验概率，采用期望值标准或最大可能性标准来选择最佳决策方案，这样的决策具有一定的风险，因为先验概率是根据历史资料或主观判断所确定的概率，未经试验检验。为了尽量减少这种风险，需要较准确地掌握和估计这些先验概率，这就要通过科学试验、调查、统计等方法获得准确的情报信息，以修正先验概率得到后验概率，并据以确定各个方案的期望值，协助决策者做出正确的选择，这就是贝叶斯决策。

在已具备先验概率的条件下，一个完整的贝叶斯决策过程，要经历以下几个步骤。

（1）搜集补充资料，取得条件概率，包括历史概率和逻辑概率，对历史概率要加以检验，辨明其是否适合计算后验概率。

（2）用概率的乘法定理计算联合概率，用概率的加法定理计算边际概率，用贝叶斯定理计算后验概率。

（3）用后验概率计算期望值，进行决策分析。

第四节　国际基础设施合作的基本经验总结

基础设施建设是国民经济发展的支柱和基础，不仅有利于改善民生、提高民众的生活质量和便利，也是拉动世界经济复苏和增长的有效手段。目前，世界各国普遍重视基础设施投资建设，市场需求强劲，发展中国家在加速工业化和城市化发展中需要加大基础设施投资建设，发达国家出于更新和升级老化基础设施和刺激经济复苏的双重目的，也陆续推出规模庞大的基础设施建设计划。值得关注的是，随着区域经济一体化的发展和加深，跨区域互联互通基础设施的需求日益增长。

中国一直积极参与和支持全球基础设施建设合作。中国企业通过实施基础设施建设项目，带去了资金和技术，增加了就业和税收，增强了东道国的自主发展能力。中国政府积极搭建平台、建立机制、创造环境，推动基础设施多双边合作。亚洲基础设施投资银行、金砖国家新开发银行、世界银行及其他多边开发机构也在积极打造各有侧重、互为补充、层次分明的金融合作网络，推动解决国际基础设施融资问题。中国金融机构通过提供优惠贷款、专项贷款、专项合作基金等方式，对国际基础设施合作给予融资便利和支持。因此，可将国际基础设施合作的基本经验总结如下。

一、企业应做好风险管控措施

要全面了解当地的投资环境，包括相关的政策、法律法规、经济和文化差异等。任何国家的营商环境都与国内存在着一定差异。尽管全球经济一体化的趋势不可阻挡，但局部地区地方贸易保护主义势力重新抬头所带来的负面影响仍不容小觑。此外，各国政治、文化、市场准入规则和财政补贴政策各有不同。为此，企业要根据自身的发展需求在相关领域积累必要信息和相关经验来为市场经营、项目运营及风险管控等方面提供充分的战略支持和保障。

二、加强项目管理研究，规范项目管理流程

企业要充分认识到项目管理的重要性，积极组织学习并研究先进的项目管理理论、方法，组织项目管理的全员培训。此外，也可通过总结具体项目管理案例的实践经验，通过制定项目管理手册和项目管理办法，以制度化的程序和要求规范项目管理流程和项目管理过程，从而达到项目管理有条不紊地进行。同时，积极推进成本、进度、质量、安全、合同等方面的过程管理制度和规范化，实现对项目的全方位管理。

三、注重技术研发和人才培养

技术和人才是企业的核心竞争力，尤其是在高端市场更是市场比拼的关键因素。许多欧美公司都非常重视该领域，这是非常值得中国企业借鉴的。在经济日益"全球化"的今天，市场竞争越来越激烈，企业之间的市场竞争实际上已经演变成了一场激烈的人才竞争战。企业培养和储备一批工程总承包项目管理人才，是企业在基础设施国际工程领域站稳脚跟、抢占市场先机、不断发展壮大、在国际市场竞争中立于不败之地的关键。从项目管理实践中锻炼成长的人才更是企业的宝贵财富。

四、选择优质合作伙伴

"一带一路"建设为中国企业打开了通往新世界的大门，位于沿线国家的众多企业可以通过合作进一步整合产业链和价值链，降低经营成本且提高运营效率。各家企业都拥有自身的优势领域和突出能力，中国企业若能从中选择优质合作伙伴，则可以达到优势互补的效果。这样一来更能推动中国国际基础设施合作，实现业务国际化和经营国际化的双线并进。

五、努力实现属地化经营管理

在境外实施基础设施合作项目，走属地化经营管理之路，是成功实施项目的关键，是扩大当地市场占有量的必由之路。属地化经营管理的实质就是要实行属地化策略，要在经营管理的各个层面按照项目所在国的规章、制度和运作方式规范操作流程。人才属地化是实现属地化管理的一项重要内容，要充分利用当地的人力资源，充分发挥他们在语言、文化、社会关系、沟通协调上的优势，甚至有些重要的项目管理岗位都可以大胆地起用当地人才。

六、加强工程技术、规范和标准等领域的合作

未来基础设施的发展将不仅局限于传统基础设施项目建设，更要向基础设施的可持续性、低碳型、高效能、高品质、低污染的方向发展，新技术、新材料、新工艺日新月异。基础设施国际合作企业应充分发挥自己的优势，在工程技术、标准规范、人力资源、经营管理等方面加强合作，分享成功的经验，促进共同发展。

七、牢固树立可持续发展理念

引导和要求企业依法合规经营、遵循国际惯例、履行社会责任、参与当地公益事业，促进经济、社会、财政、金融和环境等全方位可持续发展，统筹好项目建设、产业联动和环境保护之间的关系，以实际行动落实创新、协调、绿色、开放、共享的发展理念。

八、大力发展国际工程咨询服务

中国基础设施国际合作要真正转变增长方式，实现业务升级，一个重要途径就是要大力培育工程公司、工程管理、投资顾问、设计咨询类服务，实现设计、融资、施工、运营、管理一体化，增强整体实力和国际竞争力。

九、推进管理和技术创新能力，打造核心竞争力

企业应当加大技术研发投入，发展核心技术，要推进工程项目管理的自动化、智能化，提高管理水平和管理效率。要树立品牌意识，整合内外部资源，走智力密集、技术密集、资金密集和管理密集的道路。

此外，企业还要统筹制订周边合作政策；建立运行规范又不失灵活的投融资机制；创新项目管理与组织管理方法；明确分工协调机制；出台专门的法律法规并成立专业的研究分析机构，加强监管责任等。

·案例 8.1·

广厦中东建设有限公司迪拜皇家跑马场项目

阿联酋位于阿拉伯半岛东部，北濒临波斯湾，西北与卡塔尔为邻，西和南与沙特阿拉伯交界、东和东北与阿曼毗连。境内除东北部有少量山地外，绝大部分是海拔 200m 以下的洼地和沙漠。属热带沙漠气候，炎热干燥，人口数量为 927 万（2016 年）。阿拉伯人仅占 1/3，其他为外籍人。官方语言为阿拉伯语，通用英语，居民大多信奉伊斯兰教，多数属逊尼派。在迪拜，人民富足安居乐业，过着悠闲自在生活，幸福指数名列前茅。百花齐放、万紫千红的建筑物景观，成为世界各地旅游的胜地，吸引了全球的宾客。而跑马场更是锦上添花，俯瞰它犹如一只展翅高飞的雄鹰守护着这片美丽的土地，为别具一格、饱人眼福的风景之一。

一、跑马场项目简介

（1）Meydan 跑马场是一个集会议、酒店、娱乐和赛马运动为一体的运动枢纽中心，全场可容纳 80000 名观众。

（2）项目主要包括 2500m 长的沙地跑道和草地跑道各一条；超五星级酒店；马业博物馆；影剧院；展览中心等。

（3）项目位置：阿拉伯联合酋长国迪拜 NAD AL SHEBA 皇家跑马场。

（4）业主 Meydan L. L. C 简介：Meydan 是阿联酋副总统、阿联酋总理和

迪拜酋长穆罕默德·本·拉希德·阿勒·马克图姆全资拥有，以合作、共享、振兴体育原则而建立的公司；"Meydan"阿拉伯名词意思为"聚会的地方"，Meydan公司保留了这一理念，已建成了一个由4个独特的区域组成的互联的城市景观，在这里商务、运动、大都会生活相辅相成，互相补益；迪拜赛马世界杯由现任阿联酋副总统、阿联酋总理和迪拜酋长穆罕默德·本·拉希德·阿勒·马克图姆发起、组织、在Meydan皇家赛马场举行的赛马奖金达到2600美元，被公认是全球任何体育赛事基准的顶峰。

（5）跑马场项目主要参建方：

建设单位：Meydan L. L. C.

设计单位：TeoA. Khing Design Consultants Sdn. Bhd.（Dubai Br）

监理单位：TeoA. Khing Design Consultants Sdn. Bhd.（Dubai Br）

施工总承包单位：广厦中东建设有限公司（以下简称"广厦中东"）

参建分包方：主要有中国15家分包单位及MMC、CCL、NAFCO、LPG、GREENCO等120多家外国分包商

（6）项目特征及特点。

本项目是迪拜酋长对全球宣布2010年3月27日将举办第十五届赛马世界杯的比赛场地，时间是不允许更改的，与中国奥运会场馆一样，工期只能倒排，是金融危机过后迪拜仍保留的3个重点项目之一，在迪拜具有独特性及特有的影响力。

项目主要具有规模大、面积广、巨额造价、工程量惊人、工期短促5个鲜明的特征，主要难点是竞争者强、资金短缺、自然环境恶劣等。尽管项目困难重重，但企业采取有力措施，突破难点，最终走向成功，并在合同工期内顺利竣工。2010年3月27日，迪拜第十五届赛马世界杯如期举行。项目的成功正是企业"走出去""走进去"和"走上去"三步骤成功的开始。

二、民营企业通过优化项目管理在国际工程市场上做强、做大的三步骤及经验

（一）"走出去"——挑战与机遇

（1）机遇：全球经济一体化趋势和中国入世后的现实，给中国工程承包

公司带来发展国际工程项目的机遇。

（2）挑战：中国企业，尤其是民营企业的国际化程度不高，不但和国际跨国公司的差距相去甚远，就同国内的国际工程公司相比也有不小的差距。

（3）风险：包括政治影响、国际金融危机的影响、竞争实力的影响、工程所在地的自然条件的影响以及项目本身和企业自身劣势等，都给该项目造成不可预见的一系列风险。

（4）优势："走出去"国家政策和措施扶持。如何把握机遇，提高"走出去"的竞争信心，是动员项目团队的一项必要条件。

具体实施措施包括如下几项。

（1）本土化战略：组建国际化的管理团队，充分利用本土资源。

要注重内部管理团队设计。工程项目管理团队是实施好本项目的决定性关键所在，公司层对此非常重视。主要包括管理队伍从以 5 人为基础开始组建；边施工、边组建，最终管理人员为 210 人。管理人员涵盖专业设计、预算、计划、材料、采购、土建、钢结构、高架桥、玻璃幕墙、装修、暖通、强电、弱电、消防、法律、财务、物流、外贸等；管理人员国别包括中国、马来西亚、新加坡、印度、巴基斯坦、埃及、叙利亚、阿联酋、菲律宾、意大利、约旦等。

（2）适应市场要求。

1）投标模式和项目管理模式国际化、多元化、灵活化。

①广厦中东作为总承包商以 D-B 模式中标。

②土建及公用工程部分分包的招标采用 D-B 及 DBB 模式，包括结构工程；机电、水、暖通工程；内外装饰工程；钢结构工程；幕墙工程。

③业主指定分包：对于一些与业主有特殊关系的分包商或者受当地法律、法规约束，经由具有当地政府所批发特殊资质的分包商，采用业主指定分包模式。如：消防工程燃气供气工程；高压变电、配电工程；其他市政配套工程等。

④广厦中东对各业主指定分包（Nomiuateelcoutractor）采取 CM（Construction Management）模式：N.C 直接与业主洽谈价格、广厦中东与 N.C 签订 N.C 合同、广厦中东对 N.C 的进度、质量、安全进行管理、广厦中东向

业主收取固定比例的管理费和利润。

2）因工期紧张，故大胆改用钢结构设计：用钢结构替代原钢筋混凝土结构；钢结构方式为 EPC 模式，价格方式为 GMP；承担自行设计、工期不变、造价不变的三重风险。

（3）通过跨专业工程的指挥，进行成本控制。

1）设计罕见——房中跨桥，桥中有房，长达 3km 的高架桥 VVIP 坡道在整场中央架起。

2）两个工种碰头的情况下，决定钢结构先行吊装及铺设楼层板，然后高架桥在钢构楼层板上安装支架。

3）节省了每月百万的支架费用，同时满足了各专业的工期要求，创造了桥梁施工的速度奇迹。

4）在 2009 年 8 月初至 12 月 23 日，高架桥项目部 15 个管理人员、700 名工人实行 24 小时工作制，4 个月时间内完成了 16 联 1800m 现浇预应力箱梁的工作，比要求的工期提早了 1 个星期。

（4）施工时间最大化：实施三班制工作，即 7 月、8 月、9 月每天三班 18 个小时作业；其他月份每天三班 22 小时作业，总用工时为 2600 万小时。

（5）优化劳动力组织，提高施工效率：针对当局多变的签证政策；烦琐的劳务引进程序；工期短带来的紧张情绪等问题，企业及时采取了应对解决措施：一是用传、帮、带的方式；二是中国技术工人克服语言障碍带领外籍劳务工作。

（6）企业第一负责人应全程跟踪项目：民营企业第一负责人必须全程跟踪项目，实行终身负责制度。这既是工作压力，又是工作动力。其中，全程跟踪项目全过程主要包括项目决策、研讨、策划、规划和制订计划；工程项目进行投标和报价及其评估；组织谈判班子进行合同谈判与签订工程承包合同；研究 FIDIC 合同条款和当地法律法规；跑马场项目实施建设；项目第一负责人进行走动式管理管控与业主保持紧密联系与洽谈；项目总结包括取得的经验，尚需改进、改革、提高的部分、业绩考核等。

（二）"走进去"——强化服务意识

1. 创造了高架桥项目的奇迹

（1）2009 年 9 月 3 日，公司答应监理于 2009 年 10 月 31 日完成皇家坡道通行，保证当日迪拜酋长的项目视察。

（2）为保业主信誉，加班加点。

（3）2009 年 10 月 31 日，举行高架桥皇家坡道单幅胜利合拢仪式。

（4）迪拜酋长亲临现场视察，对业主主席 Saeed H AlTayer 转达了对中国广厦集团和广厦中东建设有限公司的祝贺，表达了对公司的信心。

（5）酋长表示，迪拜项目应多与广厦合作，明确希望广厦应更多地参与到迪拜的建设中

2. "雪中送炭"，而非"火上浇油"

（1）业主在金融危机、迪拜债务危机中受挫。

（2）工程急需工程款保证项目运行。

（3）主动向业主建议工程款采用远期信用证支付，既缓解了业主的资金压力，也收到了工程款。

（4）将业主一年期的信用证经过十家左右的银行进行贴现。

3. 加强风险控制

在本次项目实施过程中，对于与业主、监理之间的分歧我们坚持采用协商沟通、再协商、再沟通的方式来解决。

（三）"走上去"——企业可持续发展和品牌的建立

1. 融入当地主流社会，提升企业品牌形象

中国广厦集团成为迪拜赛马世界杯的第二大赞助商，赞助金额达 500 万美金：该赛马世界杯是世界上最昂贵的贵族运动。中国广厦集团是唯一一家阿拉伯国家打破常规，邀请外国企业参与主赞助的企业。赛马世界杯主赞助商答谢仪式上迪拜酋长大声而自豪地告诉所有人："迪拜 NADALSHEBA 跑马场，将成为赛马比赛历史上最恢宏的地标性建筑，不仅在中东地区如此，在世界上也是独一无二。"此刻，他们已经不是一个企业，而是一个国家的形象和代表。

2. 与大牌企业合作，打入主流市场

阿联酋地区国际工程市场空间是宽阔的，是可以大有作为的。公司继迪拜跑马场项目后，2010 年 5 月 19 日，广厦中东再次与 Meydan 集团携手合作，签订了迈丹都市商务港项目合同。这个项目在合作共赢理念的指导下，

取得圆满硕果。

3. 履行企业社会责任，弘扬中国民族传统文化

中国的民营企业应参与到社会公益活动中去，企业作为钻石赞助商，成功推动了 2009 年和 2010 年两届中国小姐环球大赛中东赛区的举办，中华小姐大赛是一项"以美丽带动慈善"为主题的公益活动。企业也积极地组织为灾区玉树捐款，为民营企业提供了履行社会责任，弘扬中华民族仁厚之德的传统。

三、启示借鉴

该项目是 2010 年赛马世界杯的举办场地。整个建筑最引人瞩目的是其长达 400m 的"月牙顶"，基础结构采用钢结构楼顶覆盖以铝板。月牙顶创造了世界第一，同时也体现了阿拉伯文化内涵。受到阿联酋国家领导人、国际跑马协会组织客户、使用的客户等一致好评和称许标准之高，堪称世界之最，令世人目瞪口呆。

此跑马场项目的亮点颇多，国内企业要吸纳世界跨国公司案例取得成功的基本经验。不但要从企业"走出去""走进去"和"走上去"三步骤进行分析总结，此外，也要从其他方面进行分析。

（1）大型或特大型项目，必须进行全方位的培训考核，才能进入角色承担项目工作。与此同时，公司每年安排一定时间，进行级次管理人员的培训也是必要的举措。

（2）注重项目团队作用。跑马场项目团队建设，精益求精，根据该项目背景及特点，在团队建设的策划、组织、人选和责权利上，颇费一番功夫，充分发挥其作用，取得显著效果。

（3）注重项目团队设计。企业按照现代项目管理的观点，根据该跑马场项目特征、特点等具体情况，对项目团队精心策划和设计，使之在项目经理的指挥领导下，完成工程项目合同所赋予的责权利，满意地交付业主方一项高质量、高速度、高效率的工程。

（4）尽社会责任。作为一家民营企业，在国际工程项目下，还考虑到社会责任，如经济、环保、可持续发展等，为国家、为当地社会、为国际组织

尽一份责任，实属难能可贵。

· 案例 8.2 ·

中建美国公司在发达市场崛起的经验

中建美国公司成立于 1985 年，是中国建筑股份有限公司在美洲的全资子公司，也是第一个进入美国市场并成功站稳脚跟的中资建筑企业。进入 21 世纪以来，作为一家高度属地化的美国建筑企业，中建美国公司营业额以年均 40% 的速度在美国迅速崛起，已经是一家年营业额 20 亿美元的国际化投资建设综合实体，名列美国承包商第 32 位，当地雇员比例超过 98%，成为中国企业在发达国家开疆拓土的典型代表，推动中美服务贸易互利共赢的正能量。

一、案例简介

2015 年 9 月 21 日，美国纽约市曼哈顿洛克菲勒中心彩虹厅喜气洋洋，高朋满座，这里正在举行中建美国公司庆祝成立 30 周年招待会。出席招待会的不仅有中国驻纽约总领事章启月，还有纽约州州长库默等美方高级官员和产业界代表。库默州长在致辞中表示，十分高兴看到中建美国公司这样优秀、专业的企业参与纽约州的基础建设，为纽约的发展做出重要贡献并创造大量就业。

在过去十余年间，中建美国公司经营规模保持了年平均 40% 以上的高速增长。"十二五"期间，累计新签合同额近 90 亿美元，较"十一五"期间增长 189%；累计实现营业收入 58.12 亿美元，较"十一五"期间增长了近十倍。目前，中建美国位居全美工程承包商 400 强第 37 名、工程管理商第 24 名，并跻身全美十大桥梁承包商以及房建承包商 25 强，不断提升中建国际影响力。在全球竞争最激烈的美国建筑市场，中建是唯一一家站稳脚跟并跻身前列的中资建筑承包商，也是包括欧洲、日本老牌公司在内寥若晨星的外国承包商。

二、案例回顾

中建美国总部位于新泽西州泽西市，业务覆盖美国东海岸和墨西哥湾沿岸各州、以巴哈马为区域中心的加勒比地区，和以巴拿马为区域中心的拉美地区。主要业务范围包括工程项目管理、建筑施工管理、工程建设总承包、设计建造、项目融资、公私合营（PPP）、房地产投资与开发等。中建美国公司践行国家"走出去"战略，立足美洲市场，勇于开拓、善于创新，在本土化经营、与中国因素协同经营、区域化经营、资本运营、合规经营、人力资源经营、企业社会责任等各方面，走出一条互利共赢的大国企业成长道路。

（一）适应美国国内规制实行本土化经营

美国建筑市场对外开放水平较高，但国内规章制度约束性也很强。

一是总承包和分包制度。按照美国国内规定，无论内外资建筑企业，总承包商只承担工程项目的管理业务，项目设计、施工、设备材料供应等，必须交由项目所在州当地分包商和供应商执行。多年来，中建美国公司严格按照美国国内规定实施项目，不仅为自身创造了可观的经济效益，也为美国市场培养了数百家美国专业分包商和供应商队伍，缴纳数以千万美元计的税款，创造了数以万计的就业机会。

二是由于移民法、劳工法以及工会势力，外国专业技术人员和劳务进入美国非常困难。中建美国公司只能改变在其他国家市场的通行做法，除核心管理岗位外，基本雇佣美国本土人员。截至2017年9月，中建美国公司员工总数近2000人，其中98%以上为当地用工。

三是美国建筑业采用全额担保制，担保不是用购买保险的方式决定承包商的业务能力，而是担保公司对承包商根据承包商在当地的资信和工程业绩给承包商一个授信额度，承包商凭此授信额度前去投标相应额度的工程项目。这使得本来在美国业绩就少的承包商很难发展起来。中建美国公司凭借建市的技术能力和商业信用，稳扎稳打，一步步积累起承担大项目的资信。

四是美国建筑技术规范体系异常复杂，外国公司难以摸清底细，更难适应。为了准确理解美国市场的技术规范和运行规则，中建美国公司自创建以后，迅速开展对美国建筑市场行业规则的研究，组织人员编译了美国建筑市场规范相关的文献，在实践中按规范操作，满足业主和监管者要求。

（二）协同中国因素实现零的突破

作为第一家在美国注册的中资建筑公司，零业绩、零担保，开拓市场的难度可想而知。中建美国公司抓住中国使领馆馆舍建设、中国企业"走出去"等有利时机，协同中国因素的增加，在美国本土开启了"拓疆扩土"的征程。

中建美国公司在美国拿到的第一个工程是在寸土寸金的曼哈顿开发建造中国驻纽约总领馆公寓楼项目。该项目是中建美国公司在美国本土的首次亮相，就赢得《纽约时报》2002 年纽约市五大建筑亮点项目的称号。第二个项目是中国海尔集团美国南卡电冰箱厂厂房项目，中建美国公司仅用 11 个月时间建成交付使用，被美国权威杂志《工程新闻纪要》誉为"快速施工法"典范。

从承建中国驻美使领馆工程到承建中国企业境外投资工程，不仅为中建美国公司实现业绩上的突破和积累，而且开始受到美国社会的关注，为真正承接美国本土工程、进入美国主流建筑市场奠定坚实的基础。

（三）施工经营合作双赢

从中国驻纽约总领馆公寓楼、海尔集团美国南卡电冰箱厂厂房、南卡杉地高级中学到纽约市亚历山大—汉密尔顿大桥改造工程、巴哈马大型海岛度假村项目，中建美国公司从一个只能承接使馆小型改造工程和中资项目到承担当地公共教育项目，再到承担美国大型基础设施项目，短短十年完成了"三级跳"，跻身美国主流建筑市场并站稳了脚跟。期间经历了从 20 世纪 80年代末创业初期的亏损到 90 年代的治理整顿，再到 21 世纪的跨越式发展，美国公司的成长历程是一段励精图治、创新发展的历程。

（四）资本经营实现跨越

从施工为主的生产经营，向以投资开发为主的资本经营转变，是工程企业国际化的必由之路。2017 年 5 月，中建美国公司成功交割了中建历史上第一个曼哈顿地产开发项目 537 Greenwich。该项目位于纽约州曼哈顿市下城最受欢迎的黄金地段之一西 Soho 区，是公司利用积累的丰富行业关系，从非公开市场渠道通过艰苦而密集的谈判得来的顶级开发机会，具有位置佳、定位准、交易架构优及实施风险小的多方面优势。项目的前期及政府规划和报批工作在项目交割前已经完成，并在 2017 年第三季度破土动工，2018 年初开始预售。

（五）打造严谨的合规管理体系

在美国这样体系规范严谨的高端市场生存发展，合规经营往往是外国企业难以逾越的一道门槛。中建美国公司能够做到入门问禁、入乡随俗，加强合规管理，将中建总公司的合规指导思想与经营国当地的法律法规及合规管理规范融会贯通。自成立以来，中建美国公司认真贯彻总公司的职业操守与行为规范要求，严格遵守美国法律法规及行业规范准则，以公司治理与合规经营的最佳实践为标准，在充分了解美国法律法规、行业制度、监管要求与文化特点的基础上，打造了全面严谨的合规管理体系。

一是在体系建设方面，中建美国公司通过建立健全现代企业公司治理架构，完善了股东代表大会及各级董事会议事与决策机制，进一步明确了合规经营的主体责任人与监督责任人；子公司管理理念的推行，将权力集中与下放有机结合，控股公司管理与服务并举，为四大平台公司的发展提供指引与服务，最大程度激发子公司积极性，释放经营活力；各项业务流程的梳理与优化及甲骨文信息管理系统的实施为规范高效的跨国标准化经营提供了保障。

二是在合规制度方面，中建美国公司完成了《中建美国合规政策》《中建美国企业和员工道德行为规范》及《员工手册》等体系文件的编制工作，为合规工作的实施与检查提供了依据与标准。

三是在机构设置方面，中建美国公司组建执委会作为最高决策机构，对公司的合规管理负主体责任；控股公司与四个平台公司的董事会肩负相应的监督责任，各自的管理层则负责合规制度的落实与执行。同时，公司设有"合规专员"岗位，聘请当地有多年专业与行业实践经验的法务人员担任，协助董事会履行监督责任，专职负责合规政策的制定、宣讲与评估，以及违规事件的调查、处理与反馈。

四是在培训宣传方面，中建美国公司要求所有新入职员工必须接受合规培训并签署合规承诺书；全体员工每年伊始都必须参加年度合规培训，温习巩固合规知识与实践，并重新签署合规承诺书，班子成员也不例外。此外，公司采用了微电影、情景剧、团建活动及多种类平面宣传品等创新方式，推广企业道德操守及合规廉政理念。

五是在监督检查方面，中建美国公司在宣贯合规理念与行为准则的同时，十分重视监督机制的建立与完善，保证合规政策的有效执行，全面防范违规风险。一方面，公司按照美国当地要求定期进行公司内部及外部审计；另一方面，公司建立了多种违规上报渠道，设有热线电话与在线系统，方便员工匿名举报身边的违规行为，为形成良好的内部监督环境创造了有利条件。此外，合规专员还会不定期对各类人员进行访谈，了解合规政策执行情况的一手资料。

六是在文化建设方面，公司在贯彻落实硬性合规制度规定，夯实基础、形成保障的同时，同样注重合规"软环境"的建设，将合规及操守作为企业文化核心，让合规廉政的理念深入人心，培养廉洁风气。

（六）站在道义高端担当社会责任

美国虽然是一个移民国家，但美国社会对于外来承包商的接受程度很低，外国承包商的优势无法体现，打开局面非常艰难。中建美国公司在创造财富价值的同时，主动肩负起相应的社会责任，注重文化融合，积极回馈社会，为中国企业打造良好的形象，扮演中美民间使者、交流纽带。

一是为中资企业发声，搭建中美合作交流的"桥梁"。作为首个进军美国市场的中国央企，中建美国公司总裁袁宁连任中资企业美国商会会长，带领中建美国团队，努力为在美中资企业服务，完善商会机构，扩大覆盖面，提升影响力，促进中美商务文化合作交流，拓展兄弟企业海外发展空间。

二是备战高端中美会议，为中资企业争取话语权。中国建筑作为全球最大的投资建设集团，地位举足轻重。在近年举行的中美两国高层互访及对话中，中建美国作为中国建筑在美经营平台对每一次会议充分准备，提供第一手在美经营经验，通过会议向美方提出诉求，为中资企业发声，进一步寻求中美相关领域合作，以自身经营经验对中美经贸合作和商务往来做出贡献。

三是协办赞助大型活动，促进中美交流合作。中建美国公司常年赞助相关行业及中美友好组织机构，协办相关活动，其中包括亚美商业发展中心、华美协进社、百人会、纽约香港协会等，支持中美交流发展、合作共赢，树立中国和中资企业的正面形象，赢得当地社会信任，加深互惠友好关系。

四是分享经营智慧，创办"中建美国课堂"项目，支持教育事业。中建美国公司多方资助教育公益项目，一方面，与美国当地的常春藤盟校展开长期合作，以公司运营作为案例分享跨国经营经验；另一方面，与来自中国的高校的项目和企业高管培训项目合作，从中资企业"走出去"经营的角度分享经验。近年来，重点活动有北京大学国际发展学院 EMBA 班访美学习项目，宾西法尼亚大学沃顿商学院 MBA 班，中央企业青年领导培训班，哈佛大学商学院案例教学等。此外，还与长江商学院、中欧商学院、哥伦比亚大学展开教学合作，以在总部主办课堂、客座教学、客座演讲等形式分享经验并与学生互动。

五是融入社区，多元文化互动，包容互鉴。多年来，中建美国公司在公益慈善事业上积极投入，通过赞助、讲学、协办中外友好往来活动的方式回馈社会。同时，公司也牵头组织并鼓励员工参与社区志愿活动，通过自身行动，全面融入社区，为公益活动贡献力量，在履行社会责任的同时亦加深民间友好往来，树立健康正面的品牌形象。无论在超级飓风"马修"带来的突发性灾害面前，还是面对弱势群体，中建美国公司都在第一时间伸出援手，将回馈社会的宗旨发扬到公司项目所在的每一个地区，维护中资企业形象，为中外友好交流做出贡献。通过实施"雨露计划"，与多家非政府组织合作定期参与公益活动，并积极寻找更多公益慈善组织，扩大中建美国公益慈善的覆盖面，充分融入当地，成为属地化发展的重要一环。

近年来，中建美国公司按照中建总公司制订的大海外战略和国际化目标，在经营好美国市场的同时也在布局加勒比海地区，于 2015 年正式揭牌中建美国南美公司，全面进军中南美洲市场，并捷报频传，先后在巴拿马成功斩获当地最大的房建项目之一的"希望之城"城市综合体项目、巴拿马国家会展中心项目，以及圣伊西德罗公共交通中心项目，并成功入围巴拿马运河四号桥的竞标企业。同时，公司还将业务拓展至哥伦比亚、墨西哥、秘鲁和牙买加等国，开启了公司发展美洲区域化经营的新篇章。

三、启示借鉴

中建美国公司在竞争激烈的美国市场脱颖而出，主要的成功经验有以下几个方面。

（一）注重战略研究与调整

中建美国公司在初创阶段的发展并非一帆风顺，部分地产投资失误一度使公司步履维艰。进入 21 世纪初，公司新的领导团队在总公司的领导下审时度势，从战略研究入手，制订了周密的中长期发展规划，为公司此后的迅猛发展奠定了坚实的基础。

为走出困局，回归工程承包主业，公司做好了"十年磨一剑"的准备，以期为未来进入投资和地产开发行业做好人才和资金等储备。为打好这一翻身仗，中建美国公司对市场和行业特点做了深入研究，走出了一条独特的发展道路。公司以内生式增长为依托，潜心打造职业化团队，并在合作伙伴中培育潜在的收购对象。公司最早于 2002 年向总公司汇报收购美国本土建筑公司的设想，到 2014 年完成第一单收购，整整经历了 12 年的时间。收购对象 PLAZA 也是公司从 2004 年就开始合作和关注的目标，最终 10 年修成正果。

在发展过程中，公司坚持循序渐进的原则，由简到繁，从经济欠发达地区南卡罗来纳州起步，逐步进入最繁华的纽约州；从准入门槛较低的政府教育类工程，逐步进入私人高档酒店工程领域；从轻车熟路的房建工程，逐渐进军基础设施领域；从民风朴实地区的非工会项目，逐步进入挑战高的大都会工会项目。十多年来，公司一步一个脚印，一个台阶不漏地走过了一个建筑公司在美国通常需要几十年甚至上百年才能走完的历程，并厚积薄发，一举进入资本运作的新领域，收购当地大公司，开启投资和开发新业务。

（二）注重人力资源管理

面对高难度的市场和强大的竞争对手，人才是公司成败的关键。中建总公司历届领导都把美国市场作为海外最重要的战略市场，以攻占美国市场并跻身当地公司前列为公司国际化的重要标尺。

人力资源是美国公司的战略性资源，也是公司发展的最关键因素，而激励是人力资源的重要内容。总公司不仅坚持把具有海外经验的优秀人才向中建美国公司输送，还配套了一系列行之有效的属地化管理措施和制度，使公司在残酷的竞争中立于不败之地。目前，中建美国公司虽然员工属地化程度已经达到98%，但是50多位内派员工仍然是公司的中坚力量，发挥着不可替代的作用。这个团队也被全国总工会授予"工人先锋号"称号，多次受到党和国家领导人接见和鼓励。

中建美国公司人才激励机制创新的最根本目的是正确地引导员工的工作动机，使员工在实现公司目标的同时实现自身的需要，增加其满意度，从而使员工的积极性和创造性持续保持和发扬下去。一是公司建立了基本的当地员工福利保障体系；二是公司完成了内派员工薪酬体系当地化改造；三是公司实施了项目兑现奖励办法。这些人力资源管理办法取得了很好的效果。

（三）创新经营模式

创新是一个探索的过程，也是民族进步的灵魂，中建美国公司精于管理且持之以恒的学习，用善于创新的思维去谋事、想事、做事、成事，在组织建设、企业管理、商业模式等领域不断探索，取得了一个又一个突破。

在商业运作上，公司不断创新商业模式，走出了一条从联合承包到独立承包，再到融投资带动总承包的发展之路，成功运作了一批颇具影响力的大项目，改写了中国承包商在欧美发达国家主流建筑市场开拓的历史，开拓出中资企业进军发达市场新局面。

肩负中国建筑资产全球化配置的重任，多年来中建美国公司不断加大市场开拓的力度和深度，通过加强项目管理和公司各项体系建设，在保持传统房建和基础设施业务快速发展的同时，高起点强势起步地产投资开发业务。从2013年至今，公司已在大纽约地区、休斯顿和巴哈马完成多单持有型物业和多幅开发地块的投资，并有条不紊地展开地产开发业务。

（四）打造金字招牌

作为扎根海外的中资企业代表，中建美国公司始终扮演着"中国名片"的重要角色，主动承担起树立中资企业"走出去"形象的重任，也得到了广大在美中资企业的充分认可。2011年和2014年接连两届当选美国中国总商会会长单位，并迅速将总商会提升为深受美国主流社会认可的民间机构，为中美外交和经贸合作做出了杰出贡献。2014 年以来，在继续深耕美国高端主流市场，加快拓展中南美洲主流市场的同时，中建美国公司不断通过提升中国建筑在美洲地区国际一线品牌地位，发挥民间外交的重要作用。

中建美国公司本着"创新、协调、绿色、开放、共享"新发展理念，认真履行央企国际化发展的历史使命，成功进入高端市场，不但实现了经营业务的快速发展，而且秉承"中国建筑，服务跨越五洲；过程精品，质量重于泰山"的经营理念，以诚为本，以质取胜，高标准、高质量地完成了一批具有影响力的项目，得到了中美业界的高度认可，屡获业界顶级殊荣，为中国建筑在海外创下无数个"第一"。

中建美国公司跨越式的发展赢得了各方瞩目，产生了巨大的社会影响力。中外主流媒体如新华社、人民日报、经济日报、华尔街日报、纽约时报等，均对公司做过专门报道，给予高度评价。《华尔街日报》曾用半个版的篇幅专门详细报道了"中国建筑"在美国的经营情况，题目就是《中国建设者，成功闯世界》。"中国建筑"已成为美国主流高端建筑市场一个闪亮的品牌。

附　录

一、国际通行的工程总承包合同范本清单

附表 **1** 是当今世界上比较著名的合同格式范本。作为工程项目总承包商应当知晓、了解、熟悉、使用和了如指掌、得心应手地运用，适时地组织培训。

附表 1　合同格式范本

FIDIC（International Federation of Consulting Engineers） 国际咨询师工程师联合会范本
Silver Book-Conditions of Contract for EPC Turnkey Projects 2017 EPC 交钥匙项目合同条件（17 版银皮书）
Yellow Book-Conditions of Contract for the Plant and Design-build 2017 工程设备、设计和施工合同条件（17 版黄皮书）
Orange Book-Conditions of Contract for Design-Build and Turnkey 1995 设计–建造与交钥匙工程合同条件（95 版橘皮书）
NEC（New Engineering Contract 英国土木工程师协会新合同条件
The Engineering and Construction Contract（ECC） 设计—建造合同
The Engineering and Construction Short Contract 设计—建造简明合同
The Engineering and Construction Subcontract Contract 设计—建造分包合同
EIC（European International Contractors） 欧洲国际承包商会合同范本

续 表

EIC White Book on BOT/PPP 2003 BOT／PPP 项目合同（03 版白皮书）
EIC Turnkey Contract 1994 交钥匙合同（94 版）

JCT（Joint Contract Tribunal）
英国联合合同审理委员会合同条件

Design and Build Contract（DB）2005 设计—建造合同（05 版）

AGC（The Associated Contractors of America）
美国承包商联合会合同范本

AGG 400 Series for Design-Build AGC400 系列设计—建造合同

DBIA（The Design-Build Institute of America）
美国设计建造学会合同范本

520—Standard Form of Preliminary Agreement Between Owner and Design-Builder 业主与 DB 承包前期合约标准格式
525—Standard Form of Agreement Between Owner and Design-Builder 业主与 DB 承包合约标准格式
535—Standard Form of General Conditions of Contract Between Owner and Design-Builder 业主与 DB 承包一般合同条件
540—Standard Form of Agreement Between Design-Builder and Designer DB 承包商与设计商合约标准格式
550—Standard Form of Agreement Between Design-Builder and General Contractor DB 承包商与一般承包商合约标准格式
560—Standard Form of Agreement Between Design-Builder and Design-Builder Subcontractor DB 承包商与 DB 分包商合约标准格式
570—Standard Form of Agreement Between Design－Builder and Subcontractor（Where Subcontractor Does Not Provide Design Services） DB 承包商与分包商（不提供设计服务）合约标准格式

AIA（The America Institute of Architects）
美国建筑师学会合同范本

续 表

AIA A Series A 系列发包人与承包人之间的合约文件
ENAA（The Engineering Advancement Association of Japan） 日本工程学会合同范本
ENAA Model Form-International Contract for Process Plant Construction 1992 工艺厂房建设国际合同范本（92 版）
ENAA Model Form-International Contract for Power Plant Construction 1996 电力建设国际合同范本（96 版）
World Bank 世界银行合同范本
Supply and Installation of Plant and Equipment under Turnkey Contract（2005） 装置设备供货与安装交钥匙合同（05 版）
UNIDO（United Nations Industrial Development Organization） 联合国工业发展组织合同文本
UNIDO Turnkey Contract 交钥匙合同文本

二、国际工程 EPC／T 交钥匙工程管理文件清单目录

附表2~附表 15 是 EPC 模式的工程项目总承包管理文件清单目录表，据不完全统计，大约有 259 项。它可以提供一个参考系，用于制作 EPC 模式的各项管理文件的提纲，也可以帮助 EPC 管理者的工作完备性和某些前瞻性问题的思考。

附表 2　EPC 承包商投标管理

序号	文件名称	序号	文件名称
1	EPC 承包商投标管理系统	9	保留金保函
2	投标申请与资格预审规定	10	雇主支付保函
3	项目投标工作程序	11	报价估算基础资料与数据
4	项目投标计划编制规定	12	技术建议书的编制规定
5	项目分包计划	13	商务建议书的编制规定
6	投标保函	14	合同谈判惯例规定
7	履约保函	15	风险备忘录编制规定
8	预付款保函	16	项目合同签署和授权规定

附表 3　EPC 交钥匙工程项目组织机构及职责

序号	文件名称	序号	文件名称
1	项目管理计划编制规定	9	施工部职能管理
2	项目执行计划编制规定	10	控制部职能管理
3	协调程序	11	质量部职能管理
4	项目组织机构设置	12	HSE 部职能管理
5	项目组织分解结构	13	财务部职能管理
6	行政管理部职能管理	14	试运行部职能管理
7	设计部职能管理	15	信息文控中心职能管理
8	采购部职能管理		

附表 4　EPC 交钥匙工程项目设计管理

序号	文件名称	序号	文件名称
1	设计部的岗位设置	19	设计开工报告
2	项目设计经理的职责和主要任务	20	设计输入管理
3	专家组的职责和主要任务	21	设计输出管理
4	审查人的职责和主要任务	22	设计基础资料的管理
5	专业负责人的职责和主要任务	23	设计数据的管理
6	审定人的职责和主要任务	24	设计标准、规范的管理
7	审核人的职责和主要任务	25	项目设计统一规定
8	校对人的职责和主要任务	26	设计进度控制管理规定
9	设计人的职责和主要任务	27	设计费用控制管理规定
10	现场设计代表的职责和主要任务	28	设计文件会签管理规定
11	设计部与控制部的协调管理	29	设计评审管理
12	设计部与采购部的协调管理	30	设计验证管理
13	设计部与施工部的协调管理	31	设计确认管理
14	设计部与试运行部的协调管理	32	设计成品放行、交付和交付后的服务
15	设计部与 HSE 部的协调管理	33	设计变更管理
16	项目设计协调程序	34	设计材料请购文件编制规定
17	项目设计计划编制规定	35	设计文件控制程序
18	设计开工会议	36	设计完工报告编制规定

附表 5　EPC 交钥匙工程项目采购管理

序号	文件名称	序号	文件名称
1	采购部的岗位设置	18	询价文件编制规定
2	项目采购经理的职责和主要任务	19	报价文件评审管理规定
3	采买工程师的职责和主要任务	20	供应商协调会议
4	催交工程师的职责和主要任务	21	采购合同格式和签约授权规定
5	检验工程师的职责和主要任务	22	供应商图纸资料管理规定
6	运输工程师的职责和主要任务	23	采买工作管理规定
7	中转站站长的职责和主要任务	24	当地采购管理规定
8	采购部与控制部的协调管理	25	催交工作管理规定
9	采购部施工部的协调管理	26	检验工作管理规定
10	采购部与试运行部的协调管理	27	驻厂监造管理规定
11	采购部与中心调度室的协调管理	28	运输工作管理规定
12	采购部与 HSE 部的协调管理	29	中转站管理规定
13	采购工作基本程序	30	不合格品控制管理规定
14	项目采购计划编制规定	31	剩余材料的管理规定
15	供应商选择的管理规定	32	甲方供材的管理规定
16	合格供应商管理规定	33	采购文件控制程序
17	采购说明书编制规定	34	采购完工报告编制规定

附表 6　EPC 交钥匙工程项目施工管理

序号	文件名称	序号	文件名称
1	施工部的岗位设置	12	现场施工前的准备工作管理规定
2	项目施工经理的职责和主要任务	13	施工进度管理规定
3	工程管理工程师的职责和主要任务	14	施工费用管理规定
4	施工技术管理工程师的职责和主要任务	15	施工质量管理规定
5	现场材料管理工程师的职责和主要任务	16	施工 HSE 管理规定
6	施工部与控制部的协调管理	17	施工分包管理规定
7	施工部与试运行部的协调管理	18	现场设备材料的管理规定
8	施工部与 HSE 部的协调管理	19	施工变更管理规定
9	各阶段施工管理内容	20	施工文件控制程序
10	项目施工计划编制规定	21	施工完工报告编制规定
11	施工组织设计编制规定		

附表 7　EPC 交钥匙工程项目试运行与验收管理

序号	文件名称	序号	文件名称
1	试运行部的岗位设置	10	试运行准备工作规定
2	项目试运行经理的职责和主要任务	11	单机试运行管理规定
3	试运行工程师的职责和主要任务	12	中间交接管理规定
4	试运行培训工程师的职责和主要任务	13	联动试运行管理规定
5	试运行安全工程师的职责和主要任务	14	投料试运行管理规定
6	试运行服务管理规定	15	试运行文件控制程序
7	试运行计划编制规定	16	试运行完工报告编制规定
8	试运行方案编制规定	17	项目验收管理规定
9	培训服务管理规定		

附表 8　EPC 交钥匙工程项目进度管理

序号	文件名称	序号	文件名称
1	进度管理组织系统	11	施工进度测量程序
2	项目控制经理的职责和主要任务	12	进度趋势预测方法规定
3	进度控制工程师的职责和主要任务	13	项目进度偏差分析方法规定
4	项目工作分解结构程序	14	总体进度控制程序
5	进度计划分类规定	15	设计进度控制程序
6	进度计划汇总表	16	采购进度控制程序
7	进度计划管理程序	17	施工进度控制程序
8	进度计划编制规定	18	进度变更控制程序
9	设计进度测量程序	19	进度报告编制程序
10	采购进度测量程序	20	进度计划交叉历史数据

附表 9　EPC 交钥匙工程项目费用管理

序号	文件名称	序号	文件名称
1	费用管理组织系统	6	估算评审程序和管理规定
2	项目控制经理的职责和主要任务	7	费用计划编制规定
3	费用控制工程师的职责和主要任务	8	费用预算管理程序
4	项目估算编制规定	9	资金管理程序
5	费用估算组成规定	10	项目计划值（PV）编制规定

序号	文件名称	序号	文件名称
11	项目赢得值（EV）测量规定	18	费用报告编制程序
12	项目实际费用（AC）记录规定	19	结算管理程序
13	项目执行效果趋势预测方法规定	20	预付款的申领程序
14	费用趋势预测方法规定	21	工程进度款的申请程序
15	项目费用偏差（CV）分析方法规定	22	决算管理程序
16	费用控制程序	23	费用管理历史数据
17	费用变更控制程序		

附表 10　EPC 交钥匙工程项目质量管理

序号	文件名称	序号	文件名称
1	质量管理组织系统	9	监视和测量装置控制程序
2	项目 HSE 经理的职责和主要任务	10	不合格品控制规定
3	质量管理工程师的职责和主要任务	11	质量事故处理规定
4	质量计划编制规定	12	纠正措施控制程序
5	质量文件控制规定	13	预防措施控制程序
6	数据分析控制规定	14	内部审核控制程序
7	物资采购控制程序	15	质量报告编制规定
8	产品的监视和测量控制程序		

附表 11　EPC 交钥匙工程项目 HSE 管理

序号	文件名称	序号	文件名称
1	HSE 管理组织系统	10	试运行与验收阶段 HSE 管理规定
2	项目 HSE 经理的职责和主要任务	11	HSE 能力评价管理与培训规定
3	安全管理工程师的职责和主要任务	12	HSE 教育培训管理规定
4	健康管理工程师的职责和主要任务	13	HSE 风险评价规定
5	环保管理工程师的职责和主要任务	14	HSE 应急管理规定
6	HSE 专业常用标准及法规清单	15	HSE 事故处理规定
7	设计阶段 HSE 管理规定	16	HSE 纠正和预防措施管理规定
8	采购阶段 HSE 管理规定	17	HSE 文件控制规定
9	施工阶段 HSE 管理规定	18	HSE 报告编制规定

附表 12　EPC 交钥匙工程项目分包管理

序号	文件名称	序号	文件名称
1	分包管理组织系统	6	采购分包管理程序
2	分包管理程序	7	施工分包管理程序
3	分包战略和规划	8	驻厂监造分包管理程序
4	分包管理合同	9	无损检测分包管理程序
5	设计分包管理程序	10	分包信息文控管理规定

附表 13　EPC 交钥匙工程项目风险管理

序号	文件名称	序号	文件名称
1	风险管理组织系统	9	风险目录摘要
2	项目控制经理的职责和主要任务	10	风险评价程序
3	风险管理工程师的职责和主要任务	11	风险评价报告编制规定
4	风险管理工作程序	12	风险响应程序
5	风险管理计划编制规定	13	风险监控程序
6	风险识别程序	14	重要风险排序表
7	风险源排查表	15	保险管理工作程序
8	初步风险清单		

附表 14　EPC 交钥匙工程项目文控管理

序号	文件名称	序号	文件名称
1	信息文控管理组织系统	8	管理信息系统建立与维护程序
2	信息文控中心岗位设置	9	IT 管理工作程序
3	信息文控工程师的职责和主要任务	10	文件控制程序
4	IT 工程师的职责和主要任务	11	记录控制程序
5	信息文控管理程序	12	信函报告管理规定
6	信息文控管理计划编制规定	13	资料整理、归档管理规定
7	信息文控编码程序		

附表 15　EPC 交钥匙工程项目团队文化

序号	文件名称	序号	文件名称
1	团队文化建设组织系统	4	项目经理部中、高级管理人员手册
2	团队文化建设工作程序	5	项目经理部办公手册
3	项目经理部文化手册	6	项目经理部员工手册

三、《设计采购施工（EPC）／交钥匙工程合同条件》20 条款关系图及其提示

20 条款关系图如附图 1 所示，设计—采购—施工—调试关系图如附图 2 所示。EPC 工程总承包条件之间的关系相关提示如下。

（1）关联性、限制性、涉及性。附图 1 一目了然地表明了《设计采购施工（EPC 交钥匙工程合同条件）》20 条款之间的关联性、限制性、涉及性，可以说这是 EPC 合同条件的特点之一。绝不可以在 EPC 模式下，抓住某一条款而不考虑其余条款。

（2）避免单一性，需要辩证性。运用《设计采购施工（EPC/交钥匙工程合同条件）》的辩证性。如发生索赔，牵动合同条件的内容就比较多。

（3）树立法律概念，注意时效性。使用 EPC 合同条件时，要注意其时效性。自投标始至工程竣工交付业主直至工程项目保修，再如工程付款、保留金额、竣工结算等都有时间限制点。

（4）按系统和系统工程处理合同中的事项。EPC 合同条件颇具系统和系统工程的特征。如工程质量保证体系、工程计划和进度保证体系、工程安全和风险管理体系、工程项目 HSE 管理体系、索赔程序性体系等。

（5）认真做好 EPC 工程项目培训。建议在采用 EPC 工程项目总承包模式时，最好的办法是进行工程总承包具体项目的项目培训，届时，一定要把国际咨询工程师联合会、中国工程咨询协会编译的《菲迪克（FIDIC）合同指南》中对《设计采购施工（EPC/交钥匙工程合同条件）》的逐条解释认真阅读和理解吃透，以免产生歧误。

（6）关切各国 EPC 项目模式的差异性。部分国家特别在中东、北非和非洲，基于本国利益，或多或少地存在把 EPC 原版肢解化现象，这种情况还比较常见，更是需要我们关切的。

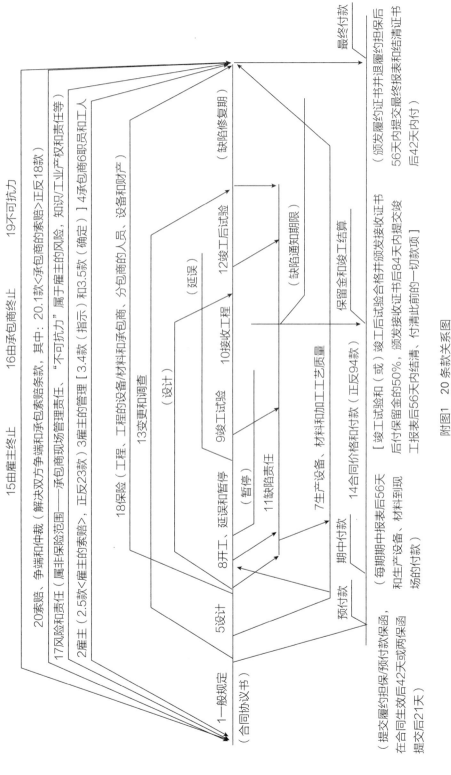

附图1　20条款关系图

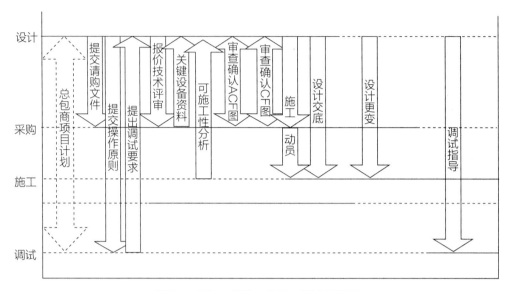

附图 2　设计—采购—施工—调试关系图

参考文献

［1］林晓言，匡贞胜. 土地与私人双导向下美国早期铁路投资体制再剖析：弊端与警示［J］. 宏观经济研究，2015（03）：3-12.

［2］赵振宇，郭小菱. 中国国际工程承包业的发展脉络和成长路径［J］. 施工企业管理，2018（02）：112-114.

［3］霍建国，庞超然. 国际基础设施领域投融资新模式［J］. 国际经济合作，2016（04）：4-9.

［4］McKinsey Global Institute（2013），Infrastructure Productivity. How to save ＄1 trillion a year，January 2013.

［5］European Commission（2011），Stakeholder Consultation Paper on the Europe 2020 Project Bond Initiative，Commission Staff Working Paper，February.

［6］Gatti S. Project finance in theory and practice：designing，structuring，and financing private and public projects［M］. Academic Press，2013.

［7］马骏. 用金融工具缓解绿色企业融资难［J］. 中国金融，2015（10）.

［8］巴曙松，刘先丰，崔峥. 伊斯兰金融体系形成的市场基础与金融特性研究［J］. 金融理论与实践，2009（06）：20-24.

［9］Inderst G. Infrastructure as an asset class［J］. EIB papers，2010，15（01）：70-105.

［10］Global projects：Institutional and political challenges［M］. Cambridge University Press，2011.

［11］Inderst G. Pension Fund Investment in Infrastructure：Lessons from Australia and Canada［J］. Rotman International Journal of Pension Management，2014，7（01）.

［12］Flannery，S. and Rickerson，W.. Expanding the Investor Base and Lowering the Cost of Capital for Renewable Energy through Master Limited Partnerships. Prepared for the

Union of Concerned Scientist，2014.

［13］Gatti S. Government and Market－based Instruments and Incentives to Stimulate Long－term Investment Finance in Infrastructure ［R］. OECD Working Papers on Finance，Insurance and Private Pensions，2014.

［14］Ehlers T，Packer F，Remolona E. Infrastructure and corporate bond markets in Asia ［J］. Financial Flows Infrastructure Financing，2014：67.

［15］路前平，费秉宏，廖春武，鹿宁. 加纳布维水电站压力钢管设计 ［J］. 西北水电，2014（05）：22-25.

［16］刘俊颖. 国际工程风险管理 ［M］. 北京：中国建筑工业出版社，2013.

［17］杨俊杰. 工程承包项目案例精选及解析 ［M］. 北京：中国建筑工业出版社，2009.

［18］杨俊杰，王力尚，余时立. EPC 工程总承包项目管理模板及操作实例 ［M］. 北京：中国建筑工业出版社，2014.

［19］蔡锟. 中国企业海外投资风险管理 ［J］. 现代商业，2018（11）：23-24.

［20］杨雪. 浅谈国际项目管理中的项目控制措施 ［J］. 科技经济导刊，2018（04）：202-203.

［21］李世龙. 海外项目经理思想政治素质培训实践与思考 ［J］. 石油化工管理干部学院学报，2017（06）：27-31.

［22］杨艳慧. 工程项目组织的结构模式及选择 ［J］. 住宅与房地产，2017（35）：121-122.

［23］聂新安. 探讨国际贸易项目管理组织运作模式 ［J］. 商场现代化，2017（14）：19-20.

［24］鲁毅，刘春. 工程项目经理开拓国际市场的六种能力 ［J］. 项目管理评论，2017（04）：72-74.

［25］戴军. 一带一路国际工程项目管理人才的素质研究 ［J］. 物流工程与管理，2017（07）：168-169.

［26］俞建华. 共同促进国际基础设施可持续发展 ［J］. 建筑，2017（13）：24-25.

［27］王冰洁. 探索"一带一路"背景下的国际基础设施合作发展之路——第八

届国际基础设施投资与建设高峰论坛侧记［J］.中国社会组织，2017（12）：36-37.

［28］赵竟成.浅谈国际工程项目管理发展新趋势［J］.科技创新与应用，2017（14）：264.

［29］韦欣.江西 ZM 集团国际工程项目管理标准化研究［D］.南昌大学，2017.

［30］王匡.国际项目管理中的项目控制措施研究［J］.科技创新导报，2017，14（09）：169-170.

［31］鲜国一.施工项目管理中项目经理应具备的能力及作用分析［J］.企业改革与管理，2017（04）：74.

［32］王志强.水利工程项目管理风险控制研究［J］.居业，2016（09）：156-158.

［33］张向晨.产融合作成为国际基础设施建设新引擎［J］.建筑，2016（14）：16-17.

［34］刘显峰，段君义.国际工程项目成本管理及规范化管理［J］.建材与装饰，2016（16）：152-153.

［35］姜建清.发挥金融机构引领作用 加快国际基础设施合作［J］.中国城市金融，2015（11）：13-16.

［36］张欢.基础设施建设 PPP 模式的风险分担机制与国际经验借鉴［J］.甘肃金融，2015（01）：54-55.

［37］李纪宏.世界城市基础设施发展的经验及启示［A］.中国城市规划学会，2014：8.

［38］王广利，周占群.项目经理人才梯队建设与培养［J］.中外企业家，2013（25）：120-123.

［39］黄海祥，陈名.国际工程项目组织的结构模式及选择探讨［J］.中国高新技术企业，2010（06）：139-140.

后　记

为适应推动形成全面开放新格局，特别是"一带一路"建设的新要求，商务部委托中国服务外包研究中心对 2009 年版"跨国经营管理人才培训教材系列丛书"（共 7 本）进行修订增补。2018 年新修订增补后的"跨国经营管理人才培训教材系列丛书"共 10 本，其中，《中国对外投资合作法规和政策汇编》《中外对外投资合作政策比较》《中外企业国际化战略与管理比较》《中外跨国公司融资理念与方式比较》《中外企业跨国并购与整合比较》《中外企业跨国经营风险管理比较》《中外企业跨文化管理与企业社会责任比较》是对 2009 年版教材的修订，《中外境外经贸合作园区建设比较》《中外基础设施国际合作模式比较》《中外企业跨国经营案例比较》是新增补的教材。2009 年版原创团队对此书的贡献，是我们此次修订的基础，让我们有机会站在巨人的肩膀上担当新使命。

在本套教材编写过程中，我们得到中国驻越南大使馆经商参处、中国驻柬埔寨大使馆经商参处、中国驻白俄罗斯大使馆经商参处、中国驻匈牙利大使馆经商参处、中国国际投资促进中心（欧洲）的大力支持，上海市、广东省、深圳市等地方商务主管部门也提供了帮助。中国进出口银行、中国建筑工程总公司、中国长江三峡集团、中国交建集团、TCL 集团、华为技术公司、腾讯公司、中兴通讯股份、富士康科技集团、中国人民保险集团股份有限公司、中国电力技术装备有限公司、中国建设银行、中拉合作基金、深圳市大疆创新科技公司、中白工业园区开发公司、白俄罗斯中资企业商会、北京住总集团白俄罗斯建设公司、华为（白俄罗斯）公司、中欧商贸物流园、宝思德化学公司、中国银行（匈牙利）公司、威斯卡特工业（匈牙利）公司、波鸿集团、华为匈牙利公司、海康威视（匈牙利）公司、彩讯（匈牙利）公司、上海建工集团、中启海外集团、中国中免集团、中国路桥有限公司、东南亚电信、华为柬埔寨公司、中铁六局越南高速公路项目部、农业银行越南分行、越南光伏公司、博爱医疗公司、中国越南（深圳—海防）经济贸易合作区等单位接受了我们的调研访谈。一些中外跨国经营企业的做法，被我们作为典型案例进行剖析，供读者借鉴。在此一并表示由衷的感谢！

本套教材的主创团队群英荟萃，既有我国对外投资合作研究领域的权威专家，也有一批年轻有为的学者。除署名作者外，胡锁锦、杨修敏、李岸、周新建、果凯、苏予、曹文、陈明霞、王沛、朱斌、张亮、杨森、郭智广、梁桂宁、杜奇睿、程晓青、王潜、冯鹏程、施浪、张东芳、刘小溪、袁悦、杨楚笛、吴昀珂、赵泽宇、沈梦溪、李小永、辛灵、何明明、李良雄、张航、李思静、张晨烨、曹佩华、汪莹、曹勤雯、薛晨、徐丽丽（排名不分先后）等同志也以不同方式参与了我们的编写工作。由于对外投资合作事业规模迅速扩大，市场分布广泛，企业主体众多，业务模式多样，加之我们的能力欠缺，本套教材依然无法囊括读者期待看到的所有内容，留待今后修订增补。

最后，特别感谢中国商务出版社的郭周明社长和全体参与此套教材修订增补的团队，他们在较短的时间内高质量地完成了教材的编辑修订工作，为教材顺利出版做出了极大努力。在此表示由衷的感谢！

编著者

2018 年 10 月 15 日